CIP-Brasil. Catalogação-na-Publicação
Câmara Brasileira do Livro, SP

P969

Psicoterapias e estados de transe / Lívio Túlio Pincherle, Alberto Lyra, Dirce Barsottini T. da Silva, Alla Milstein Gonçalves. — São Paulo : Summus, 1985.

Bibliografia.

1. Cura mental 2. Hipnotismo 3. Psicoterapia 4. Regressão (Psicologia) 5. Subconsciente 6. Transe I. Pincherle, Lívio Túlio.

85-0660

17. e 18.	CDD-154
17. e 18.	-154.7
17. e 18.	-154.772
17. e 18.	-615.851
17.	-616.891
18.	-616.8914
NLM-WB	880
	-WM 420

Índices para catálogo sistemático:
1. Cura mental : Terapias mentais 615. 851 (17. e 18.)
2. Estados subconscientes : Psicologia 154 (17. e 18.)
3. Hipnose : Psicologia 154.7 (17. e 18.)
4. Processos subconscientes : Psicologia 154 (17. e 18.)
5. Psicoterapia : Medicina 616.891 (17.) 616.8914 (.18)
6. Terapias mentais 615.851 (17. e 18.)
7. Transe : Fenômenos : Psicologia 154.772 (17. e 18.)

PSICOTERAPIAS E ESTADOS DE TRANSE

Livio Tulio Pincherle
Alberto Lyra
Dirce Barsottini T. da Silva
Alla Milstein Gonçalves

summus editorial

PSICOTERAPIAS E ESTADOS DE TRANSE
Copyright © 1985 by
Alberto Lyra, Alla Milstein Gonçalves, Dirce Barsottini Teodoro da Silva
e Livio Tulio Pincherle

Capa de:
Léa W. Storch

Ilustrações de:
David Oksman

Fotografias de:
Thais Lyra Porto Pincherle

Proibida a reprodução total ou parcial
deste livro, por qualquer meio e sistema,
sem o prévio consentimento da Editora.

Direitos desta edição
reservados por
SUMMUS EDITORIAL LTDA.
Rua Cardoso de Almeida, 1287
05013-001 - São Paulo, SP
Telefone (011) 872-3322
Caixa Postal 62.505 - CEP 01295-970

Impresso no Brasil

ÍNDICE

INTRODUÇÃO A 2.ª EDIÇÃO — *Livio Tulio Pincherle.*   9

1. HIPNOSE — *Livio Tulio Pincherle*

   Introdução e definições 11
   História da hipnose 13
   Pesquisas 33
   Testes de sensibilidade hipnótica 36
   Testes, 36
   Indução hipnótica 38
   Principais técnicas de indução 43

   1. Pestanejamento sincrônico 44
      Fenômenos oculares, 44; Fenômenos corporais, 45; Etapa leve — Catalepsia ocular, 46; Movimentos automáticos, 46; Etapa média — Analgesia, 46; Surdez eletiva, 47; Signo-sinal (sinal hipnógeno), 47; Sugestão hipnótica simples, 48; Amnésia superficial, 48; Conversa sem acordar, 49; Abrir os olhos sem despertar, 49; Etapa sonambúlica — visualização cênica — Alucinação, 49; Anestesia profunda, 50; Regressão de idade, 50; Amnésia profunda, 50; Técnicas para a volta à vigília, 51; Graus de aprofundamento: a) Segundo Liébault, 53; b) Segundo Bernheim, 53; c) Escala de LeCron-Bordeaux, 54

   2. Técnica de levitação do braço 57
   3. Processo de fixação do olhar (ou de Braid — modifificado) 60
   4. Método da reversão do olhar 61
      Seqüência, 62

5. Interrupção de padrões estabelecidos e automatizados 63
6. Indução por ação de alavanca 64
7. Método das mãos entrecruzadas 65
8. Método da estrela, do balão e outras fantasias 65
   O balão, 65
9. Autoscopia 66
10. Método de Bernheim 66
11. Fascinação 67
12. A hipnose ericksoniana 67
    Escrita automática, 71; Hipnose instrumental, 73; Hipnose induzida com medicamentos, 75; Transes cinéticos, 78, Programação neurolingüística e suas relações com a hipnose, 79; Imitação e adaptação verbal, 79: Espelhamento cruzado, 83; Ancoragem, 84

Hipnose em psicoterapia 87
    Hipnose regressiva, 89; Regressão de curto prazo, 89; Regressão a fases traumáticas da infância, 90; Regressões a vidas pregressas, 91

Dessensibilização sistemática 93
    Alguns casos, 94; Eliminação de sintomas, 99

Hipnose na epilepsia 101

Indicações de hipnose nas diversas especialidades da medicina 103
    Utilização fora do campo médico, 104

Alguns casos interessantes na minha experiência com a hipnose 104
    Cirurgia e anestesia: dois casos, 106; Hipnose em odontologia, 106

Hipnose na criança e no adolescente 107

Auto-hipnose 113

Análise das diferentes maneiras de estudar o fenômeno hipnótico neste livro 114

Ética do uso da hipnose 116

Uso não terapêutico dos fenômenos hipnóticos 118

Usos não éticos do hipnotismo 121

> 1. Hipnose contra a vontade, 121; 2. Induzir alguém a realizar atos anti-sociais, 122; 3. Incapacitar alguém de realizar atos desejados ou volitivos, 123; 4. Modificar o caráter de alguém, 123; 5. Induzir alguém, mesmo com sua concordância, a realizar esforços excessivos, 123; 6. Dar ordens pós-hipnóticas para auto--acusar-se de crimes não cometidos, 124; 7. Uso militar ou político da hipnose, 124; 8. Hipnose feita por leigos despreparados, 125

Bibliografia 126

Apêndice — *O Efeito Kirlian* 129

Histórico 129

Experiências comprovadas 130

Controvérsias sobre o efeito Kirlian 130

Aspectos particulares do quadro apresentado pelas fotografias do efeito Kirlian 135

Bibliografia comentada 137

2. MESMERISMO (MAGNETISMO ANIMAL) — *Alberto Lyra* 139

   As radiações curativas 139

   > Autocura pela fé, 148; Cura pela força de vontade tenaz, 149

   Fundamentos teóricos 149

   Mesmerismo curador 158

   Bibliografia 169

3. PSICOLOGIA TRANSPESSOAL — *Alberto Lyra*

   Bibliografia 184

4. TERAPIA DAS VIDAS PASSADAS — Reencarnação e Ciência — *Dirce Barsottini Teodoro da Silva*

   Introdução 187

   Um mínimo de histórico 188

   A ciência buscando o espírito 192

Hipnose clássica como ferramenta de pesquisa 200

Quanto à escolha do próprio sexo, 204; Ligações com pessoas de vidas anteriores, 205; Nascimento, 205; Quanto ao relacionamento com a mãe, 206

Terapia das vidas passadas 206
Linhas gerais do procedimento terapêutico 208
Algumas objeções comuns relativas às regressões 212
Conclusão 213

Bibliografia 216

5. PSICOTERAPIAS E PSICOTERAPEUTAS — Ontem — Hoje — Amanhã — *Alla Milstein Gonçalves*

Nota preliminar 217
Introdução 218

A doutrina reflexológica, 225

Novas psicoterapias 228
Futuro 232
Conclusão: Qual seria o terapeuta ideal possível, não apenas idealizado? 233
Nota final 235
Bibliografia 235
Os Autores 237

INTRODUÇÃO À SEGUNDA EDIÇÃO

Esta nova edição surge dez anos depois da primeira. Podemos dizer que o interesse pelos estados de transe ou hipnóticos aumentou muito nesta década e nossa experiência também cresceu. Perdemos porém um grande companheiro e diria melhor um Mestre: o Dr. Alberto Lyra, atropelado numa rua de São Paulo em 5/6/88. Portanto seu capítulo continua inalterado mas sempre atual. Depois de seu falecimento o grupo de estudo "Goiás" se desfez, mas surgiu a associação de TERAPIA DE VIDA PASSADA que congregou estudiosos do grupo primitivo e muitos outros psicoterapeutas. Alguns dos antigos companheiros foram se afastando mas continua entre nós a lembrança de todos eles.

A primeira edição foi lançadora do primeiro trabalho sobre Programação Neurolingüística ligada à hipnose no Brasil e do primeiro artigo sobre Terapia de Vida Passada entre nós.

Agradecemos à editora o apoio que ela nos deu não somente para este livro como também para outros trabalhos posteriores. Poucos erros foram encontrados para revisão o que demonstra quão cuidadosa é a SUMMUS em seus lançamentos de inúmeros volumes ligados à psicologia e psicoterapia.*

Lívio Túlio Pincherle

---

* No final desta edição o leitor encontrará algumas indicações bibliográficas concernentes a estas áreas.

O Grupo de Estudos Psicológicos e Psiquiátricos "Goiás", de São Paulo, foi formado em 1977, por médicos, psiquiatras e psicólogos de várias orientações, cujo denominador comum é serem todos terapeutas.

Sua finalidade: intercambiar e atualizar conhecimentos e dúvidas sobre todos os assuntos ligados direta ou indiretamente à área de Saúde Mental.

O grupo vem se reunindo ininterruptamente desde então, enriquecendo sua bagagem humana com a entrada de novos profissionais da área — sempre benvindos — e lamentando a ausência de outros.

Este livro resultou dos trabalhos e estudos do Grupo, tendo sua elaboração sido concluída em 1984.

A idéia deste trabalho conjunto, nasceu e evoluiu paulatinamente, adquirindo vida própria, ao sentirem seus integrantes a necessidade de compartilhar com mais colegas e — por que não? —, com profissionais de outras áreas, sua visão, suas inquietudes e preocupações.

1
HIPNOSE*

LIVIO TULIO PINCHERLE

INTRODUÇÃO E DEFINIÇÕES

Desde os tempos mais remotos os homens conhecem técnicas para induzir estados de "transe" em si mesmos e em outros; até hoje, todavia, não há qualquer definição completa do que seja estado de "transe" ou estado "hipnótico".

Esta última palavra foi criada, como veremos, na história da "hipnologia", por um médico escocês James Braid (1795-1860) com o nome inicial de "Sono neuro-hipnótico".

Há milênios, talvez em todas as partes do mundo, o homem percebeu que seu contato com a realidade pode dar-se em estados diferentes de consciência e que, além disso, a realidade em si varia conforme as alterações da consciência.

Connirae Andreas, na introdução ao livro *Trance-Formations*, de Grinder e Bandler,** cita que esses autores, quando dão um seminário sobre hipnose, afirmam: "Toda comunicação é hipnose"; e logo a seguir: "Nada é hipnose. Hipnose não existe."

As duas afirmações estão certas simultaneamente porque todas as definições são parcialmente inadequadas.

Pavlov, cuja idoneidade científica é indiscutível, definiu a hipnose como um sono parcial ou uma inibição cerebral difusa em que permaneceria um ponto vígil ligado ao hipnotizador.

---

* Com especial agradecimento a minha mulher, Lia, pela ajuda, datilografia e apoio.
** Edição brasileira: *Atravessando — Passagens em Psicoterapia*. São Paulo, Summus Editorial, 1984. (N. E.)

Esta definição, aceita por muitos autores modernos, tem o defeito de identificar o fenômeno hipnótico ao sono, fato que foi posteriormente infirmado pela eletroencefalografia, que demonstrou tratar-se de um estado mais próximo à vigília.

Franco Granone, em seu magnífico *Trattato di Ipnosi*, talvez a obra mais completa no assunto, define *hipnotismo* como sendo a possibilidade de induzir, em um sujeito, um determinado estado psicofísico que permite influenciar condições psíquicas, somáticas e viscerais do sujeito mesmo pelo meio do "rapport" criado entre este e o hipnotizador. Essa definição é tão cuidadosa que na realidade nada define. O mesmo autor usa a palavra *hipnotismo* ao falar do fenômeno hipnótico, considerando-o em estreita relação com o operador, enquanto a palavra *hipnose* refere-se à simples sintomatologia hipnótica, como síndrome por si mesma e, de certo modo, independente do operador.

Assim sendo, hipnose é uma maneira de ser do organismo, e hipnotismo uma técnica que permite atuar em tal condição.

Diz ainda que a hipnose pode ser também auto-induzida por meio de monoideísmos espontâneos sugestivos e outras técnicas.

A maioria dos autores modernos tende a demonstrar que não existem forças especiais nem fluidos magnéticos, como acreditavam Mesmer e outros pesquisadores.

Todavia, alguns (como P. Janet, o grande psiquiatra contemporâneo de Freud, que fez interessantes experiências sobre hipnose à distância) defrontaram-se com um tipo de fenômeno não explicável dentro dos conceitos científicos correntes.

Janet, como refere Lyra em seu livro *Mente ou Alma* (p. 82), não quis publicar suas experiências por medo de ser hostilizado no ambiente psiquiátrico universitário francês. Lyra diz ainda no mesmo livro (p. 83):

"O magnetismo, ou seja, o estudo de uma pretensa irradiação "magnética" ou emanação fluídica humana, tem sido formalmente repelido em todos os meios científicos em que pesem as experiências de Clarac e Llaguet, na Faculdade de Ciências de Bordéus, os quais procuraram demonstrar o poder mumificador do magnetismo em certos pacientes..."

Enfim, perante os nossos conhecimentos atuais, hipnose não é conseqüência de qualquer força mensurável, mas também não se pode afastar o fato de que certos estados hipnóticos sejam facilitadores da formação de fenômenos parapsicológicos em determinadas pessoas.

No capítulo dedicado à história da hipnose, estudaremos com mais pormenores a experiência universal da utilização dos chamados estados de "transe" ou "hipnóticos" e das teorias explicativas.

A história do hipnotismo moderno mostra como de tempos em tempos a ciência "oficial" o aceita e o utiliza, ou o despreza e o afasta da terapia.

Excessivas esperanças deixam amargas decepções.

Não é possível agir sobre o comportamento humano única e exclusivamente por meio de sugestões hipnóticas, mas, por outro lado, a própria sugestão sempre foi um dos grandes fatores de "cura".

O Behaviorismo provou cientificamente que em inúmeros casos a ação sobre sintomas é extremamente útil e sem prejuízos, e o hipnotismo é, nesses casos, arma poderosa. Por outro lado a revivência hipnótica de situações traumáticas pode acelerar a obtenção de resultados dentro de linhas psicanalíticas.

A maior parte das críticas ao uso da hipnose provém de pessoas que não a conhecem e apenas repetem conceitos ultrapassados.

Wolpe, Eisenck, Yates e muitos outros psicólogos e psiquiatras atuais admitem e recomendam o uso da hipnose, principalmente nas terapias dos estados fóbicos, com ótimo resultado onde as linhas psicodinâmicas fracassam com alta freqüência.

HISTÓRIA DA HIPNOSE

Como vimos na introdução, a história da hipnose perde-se nas brumas dos primórdios da civilização. Costuma-se dizer que a primeira hipnose foi feita em Adão para extrair-lhe a costela da qual surgiria Eva.

Os estados de transe têm ampla ligação com todos os estados místicos, *auto* ou hetero-induzidos, para se conseguir premonições, visões, para se curar ou retirar demônios e feitiços de pessoas.

Osmard Andrade Faria, em seu *Manual de Hipnose Médica e Odontológica*, relata que num baixo-relevo encontrado num sarcófago de Tebas nota-se um sacerdote em pleno ato de indução hipnótica de um paciente. Os egípcios, os caldeus e os hindus realizavam induções através de rituais mágico-religiosos há milênios.

Chiron induzia o estado de transe em seu grande discípulo Esculápio.

O "sono mágico" era usado tanto nos Templos do Sono, egípcios, como, individualmente por sibilas e oráculos.

A palavra "hipnose", introduzida no século passado por Braid, provém do grego *Hypnos* (na mitologia helênica o deus do sono, chamado Somnus pelos romanos).

Hypnos quer dizer sono, mas os estados hipnóticos não são obrigatoriamente tranqüilos e semelhantes ao sono. Existem transes extremamente agitados como também estados de fascinação principalmente provocados por fixação do olhar ou miradas mútuas, de onde provém a idéia da "força do olhar".

Na mitologia grega lembramos que a Medusa fascinava os homens para mantê-los à sua mercê.

Se procurarmos dados sobre indução hipnótica nas várias civilizações e várias eras, encontraremos a mesma fenomenologia quase que no mundo inteiro.

Os hebreus, os astecas, os índios americanos Chippewas e os Araucanos do sul do Chile sabiam induzir o "sono mágico" e outras formas de transes grupais e individuais. Podiam produzir analgesia, gravar sugestões pós-hipnóticas e curar dores físicas ou patologias psíquicas.

A hipnose para finalidade mística fez com que a crença de um componente mágico nos estados hipnóticos permanecesse viva até a época do padre Gassner, em 1774.

Se continuarmos nossa volta ao mundo através do tempo encontraremos a utilização de estados hipnóticos entre persas, romanos, pigmeus, esquimós, indianos, chineses e indígenas do Brasil ou da América Central. Enfim, no mundo todo. Sem dúvida misturam-se estados meramente hipnóticos com transes místicos induzidos pela dança, oração ou drogas.

Por essa razão, no primeiro capítulo do livro de Bernheim, publicado em 1890, são citados inúmeros fatos históricos, onde magia e hipnose se confundem. Perseguições por bruxaria e o uso mágico-terapêutico da hipnose curativa são citados aos milhares na história da Igreja. Em 1771, o abade Lenoble tratava diversas doenças por meio de ímãs, produzindo hipnose. E o relato de D'Andry e Thouret, a pedido da "Societé Royale de Medicine", confirma seu valor no tratamento de doenças nervosas.

Mesmer inicia seus trabalhos sobre cura de inúmeras doenças, baseado nessas experiências e nos dados provenientes dos livros de Paracelso, Van Helmont, Robert Fludd, Maxwell, e do padre Kircher.

O padre Hell trata espasmos e convulsões com ímãs especialmente fabricados.

Grandes curadores ou charlatães usam "forças individuais" ou espirituais.

Entre eles lembramos Greatrake (1662), exorcizador irlandês que curava milhares de pessoas levando-as a um torpor semelhante ao sono.

Jean-Joseph Gassner praticava exorcismo em doenças que considerava de origem satânica.

Com uma estola vermelha no pescoço, uma corrente de prata com um grande crucifixo e uma cinta negra ao redor do corpo, fazia a pessoa sentar-se em frente dele e, em pé, começava a exorcizar em latim, com frases do tipo: "Praecipio tibi in nomine Jesu, ut minister Christi et Ecclesiae..." etc. Chegou a produzir um transe tão profundo em certa paciente que levou-a a um estado de morte aparente, dizendo: "Sit quasi mortua."

Os médicos ficavam impressionados com o desaparecimento dos batimentos cardíacos que se tornavam imperceptíveis e, a seguir, ressuscitava-a, com a frase: "Detur mihi evidens signum praestigae praeter naturalis. Praecipio hoc in nomine Jesu."

Um grande número de autores divide a história da hipnologia em: "Antes de Mesmer" e "Depois de Mesmer", apesar do fato de que a hipnose propriamente dita deveria iniciar-se com Braid.

Franz Friedrich Anton Mesmer (1734, Iznang — Alemanha — 1815, Meresburg). Nascido perto do belo lago de Constanza; filho de um couteiro, estuda inicialmente num educandário religioso em Dilligen e Ingelstadt, dedicando-se à filosofia, teosofia, música e astrologia. Mais tarde vai para Viena, grande centro cultural europeu, onde se diploma em medicina apresentando como tese de formatura: "De planetarium influxu", em 1775. A tese foi criada a partir de idéias filosóficas e teosóficas do século XVI e XVII, inspirada em Paracelso, Van Helmont Fludd, Maxwell e Kircher, e baseada em conceitos metafísico-cosmológicos de Leibnitz, e físicos, de Galvani e Lavoisier.

Mesmer acredita na influência dos corpos celestes para cura de doenças; existiria um fluido ou energia universal interligando os corpos e os astros; esse fluido "magnético" é captado e emitido pelo ferro magnético.

Os fenômenos hipnóticos seriam devidos a um fluido magnético animal transmitido através de varetas imantadas.

O indivíduo magnetizado pelo operador poderia, por sua vez, transferir essa força a outras pessoas. As doenças seriam provocadas pela aberração da harmonia orgânica e poderiam ser curadas pelo magnetismo que, além de outras qualidades, seria capaz de restabelecer a harmonia. Ele colocava pacientes ao redor de uma tina contendo água e limalha de ferro imantado, segurando varetas (*bacquets*) e afirmava que através delas e de suas mãos irradiava-se a força magnética curadora.

Seus trabalhos foram apoiados e orientados posteriormente pelo padre Hell, astrônomo da Universidade de Viena, e astrólogo da corte de Maria Teresa.*

Com isso, apoiado num bom casamento com Anna Von Bosch, viúva de um conselheiro privado de alto prestígio na corte, e utilizando magistralmente seu entusiasmo e brilho pessoal, forma uma clientela de alto nível e encaminha-se rapidamente para o sucesso como médico importante e da moda.

Aos poucos, percebe que o ferro imantado não é necessário pois parecia que ele mesmo podia emitir essa força magnética curadora recebida dos astros, a qual então ele passa a chamar de "magnetismo humano", que podia ser transmitido em cadeia a outras pessoas.

Com isso ele cura através de passes manuais. Magnetismo e passes não eram coisas inteiramente novas pois encontram-se descrições em épocas bem anteriores. Segundo G. Ricard, Mesmer tinha estudado as atividades de um grande magnetizador itinerante da época, que havia andado pela Alsácia. Parece também que alguma inspiração havia sido retirada das atividades do famoso Cagliostro.

Sabemos que Mesmer introduziu-se tão bem na alta sociedade austríaca, que seus salões eram freqüentados pela aristocracia.

A história cita que em certo momento tentou curar uma jovem pianista cega, ou quase cega, portadora, segundo alguns, de uma amaurose histérica. Para tratá-la ela viveu em sua residência o que foi muito malvisto pelos colegas e por outras pessoas. Essa moça, Maria Teresa Paradis, era protegida pela imperatriz e recebia uma pensão oficial por ser cega. Parece que logo após o início do tratamento magnético voltara a enxergar, parcialmente. Com a desculpa do escândalo, pelo fato de ela estar vivendo com Mesmer e, possivelmente, pelo medo da perda da pensão, a mãe da jovem provocou uma violenta cena após a qual a terapia não teve mais qualquer sucesso.

Mesmer tentara em vão introduzir suas descobertas na universidade. Suas teorias, o sensacionalismo e as perseguições após o insucesso com a senhorita Paradis, levaram-no a sentir-se desacreditado. Decidiu então mudar-se para Paris onde todavia se repetem os sucessos espetaculares e o insucesso científico.

Em seus elegantes salões, seus toques magnéticos desencadeiam crises "histeróides" porém "curativas", mas o ambiente universitário reage negativamente e com isso, outra vez, a descrença e a inveja.

---

* Alguns como Gérin Ricard, em sua *História do Ocultismo*, dizem que Hell acusou Mesmer de lhe ter roubado seus processos.

Em certo momento sua fama é tão grande que para curar o povo que acorria à sua casa ele magnetiza uma árvore do jardim para que os pobres pudessem aproveitá-la. Com isso a ciência oficial se revolta e Luís XVI é instado a nomear uma comissão da Sociedade Real de Medicina e outra da Academia de Ciências para analisar métodos tão pouco ortodoxos. Foram então convidados os maiores expoentes da cultura científica francesa, entre os quais Lavoisier, Franklin, Jussieu e Guillotin; e todos, menos Jussieu estão de acordo em considerar que as curas maravilhosas são apenas resultado da sugestão. Foi inclusive proposto a Mesmer um bom prêmio para que explicasse o mecanismo de cura. Mas o que poderia ele dizer se nem hoje sabemos claramente o que é hipnose?

Binet e Feré, em seu livro que data de 1887, relatam (p. 4) toda a teoria estranha e confusa de Mesmer que consta de 27 artigos:

1 — Existe uma influência mútua entre os corpos celestes, a terra e os corpos animados.

2 — Um fluido universalmente espalhado, e contínuo de maneira a não sofrer qualquer vazio, cuja sutileza não permita qualquer comparação, e que por sua natureza, é suscetível de receber, propagar e comunicar todas as impressões do movimento, é o meio dessa experiência (meio no sentido de veículo). (Nota do tradutor.)

3 — Essa ação recíproca é dependente de leis mecânicas desconhecidas até o momento presente.

4 — Resultam dessa ação efeitos alternativos que podem ser considerados como um fluxo e um refluxo.

5 — Este refluxo é mais ou menos geral, mais ou menos particular e mais ou menos composto, conforme a natureza das causas que o determinam.

6 — É por esta operação, a mais universal daquelas que a natureza nos oferece, que as relações de atividade se exercem entre os corpos celestes, a terra e suas partes constituintes.

7 — As propriedades da matéria e dos corpos organizados dependem desta operação.

8 — O corpo animal é atingido pelos efeitos alternativos deste agente que, insinuando-se na substância dos nervos, os afeta imediatamente.

9 — Ele manifesta, particularmente no corpo humano, certas propriedades análogas àquelas dos ímãs; distinguem-se pólos igualmente diversos e opostos, que podem ser comunicados, mudados, destruídos e reforçados; mesmo o fenômeno da inclinação é observado.

10 — A propriedade do corpo animal que o rende suscetível à influência dos corpos celestes e da ação recíproca daqueles que o cercam, manifestada por sua analogia em relação aos ímãs, determinou que eu a chamasse de magnetismo animal.

11 — A ação e a virtude do magnetismo animal, assim caracterizado, podem ser comunicadas a outros corpos animados. Uns e outros são, portanto, mais ou menos suscetíveis.

12 — Esta ação e esta virtude podem ser reforçadas e oferecidas por esses mesmos corpos.

13 — Observa-se na experiência o fluxo de uma matéria cuja sutileza penetra todos os corpos sem perder, de forma notável, sua atividade.

14 — Sua ação tem lugar a uma distância considerável, sem a ajuda de qualquer corpo intermediário.

15 — Ela é refletida pelos espelhos, como a luz.

16 — É comunicada, propagada e aumentada pelo som.

17 — Esta virtude magnética pode ser acumulada, concentrada e transportada.

18 — Eu disse que os corpos animados não são igualmente suscetíveis: Acontece, embora raramente, que tenham uma propriedade tão oposta que baste sua presença para destruir todos os efeitos do magnetismo sobre os outros corpos.

19 — Esta virtude oposta entra ainda em todos os corpos e pode ser igualmente comunicada, propagada, acumulada, concentrada e transportada, refletida pelos espelhos e propagada pelo som, o que constitui não somente uma perda, mas uma virtude oposta e positiva.

20 — O ímã, seja ele natural ou artificial, é, da mesma forma que os outros corpos, sensível ao magnetismo animal e mesmo às virtudes opostas sem o que, tanto num como no outro caso, sua ação sobre o fogo e a agulha sofra qualquer alteração, o que prova que o princípio do magnetismo animal difere essencialmente do mineral.

21 — Este sistema fornecerá novos esclarecimentos sobre a natureza do fogo e da luz, assim como sobre a teoria da atração do fluxo e refluxo, do ímã e da cietricidade.

22 — Demonstrará que o ímã e a eletricidade artificial não têm em relação com as doenças algumas propriedades comuns com uma boa quantidade de outros agentes que a natureza nos oferece, e que, se resultou algum efeito útil de sua administração, foi é devido ao magnetismo animal.

23 — Reconhecer-se-á pelos fatos, conseqüentes às regras práticas que estabelecerei, que o princípio pode curar imediatamente tanto as doenças dos nervos como as demais.

24 — Que, por meio desse recurso, o médico é esclarecido sobre o uso de medicamentos, aperfeiçoa sua ação, provoca e dirige as crises saudáveis de forma a dominá-las.

25 — Comunicando meu método eu demonstrarei, através de uma nova teoria sobre a matéria, a utilidade universal do princípio que eu apresento.

26 — Com esse conhecimento, o médico julgará com segurança a origem, a natureza e os progressos das doenças em si, por mais complicadas que sejam; impedirá a piora e atingirá a cura sem jamais expor o doente a efeitos e conseqüências lastimáveis, qualquer que seja a idade, o temperamento e o sexo. As mulheres, mesmo durante a gravidez e depois do parto, gozarão das mesmas vantagens.

27 — Esta doutrina, enfim, porá o médico na situação de bem julgar sobre o grau da sanidade de cada indivíduo, e, a presença das doenças às quais ele poderia estar exposto. A arte de curar atingirá assim sua última perfeição...

Ao mesmo tempo isso tudo parece confuso e um tanto quanto maníaco. Todavia não se afasta muito do conceito sempre atual de que uma alta espiritualização impede doenças, ou que todas as doenças são antes psíquicas e só posteriormente somáticas.

Veja-se então que a visão mesmeriana assemelha-se a inúmeras visões místicas ou religiosas da formação da doença, qualquer que seja ela.

Traduzimos as *Propositions* de Mesmer, pois somente assim se poderá julgar essa estranha, e ao mesmo tempo interessante figura que foi capaz de subir aos píncaros da fama como curador e quando se viu perseguido e desacreditado foi capaz de retirar-se a um lugarejo da Suíça e continuar tranqüilamente sua medicina tratando não mais a alta sociedade, mas os pobres e menos afortunados e ao mesmo tempo não mais aceitar qualquer honraria quando sua figura havia-se já tornado quase um mito.

Em 1784 o ambiente na França começa a se tornar gradualmente mais explosivo. Muitos discípulos ainda se interessam pelo magnetismo, mais tarde chamado Mesmerismo. Todavia seu prestígio entra em declínio. Em 1789 explode a revolução. Mesmer retira-se à Suíça decepcionado, pois nenhuma faculdade da Europa manifestou qualquer interesse pelos seus trabalhos. Seus ensinamentos, porém, vão-se espalhando pelo mundo, pois, apesar das teorias mesméricas não terem sido confirmadas, os resultados eram inegáveis, principalmente quando se tratava de "doenças nervosas" e daqueles casos que hoje chamaríamos de somatizações.

Em 1812 o mesmerismo estava sendo discutido na Faculdade de Medicina de Berlim com muito interesse quando um dos presentes afirmou que Mesmer ainda vivia numa pequena cidade suíça, dedicado apenas a alguns pacientes privados. Ele já estava sendo considerado uma figura lendária.

A Academia prussiana tenta em vão convidá-lo a ensinar suas técnicas, mas o velho Mestre recusa, aceitando apenas receber um enviado especial — Dr. Wolfart — que, ao voltar à Prússia, é aquinhoado com o título de Professor de Mesmerismo na Academia de Berlim, com uma enfermaria de 300 leitos (segundo cita Osmard A. Faria no *Manual de Hipnose Médica e Odontológica*).

Mesmer falece em 5 de março de 1815 em Meresburg, na Suíça.

Dedicamos este capítulo a essa controvertida figura à qual se deve a tentativa de introduzir na ciência um "poder" milenar e torná-lo útil à medicina de seu tempo.

Se Mesmer foi considerado gênio e charlatão certamente isso não pode ser dito de um de seus discípulos: Armand Chastenet, Conde de Puységur, da alta nobreza, considerado filantropo e pessoa de comportamento impecável. O marquês havia aprendido a mesmerização com o mestre e a utilizava gratuitamente para curar principalmente aldeões.

Certo dia, enquanto tenta magnetizar um empregado, Victor Race, este entra num estado de transe tranquilo, sem as "convulsões" decorrentes normalmente da mesmerização. O paciente que sofria de problemas respiratórios e articulares cai num "sono" profundo e calmo e, nesse estado, começa a falar que se sente muito bem sem dores torácicas e lombares e além do mais fala numa linguagem bem mais culta do que suas possibilidades em vigília. Diz estar nos braços da Virgem, faz premonições e, ao despertar do transe, sente-se muito tranquilo, sem asma e sem dor. Além disso, durante o "sono", ele receitava os remédios de que ele mesmo necessitava e diagnosticava sobre a sua própria patologia.

Medeiros de Albuquerque diz que Mesmer certamente havia conhecido esse tipo de transe mas não lhe havia dado importância maior; e ainda que: "Puységur tinha têmpera bem diversa daquela do médico austríaco. O que ele queria do magnetismo eram as suas propriedades curativas para exercitá-las para o bem da humanidade, numa febre de filantropia, realmente desinteressada e altruísta."

O marquês fica impressionado com o sono plácido bem diferente do transe agitado do mesmerismo que ele denomina sonambulismo; todavia, perante uma série de fenômenos "sobrenaturais" que surgem durante a hipnose, começa a dedicar-se principalmente a essa fenomenologia e então, ainda segundo Medeiros de Albuquerque: "O magnetismo deixou de ser um processo curativo e passou a ser uma porta aberta ao sobrenatural."

Assim como hoje em dia os fenômenos a que chamaríamos de parapsicológicos são irregulares e, com freqüência, não acontecem em situação de pesquisa, o mesmo ocorreu com Puységur, que começou a perder a credibilidade, especialmente perante a Academia que, em 1831, apesar de comprovar alguns fatos, rejeita o relatório Husson. Novamente, poucos anos depois, rejeita o caso de outro magnetizador chamado Berna.

O importante de tudo isso não é o fato da credulidade excessiva de uns e da má-fé de outros que, perante fatos estranhos, recusam até examiná-los; mas que com tudo isso confundiu-se hipnose pura e simples, com fenômenos ligados ao misticismo, à transcendência e a "forças ocultas". Isto atrasou a aceitação da hipnose na medicina por mais de um século. Até os nossos dias é freqüente que se confundam hipnose e fenômenos parapsicológicos.

O padre Custódio de Faria (1776-1819), discípulo do marquês, português, que morou em Paris, procura demonstrar a utilidade do mesmerismo afirmando que tudo porém depende apenas da sugestibilidade e a fenomenologia era característica individual dos pacientes. Apesar de sua luta ele acaba sendo ridicularizado por um artista famoso da época, que se finge hipnotizado, com o fim de desmoralizá-lo.

Se até aí acreditava-se principalmente em forças "magnéticas", Faria volta à tese da *sugestão*. Em 1820 o general Noizet fala de "Forças Radiantes" provindas do hipnotizador capazes de atravessar o espaço e influenciar o *sujet*.* A essa força chama de "fluido vital". A teoria não difere muito daquela de Mesmer.

Em 1837 o médico inglês John Elliotson (1791-1868) do "University College Hospital" e presidente da "Royal Medical and Surgical Society" conhece o barão Du Potet e com ele aprende mesmerismo introduzindo-o na escola onde é professor, ajudado por seu assistente Wood. Os alunos se interessam de tal forma que ele

---

* *Sujet* = palavra utilizada correntemente pelos hipnotizadores, indicando o hipnotizado.

acaba dando aula num teatro alugado, uma vez que na enfermaria não havia espaço suficiente. A teatralidade sempre atrai ódios, apesar dele ser um médico de valor reconhecido principalmente por ter introduzido o estetoscópio de Laennec e pelos trabalhos sobre iodeto de potássio. Atacado pelo deão e por Wakley, editor da famosa revista médica britânica "The Lancet" que considera o uso do mesmerismo criminoso, ele se defende, afirmando que a universidade existe para a pesquisa da verdade que é muito mais importante do que interesses de uma escola. A pressão, todavia, é tão grande que ele abandona a cátedra, funda a revista "Zoist" com Esdaile (outro perseguido) e Spencer, onde publicam resultados da terapia por magnetismo e principalmente as operações realizadas sob anestesia hipnótica. Funda ainda em Londres o "Mesmeric Hospital".

James Esdaile (1808-1859), escocês, clinicando na Índia, interessa-se pelos trabalhos de Elliotson e começa a operar hidrocele e elefantíase escrotal, sob anestesia magnética.

Apesar de autodidata e com orientação apenas de publicações, obtém ótimos resultados (comunica ao "Medical Board" 75 casos de intervenções cirúrgicas sob anestesia magnética numa época anterior à descoberta dos anestésicos), com ainda uma intensa queda de complicações secundárias — de 50 a 55% — donde recebe elogios e apoio oficial do governador de Bengala.

Em 1851, voltando à Escócia com uma enorme bagagem de experiência, principalmente em atos cirúrgicos, procura a aprovação universitária mas só consegue descrédito e incompreensão. Alia-se então a Elliotson na fundação da revista "Zoist".*

Até aqui temos usado, diria indevidamente, a palavra hipnose para identificar uma determinado estado de consciência induzido, mas essa palavra se deve a James Braid (1795-1860), cirurgião escocês. Inicialmente descrente do mesmerismo, certo dia vai assistir a uma sessão realizada na Inglaterra por certo Lafontaine, junto com dois colegas (o oftalmologista Wilson e o professor de história natural Williamson).

Suas intenções eram desmascarar uma farsa, mas durante um estado de "sono" profundo induzido em uma mulher pelo mesmerismo, percebe ser a catalepsia palpebral e a anestesia absolutas, resistindo mesmo à picada no leito ungueal, um fato que merecia uma análise mais cuidadosa e séria.

---

* Osmard Andrade Faria relata amplamente em seu livro *Hipnose Médica e Odontológica* toda a correspondência entre Esdaile e o governo de Bengala, assim como a perseguição da revista "The Lancet".

Mesmeriza sua esposa e empregados e a seguir, outras pessoas, verificando os resultados. Assiste a várias apresentações de Lafontaine, levando pessoas de sua própria confiança para serem magnetizadas. Verificando que o magnetizador manda as pessoas olharem para um ponto fixo brilhante, admite, inicialmente, que a "fadiga ocular" seja a responsável pelos transes.

Em 1842 publica os resultados de suas pesquisas, usando uma terminologia nova.

Cria os termos "hipnotismo", "hipnotizador", "hipnotizado", fala em "sono nervoso" que mais tarde chama de neuro-hipnótico e quando, com o tempo, percebe que nem o cansaço ocular é necessário, nem o estado conseqüente é um sono, não consegue mudar o nome que já se havia vulgarizado. Alguns autores mais tarde querem falar de Braidismo. Percebe que não se trata de fluidos magnéticos e aceita o poder curativo da hipnose. Todavia Bernheim, em seu livro, diz: "Os trabalhos memoráveis de Braid não conseguiram chamar a atenção do mundo oficial científico sobre o hipnotismo."

Devemos a Braid uma visão mais científica do hipnotismo que define como: "Um estado particular do sistema nervoso determinado por algumas manobras artificiais." Braid propõe o nome de "monoideísmo" ao estado de espírito sob influência de uma idéia dominante. "Esse estado pode desenvolver-se mesmo em vigília mas é característico do estado anormal que acompanha os procedimentos hipnóticos" (Bernheim).

Nessa época a hipnose era utilizada predominantemente como anestésica e o próprio Braid a utiliza mais de mil vezes em cirurgia. Comete todavia o erro de ligar o hipnotismo à teoria frenológica de Gall segundo a qual o toque de certas protuberâncias cranianas ativaria determinadas faculdades e estados mentais.

Em 1863, Francesco Guidi estuda a "anevrosia" ou enfraquecimento dos "fluidos nervosos" conseqüente à fixação, por longo tempo, da atenção de uma pessoa sobre um disco de zinco, cobre, bola de cristal ou ponto luminoso. Essa debilitação dos "fluidos nervosos" se dá no sono magnético. Tais conceitos de forças nervosas e radiações são discutidos por Dal Pozzo (1869), Barety (1881) e Dumontpallier.

Todavia, Jean Martin Charcot (1825-1893), neuropsiquiatra de renome, professor da escola da Salpetrière, continua falando da força dos magnetos aplicados nos clientes pois paralisa os braços de uma paciente internada, por esse meio, sem perceber que havia um efeito sugestivo. Afirma ainda, que a força do hipnotizador só atinge as histéricas, e dá grandes demonstrações no auditório da faculdade onde os assistentes preparam previamente suas clientes, e as coisas acontecem de uma forma teatral, iniciando-se as convulsões ao toque de um gongo.

É interessante notar que Charcot, como homem de valor, um grande anatomista e neurologista, compreendia mal o fenômeno hipnótico que por sua vez estudara com o grande Richet. Faz estatísticas absurdas a partir daquilo que ele vê, com suas pacientes histéricas, previamente induzidas por assistentes nem sempre confiáveis.

Charcot dizia que o estado hipnótico é uma neurose artificial com três estados: catalepsia — letargia — sonambulismo.

Todo seu trabalho é mal dirigido. Dingwall em seu livro *Abnormal Hypnotic Phenomena* diz que Charcot jamais foi visto hipnotizando um paciente. Deixava isto para os assistentes que freqüentemente não controlavam bem seu próprio trabalho feito com mulheres internadas, as quais gostavam de se sentirem importantes, quando apresentadas em "Aula Magna". A famosa Mademoiselle R. muito usada por Charcot, conta, tempos depois a Dicksonn (pseudônimo do Conde de Saint Genois de Grand Breuck), que escreveu livros sobre a época e ainda era um grande ilusionista, que ela própria se divertia enganando os médicos da Salpetrière e o grande professor.

Delboeuf, eminente hipnólogo belga, ao visitar esse hospital revela que as precauções científicas mais elementares eram negligenciadas.

Todavia, é bom lembrar que devemos a Charcot a hipnose científica introduzida normalmente no ambiente universitário, apesar de que sua teoria não resiste à crítica contemporânea. Os três estados acima citados não são obrigatórios, e hipnose não é patologia. Também as contraturas musculares e anestesias produzidas no estado hipnótico não decorrem de pressões sobre determinados locais ao longo dos nervos periféricos; a letargia não depende da excitabilidade neuro-muscular.*

Os trabalhos sobre metaloscopia e ação dos ímãs são eivados de absurdos, pois foram realizados em pouquíssimas pacientes histéricas e previamente sugestionadas.

Forel, professor em Zurique, discute nessa época a opinião de que a hipnose seja ligada à histeria, pois pessoas normais são bem mais fáceis de hipnotizar do que as histéricas, corroborando a opinião de Liébault e posteriormente de Bernheim, da escola de Nancy.

---

* Charcot, J. M. & Richer, P., "De L'Hyper-excitabilité Neuro-Musculaire", em *Archives de Neurologie*, 1881-1882. Citado em *Le Magnetisme Animal*, Binet, A. & Féré, Ch., pp. 77-87.

Apesar de todos os erros cometidos por Charcot, ele era tido como grande personalidade científica da Salpetrière. Chertok em seu livro *L'Hypnose*, escreve nas primeiras páginas: "A idade de ouro do hipnotismo, entre 1880 e 1890, coincide com o período áureo da medicina francesa tendo sido reconhecida oficialmente na universidade."

No 1.º Congresso Mundial de Hipnotismo no Hotel Dieu em Paris, de 8 a 12 de outubro de 1889, estão presentes os maiores nomes da medicina e da psiquiatria da época. A presidência de honra é composta por: Charcot, Brown Sequard, Brouardel, Richet, Azam, Lombroso e Mesnet e o presidente em exercício, Dumontpallier. Participam ainda: Liébault, Bernheim, Dejerine, Pierre Janet, Babinski, Forel, Magnan, Sigmund Freud, Schrenck-Notzing, William James, e ainda Bechterew; todos grandes nomes da Medicina e da Filosofia.

Quatro anos depois morre Charcot e com isso começa a decadência do estudo da hipnose, enquanto surge a psicanálise freudiana que, filha do hipnotismo, gradualmente, relega-o ao esquecimento e ao abandono.

Ambroise Auguste Liébault, professor da Escola Médica de Nancy, há muito tempo vinha se interessando pelo Mesmerismo e o Braidismo. Pessoa tranquila e honesta, bom profissional, utiliza as técnicas hipnóticas sem alarde por saber que no meio médico o hipnotismo não é bem-visto. Todavia obtém bom resultado com seus pacientes e não cobra um centavo daqueles que aceitam submeter-se ao tratamento hipnótico. Com uma notável experiência bem analisada decide escrever um livro *De La Suggestion*, mas, em vários anos, só conseguiu vender um único exemplar.

Liébault discorda frontalmente de Charcot pois consegue hipnotizar sem dificuldade enfermeiros e colegas que absolutamente não podem ser considerados histéricos.

Certo dia comparece ao hospital uma pessoa que sofre de uma ciática rebelde. Há seis meses estava sendo tratada por um conhecido médico, também professor da faculdade de medicina da mesma cidade, Dr. Bernheim, sem obter melhora. No dia seguinte o paciente volta para Bernheim totalmente assintomático. Este fica tão intrigado que decide visitar seu colega e, a seguir, passa a dedicar-se ao estudo do hipnotismo. Os dois concordam que o fato mais importante de toda essa fenomenologia é a sugestão. A sugestibilidade é peculiar ao cérebro humano e, quando a sugestão é recebida intensamente, tende a transformar-se em fato. A hipnose é um estado de inércia intelectual, artificialmente induzida, em que toda idéia proposta torna-se dominante. Bernheim, em 1891, escreve um belíssimo livro sobre hipnotismo onde propõe a lei do *ideodinamismo*, explicando que uma idéia pode tornar-se sensação ou neutralizá-la, imagem ou sensação visual tornar-se movimento ou neutralizá-lo; diz enfim que se do ponto de vista da sugestão (fato psíquico): "Nihil est in intellectu quod non prius fuerit in sensu",* do ponto de vista do ato realizado: "Nihil est in sensu quod non prius fuerit in intellectu." **

Nega com força a relação entre histeria e hipnose, e a existência de pontos hipnógenos como propunha Charcot.

Wetterstrand, importante professor sueco, com uma experiência de 4.000 casos em Estocolmo, apóia tanto os pontos de vista da Escola de Nancy, como também os de Brown-Séquard e de muitos outros.

Sigmund Freud (1856-1939), em verdade, não faz parte da história do hipnotismo, mas apenas do seu lamentável afastamento da terapia psiquiátrica durante cerca de 60 anos. Ninguém poderia negar a genialidade desse grande homem, todavia, quando cientistas, médicos ou filósofos tornam-se lendas, cria-se o "Magister dixit" que por longo tempo trava o espírito crítico, como se perante uma divindade.

Por volta de 1882 Breuer chama Freud para apresentar-lhe um caso interessante de uma histérica de 21 anos, em Viena, a qual não consegue beber água; só chupar laranjas e tem ainda hemiplegia direita, idéias delirantes, estados de confusão e ausências. Em hipnose médica, refere sua história de uma forma dramática e após falar sente-se aliviada e, a isso, ela mesma chamava em inglês (pois não falava ainda o alemão) de *talking cure*. Certo dia de verão, sentindo muita sede, não fora capaz de beber água e, durante o estado hipnótico, lembrara que havia visto o cachorrinho de sua governanta inglesa bebendo água de seu copo. Na época sentira-se enojada mas, por polidez, não fora capaz de queixar-se; após ter-se liberado dessa lembrança, fora capaz de ingerir a água.

A partir desse caso Freud teoriza o fato de que traumas psíquicos ficariam guardados fora da memória normal, criando comportamentos simbólicos, e que a memória hipnótica poderia reencontrá-los para ligar o incidente primitivo ao problema atual. Com isso vai à Salpetrière para estudar hipnotismo com Charcot que lamentavelmente não era um mestre adequado.

Mesmo tendo visitado Bernheim e Liébault, Freud sente que não é capaz de hipnotizar sonambulicamente todos os seus clientes (fato esse que hoje sabemos ser absolutamente normal) e procura

---

    * Nada está no intelecto se antes não estivera nos sentidos.
    ** Nada está nos sentidos se antes não estivera no intelecto.

então novas formas de tratar seus pacientes através da interpretação de comportamentos simbólicos, da livre associação e da análise de sonhos. Cria conceitos teóricos de Superego, Ego e Es (*Id*, em latim, usado mais entre nós e nos Estados Unidos) e, mais tarde, a teoria da libido e da sexualidade infantil. Admite, principalmente, que se existe no inconsciente uma situação traumática que não é trazida à consciência de uma forma adequada, a simples eliminação do sintoma não seria suficiente e curativa. A neurose teria bases geralmente na infância e lá deveria ser procurada. Inúmeras experiências demonstram ser isso uma generalização, principalmente no que diz respeito à criação de uma neurose experimental e de uma neurose de guerra.

Na teoria psicanalítica a hipnose é vista como uma submissão masoquista erótica por parte do hipnotizado. Fala-se de hipnose paterna e materna, sem perceber que a posição do pai ou da mãe perante o filho depende da cultura e do momento histórico. Muitos psicanalistas dedicam-se a analisar a personalidade do hipnotizador e, evidentemente, todas as variáveis aparecem. O hipnólogo, quando profissional médico, tem algumas das tantas características dos médicos: os bons e piedosos, os cientistas rígidos e os sádicos, os místicos e os materialistas... Enfim, não é verdade que a posição do paciente seja sistematicamente masoquista, pois, por outro lado, a do profissional deveria ser sempre sádica ou ser sentida como tal, o que não acontece. Quanto ao componente erótico, ele pode existir em qualquer relação humana, mas certamente é menos freqüente do que nas psicoterapias de vigília, de um modo geral.

Não é o caso, neste livro, de analisar e discutir todo o gigantesco e genial arcabouço psicanalítico, do qual provêm quase todas as psicoterapias modernas. Se Freud descobriu algo muito importante, generalizou demais a partir de exceções; mas, o que nos interessa é que sua enorme produção literária invade rapidamente a psicologia e a psiquiatria ocidentais e faz com que a hipnologia seja descartada de tal forma, que entra praticamente em desuso.

Na Rússia, todavia, um outro cientista de grande vulto dedica-se ao estudo de um novo conceito teórico-prático: o *reflexo condicionado*, e, dentro disso, surge uma nova explicação fisiológica do fenômeno hipnótico.

Ivan Petrovich Pavlov (1849-1936), foi um famoso médico fisiologista que se dedicou profundamente ao estudo e à experimentação da atividade nervosa superior. Neste compêndio, da mesma forma que é impossível discutirmos a grande obra de Freud, mais difícil ainda é apresentarmos a imensa produção da escola pavloviana.

Pavlov, em seus livros *Lições sobre a atividade dos hemisférios cerebrais*, de 1927, e *Fisiologia do estado hipnótico do cão*, cria uma interpretação fisiológica da hipnose, continuada por Bechterev e Platonov: a palavra, segundo sistema de sinalização da realidade, cria o estímulo para os reflexos condicionados (a sugestão seria um caso típico). A hipnose dever-se-ia à difusão da onda de inibição interna a partir de um ponto vígil estimulado e ligado ao hipnotizador. Nesses trabalhos ainda confundem-se sono e estado hipnótico, que a moderna eletroencefalografia demonstra nitidamente ser um estado de vigília. Além disso, não é possível explicar a hipnose imediata realizada pela primeira vez em poucos segundos como um fenômeno condicionado. O reflexo condicionado surge com o signo-sinal (sinal hipnógeno), isto é, com a repetição da indução.

Granone diz em seu *Tratado de Hipnose* * (p. 285): "Recordamos brevemente que noções a respeito das concepções pavlovianas do sono passivo (devido à supressão de uma quantidade determinada de excitações que chega normalmente aos hemisférios cerebrais e mantém a vigilância), e do sono ativo, como processo de inibição ativamente produzido por salvas de impulsos aferentes, praticamente perduram até hoje em dia. Porém, isto apenas tem validade referindo-se, não aos hemisférios cerebrais como um todo, mas ao sistema reticular ascendente, gerador da vigília e cuja inibição leva à desaferência e ao sono passivo. Inibe também um sistema antagônico de estruturas inibidoras, cuja atividade tônica manteria o sono ativamente."

Um conceito importante de Pavlov é o da *indução recíproca* ** que diz que todo ponto de excitação positiva ou negativa cria em torno de si uma área de sinal contrário. Pela ação da palavra sugestiva, fazemos a sugestão adequada criando uma área de excitação na corticalidade cerebral e, em torno dessa área de excitação, nós temos uma área de inibição. Assim, estamos reforçando indiretamente, a inibição. Na hipnose, se pela palavra estamos reforçando a inibição, de outro lado também estaremos reforçando a excitação.

Pelo fato de Pavlov, fisiologista de renome universal, ter uma poderosa penetração na história da medicina moderna, seus trabalhos merecem grande respeito; todavia, suas pesquisas, na realidade, não conseguiram também desvendar a fisiologia íntima do fenômeno hipnótico. Mesmo que sua posição fosse totalmente oposta àquela de Freud, e muito mais laboratorial, seus achados não podem ser aceitos *in totum*. A fisiologia ainda não desvendou o mistério da consciência humana.

---

* Edição espanhola.
** Burza, J. B., "Alguns aspectos pavlovianos ligados ao problema da psicoterapia e da hipnose", cap. 6, p. 28, em *Aspectos Atuais da Hipnologia*. São Paulo, Linográfica, 1961, editado por Passos, A. C. M. e Farina, O.

É interessante notar que com a influência da escola reflexológica, na Rússia, a hipnose não entra em decadência como no Ocidente e é, normalmente, ensinada e utilizada no tratamento das neuroses. Platonov, aluno da escola Pavloviana, continua estudando e divulgando trabalhos sobre conceitos criados pelo grande mestre. Um livro seu foi traduzido para o espanhol e teve grande aceitação: *La Palabra como Factor Fisiologico y Terapeutico*.

A primeira metade do século XX é dominada, no mundo ocidental, pela psicanálise, como terapia principalmente das neuroses. Como o próprio Freud abandona a hipnose por considerá-la pouco eficaz e cuja atividade, segundo ele, seria apenas sintomática, o hipnotismo entra em decadência de tal forma que em vários países passa a ser considerado diversão de teatro, muitas vezes com profunda desconsideração pelo indivíduo. Apesar disso alguns pesquisadores dedicam-se a tentar entender o mecanismo íntimo dos estados hipnóticos e teorizar a respeito.

Citarei algumas teorias pois todas, ou quase todas, explicam algo sem todavia atingir o âmago do fenômeno. Antes disso, porém, é mister lembrar dois nomes importantes aos quais devemos muito do fato de o hipnotismo não ter sido completamente abandonado. O primeiro, e mais importante do ponto de vista científico, é o professor alemão J. H. Schultz (1884-1970), neurologista em Berlim, que cria um método que apelida de: *treinamento autógeno* ou *auto-relaxação concentrativa*. O próprio autor define: "O fundamento do método consiste em produzir uma transformação geral do sujeito de experimentação por determinados exercícios fisiológico-racionais e que, em analogia às mais antigas práticas hipnótico-mágicas, permite todos os rendimentos de que são capazes os estados sugestivos autênticos ou puros." O livro por ele escrito é terrivelmente maçante, mas o método em si faz sucesso como técnica auto-hipnótica que normalmente é ensinada e, na verdade, geralmente heteroinduzida.

A proposta inicial do relaxamento tem por função produzir, quando necessário e por auto-indução, um estado hipnótico capaz de produzir uma "profunda tranqüilidade e tonificação". Além da postura sentada e em decúbito dorsal, propõe aquela "do cocheiro" que os antigos cocheiros, em suas carruagens, adotavam para descansar; a estátua do "pensador" de Rodin é tomada como protótipo de relaxamento corporal e profunda meditação.

Através de uma série de exercícios lentos e monótonos, o indivíduo alcança planos hipnóticos de diversas profundidades. Inicia por vivências de peso, relaxação muscular dos membros e sensação de calor por relaxação vascular, sempre com auto-sugestões verbais de tranqüilidade, regulação cardíaca, respiratória, aquecimento abdominal, frescor da região da fronte. Daí, repouso reparador, tranqüilização profunda, aumento do autodomínio, autodeterminação, rendimento e, enfim, toda uma ginástica espiritual e a entrada em planos profundos, não só curativos, mas de fenomenologia parapsicológica (como com qualquer método hipnótico).

Claro que, para ser autógeno realmente requer um tratamento mais longo que uma hipnose heteroinduzida.

Na verdade, a não ser no sentido de alguma "vitória" sobre si mesmo a nível filosófico, não vemos qualquer vantagem sobre métodos clássicos de hipnose. Creio que o grande sucesso alcançado se deva principalmente a que, na década de 1930, quando o livro foi editado na Alemanha, a palavra hipnose era malvista em muitos países.

Granone faz ressaltar o fato de que é sempre mais seguro ter um orientador do que a experimentação sem controle, que alguns tentam auto-induzir no relaxamento autógeno.

Outra figura, que sob certo ponto de vista é importante, foi Emile Coué (1857-1956), professor em Nancy, aluno de Liébault, que afirma que a sugestão age não sobre a vontade mas sobre a imaginação.

Cria três leis:

1 — Quando a vontade e a imaginação entram em conflito, a segunda vence sempre.

2 — Quando há contraste entre vontade e imaginação, a força desta está na relação direta do quadrado da vontade (força de expressão).

3 — A imaginação pode ser educada.

Diz ainda que como não se pode ter dois pensamentos contemporaneamente, se um pensamento ocupa plenamente a nossa mente, tende a transformar-se em ato. Daí a cura rápida de doenças e a obtenção de metas fortemente desejadas e imaginadas...

É interessante que ele afirma que para que uma auto-sugestão consiga agir sobre o inconsciente deve ser emitida pelo consciente.

A famosa frase: "Todo dia sob todo ponto de vista vou cada vez melhor" é muito utilizada por inúmeras linhas espiritualistas, e se deve a Coué. Ela é dita em geral à meia voz, com os olhos fechados, numa posição que favoreça o descanso dos músculos, quer na cama, quer na cadeira e no tom em que são rezadas as ladainhas. Coué aconselha repetir vinte vezes com rapidez tendo na mão um cordão com vinte nós, como rosário.

Pierre Janet (1859-1947), grande professor de psiquiatria, com uma enorme obra publicada, seguiu um rumo semelhante ao de Freud sem que, por muito tempo, se conhecessem. E mesmo depois, Janet não desejou encontrar-se com ele.

Janet também esteve com Charcot e conhecia a obra de Bernheim e de Liébault. Propôs também a existência de uma dinâmica profunda que se libertaria superficializando-se. Todavia ele valoriza mais uma interpretação intelectiva, enquanto Freud dedica-se mais a uma comunicação instintivo-afetiva de toda a fenomenologia hipnótica. Valoriza certos procedimentos de relaxação do corpo e nunca afasta da terapia o uso do hipnotismo quando isso lhe parece importante. Fala de um automatismo psicológico como forma primária de sensibilidade e de uma atividade superior mais consciente e crítica. A fenomenologia hipnótica dever-se-ia a uma dissociação psíquica como se o homem tivesse dupla personalidade, ou dupla consciência para explicar os fenômenos sonambúlicos.

Hoje, sabe-se que a amnésia dos estados profundos de hipnose é mais uma dramatização e geralmente pode ser trazido à memória todo esse material "esquecido". Todavia, muitos autores continuam falando de personalidades parciais e dissociações parcialmente controladas.

Janet tem sido esquecido mesmo na França onde, até hoje, predomina fortemente a psicanálise de origem freudiana.

Morton Prince, também fala de dissociação da consciência sendo que o subconsciente poderia ser dominado pelo hipnotizador sem que o consciente se aperceba. Como já dissemos, essa dissociação não é real.

Inúmeras teorias fisiológicas foram criadas para tentar dar à hipnose um substrato material cientificamente aceitável mas todas elas não resistiram à experimentação. Isto aconteceu com a teoria de Pavlov e seus seguidores, repetiu-se com a teoria de Heidenhain, com aquela de Kroger e de Lee.

Bennet, Sidi, Hart e até Eisenck acreditam que determinadas variações físico-químicas cerebrais causariam os estados de transe, mas nenhuma demonstração definitiva foi alcançada.

Por outro lado Sarbin acredita que o hipnotizado representa um papel, o que explicaria formas diferentes de estado hipnótico, dependendo de sugestões diretas ou indiretas do hipnotizador e do ambiente. Isto todavia não explica o mecanismo de indução mas apenas o comportamento resultante.

Outros admitem que os estados hipnóticos são precipuamente estados regressivos; Galina Solovey e Milechinin falam de uma regressão fisiológica de idade, mas isso só acontece em certos estados de hipnose e não em todos os casos.

Karl Weissmann fala em poder da vontade, disposição ou apetite dependendo de estímulos de natureza variada, e de poder de sugestão como arte que se transforma em técnica.

Nós acreditamos que os estados hipnóticos, como estados de consciência, têm o substrato químico-físico variável da consciência, uma recepção diferente da sugestão "auto" ou "heteroinduzida", e, que planos superficiais ou profundos, dependem de um maior ou menor monoideísmo.

O fenômeno hipnótico só será entendido quando for explicado o substrato real da consciência, e a capacidade maior, ou menor, de conduzir, dirigir e impor-se (por parte do hipnotizador), e de manter-se passivo, autoconcentrado e ensimesmado (por parte do *sujet*).

Lembramos que isso também é incompleto pois a auto-hipnose realmente auto-induzida sem aprendizado passivo prévio, requer atividade de domínio, força de vontade e passividade ao mesmo tempo. Por outro lado a indução depende de maior ou menor imaginação, e do uso do canal sensorial mais aberto, visual, auditivo ou cenestésico (ou até dos três simultaneamente, ou seqüencialmente, quando bem desenvolvidos).

Mangold no livro *Hypnose bei Katalepsie bei Tieren* (Hipnose por catalepsia em animais) diz que haveria:

1 — Hipnose experimental por inibição psíquica (hipnose por sugestão) no homem e em animais superiores.

2 — Hipnose experimental por inibição mecânica em mamíferos, aves e répteis, anfíbios, crustáceos e insetos.

3 — Hipnose natural por estímulos biológicos em caranguejos e insetos que "se fazem de mortos", e a catalepsia de certa variedade de lagosta.

Se bem que alguns autores no fim do século passado tivessem tentado algumas pesquisas laboratoriais sobre a hipnose, como Binet, Féré, Pavlov e vários outros, tais estudos só puderam expandir-se nos últimos anos com o aumento do conhecimento da neurofisiologia, com a introdução da eletroencefalografia, dos estudos sobre *biofeedback* e com o advento da câmara de Kirlian que permitiu estudar os "campos criadores da forma" (talvez parte daquilo que os videntes chamam de aura).

Vimos que com a morte de Charcot o estudo da hipnose havia entrado em decadência, até que nos últimos anos, com a introdução na ciência ocidental da cultura oriental e, portanto, de outra visão do mundo, a "Universidade" volta gradualmente a interessar-se pelos estados de consciência.

O campo da consciência passa da mão dos filósofos e dos místicos para a dos físicos, dos cientistas que se defrontam com uma série de "mistérios" que a física clássica não consegue desvendar.

O Ocidente, subitamente, se espanta ao saber que países comunistas, onde a religião e o misticismo foram desprezados, passam a estudar toda aquela fenomenologia que parecia apenas aceitável dentro de uma visão mística ou crença religiosa. A "metafísica" de Richet passa a denominar-se Parapsicologia e, mais tarde, pertencer a um campo novo de estudo laboratorial chamado Psicotrônica.

Como não podia deixar de acontecer, verificando que a incidência de fenômenos tais como telepatia, premonição, clarividência e outros é maior em estados de "transe", torna-se portanto necessária uma análise mais profunda de tais estados. A criação de novas teorias, às vezes de maneira surpreendente, se superpõe a conceitos antiqüíssimos de filosofias e religiões do passado remoto da civilização.

PESQUISAS

A pesquisa por meio eletroencefalográfico diferencia claramente hipnose e sono.

Inúmeros são os estudos a respeito.

Citaremos apenas algumas:

Ulett e outros escrevem no *The American Journal of Psychiatry* um interessante artigo com o nome: "Hypnosis, Physiological, Pharmacological Reality", no resumo eles dizem: Voluntários normais foram hipnotizados com sucesso usando-se uma técnica de indução por meio de videoteipe. Foram tomadas medidas eletroencefalográficas E.E.G. antes da indução do transe e durante os testes objetivos de profundidade hipnótica. Uma análise eletrônica dos registros eletroencefalográficos revelou uma correlação significativa entre hipnotizabilidade e certos padrões E.E.G. incluindo a presença de atividade muito rápida. Durante a indução do transe e os períodos de teste do transe, bons sujeitos hipnóticos demonstraram uma diminuição significativa da atividade lenta e um aumento de ondas alfa e beta. Em experiências posteriores, psicotrópicos tais como LSD 25 e dextroanfetaminas provaram ser capazes de alterar a hipnotizabilidade.

Na discussão, relatam que outro autor, Barber, afirma que não há razão de se acreditar que exista realmente um estado que possa ser chamado de hipnose, pois os efeitos hipnóticos podem ser eliciados simplesmente pelo poder da sugestão. Para Ulett, isso não infirma a existência da hipnose, mas trata-se apenas de um jogo de palavras, pois sugestão e hipnose são palavras intercambiáveis.

Kupper descreve um caso de um epilético cujo E.E.G. anormal, normaliza-se numa regressão de idade hipnótica à idade anterior ao início do quadro epilético.

Mesel e Ledford não confirmam esse achado em dois casos com boa regressão corroborada inclusive pelo aparecimento do reflexo cutâneo plantar em dorsiflexão, característico de crianças do primeiro ou segundo ano de vida, e uma evidente hipermnésia.

Para Moruzzi, um estudioso do sono e de sua neurofisiologia, deve-se ao sistema reticular ascendente (S.R.A.) a manutenção do tônus necessário à manutenção do estado de vigília e, o sono, à falta de estímulo desse sistema. Ora o S.R.A. poderia ser inibido não somente por via direta mediante ausência de estímulos provenientes dos captadores periféricos mas também por via reflexa ou central partindo de estruturas antagônicas tonicamente ativadas. De tal forma estímulos rítmicos, monótonos e persistentes, provindos dos exteroceptores auditivos ou vestibulares, cenestésicos (como o embalo) ou visuais ritmicamente interrompidos (como aqueles usados para o desencadeamento dos estados de transe), seriam inibidores do S.R.A., ativando estruturas antagonistas hipnógenas.

Granone acredita então que os métodos indutivos rítmicos de hipnose provocariam psicofisiologicamente uma *habituação* pelo que, o organismo interromperia com o sono a aferência de estímulos.

O método brusco, autoritário, seria o indutor de sono por excesso de estímulos. Enfim, essa teoria explicativa não se diferencia muito da pavloviana a não ser pelo conhecimento mais moderno da inibição do S.R.A. e não do cérebro como um todo.

Nesse ponto Granone faz notar, todavia, que a eletroencefalografia, como já citamos anteriormente, não mostra semelhança entre o sono fisiológico propriamente dito, o sono hipnótico (que se aproxima, segundo alguns autores, mais a certos estados hipnoidais ou de início do adormecimento) e o sono parcial, como manutenção do *rapport*.

Como já citamos, certos autores admitem apenas às vezes aumento de ondas alfa no E.E.G. (eletroencefalograma) enquanto outros, como Shibata, com analisador automático, encontrou, na hipnose vígil, diminuição de alfa, aumento de ondas delta e theta, especialmente nas regiões parietais e ocipitais. Outros encontram até aumento de complexos K.

Granone, numa ampla pesquisa de 58 traçados muito bem analisados e comparados (*Tratado de Hipnose*, pp. 337-339), nada de especial encontrou que pudesse ligar hipnose a sono ou adormecimento, mesmo em indivíduos que estavam roncando, em plena hipnose.

É interessante ressaltar que várias vezes tivemos ocasião de notar o resultado positivo de uma sugestão hipnótica em alguns pacientes que declaravam, *a posteriori*, que realmente tinham, em certos momentos, caído (*sic*) daquele estado vígil da hipnose num outro que, para eles, havia sido de sono normal tranqüilo.

Andrade, numa revisão de várias obras de autores famosos, como Gordon, Ambrose, Van Pelt, Barker e Burgwin e outros (*Hipnose Médica e Odontológica*, pp. 181-200), também concorda que há claros sinais de vigília e que às vezes ondas alfas aparecem quando é proposta tranqüilidade e desaparecem se atividades ou imagens tensionantes são sugeridas. Porém, nem isso é constante.

Inúmeros autores procuraram correlacionar estados hipnóticos com altos potenciais galvânicos da pele. Minha experiência utilizando o aparelho "Psicostat" — D.E. (p. 89) demonstra o fato de que, clientes, quando entram em bom relaxamento, alteram os potenciais galvânicos; porém, hipnose não é obrigatoriamente estado de relaxamento e, portanto, não existe um paralelismo obrigatório. Por outro lado, alguns pacientes que declararam estar "bem relaxados" não demonstraram alterações dignas de nota.

Um fato que parece evidente é que os aparelhos em uso, tais como eletroencefalógrafo ou medidores de resistência elétrica da pele, são ainda absolutamente grosseiros para captar alterações dos níveis de consciência. Um outro tipo de pesquisa, utilizada principalmente pelos parapsicólogos, é a fotografia em câmara de Kirlian. Na p. 129 daremos algumas noções sobre kirliangrafia por ser um método útil no estudo de emissão energética, e à p. 154 no capítulo relativo ao magnetismo serão discutidas as "energias que seriam emitidas e transmitidas". O assunto é muito controvertido e extremamente polêmico e, portanto, existe ampla discussão sobre o que é fotografado pelo método Kirlian.

Vives, num trabalho apresentado na V Conferência Européia de Neuropsicologia, em Deauville (França), em junho de 83, propõe que o dia que se conseguir localizar no "inconsciente" (visto como realidade física) gravações perturbadoras, através de métodos hipnóticos regressivos ou por estimulação elétrica (como Penfield realizava por meio de eletrodos no cérebro), deverá ser possível cancelar gravações individualizadas usando-se estímulos elétricos de intensidade e freqüência idênticas e com carga contrária àquela que surgiria em traçados de altíssima sensibilidade. Creio que apesar disso parecer um tanto utópico no momento atual, poderá vir a ser uma realidade futura.

TESTES DE SENSIBILIDADE HIPNÓTICA

Testes de sensibilidade hipnótica somente têm importância em duas situações: Uma, que não nos interessa, foi a hipnose teatral (hoje não mais existente entre nós) usada, quando era importante para o hipnotizador encontrar alguns sujeitos que pudessem, facilmente, atingir planos sonambúlicos, num espaço mínimo de tempo, perante uma platéia bastante grande e possivelmente entusiasmada. A outra, só interessando algumas vezes quando pretendemos dar um curso de hipnotismo, nos permite escolher pessoas mais sensíveis para que os alunos possam presenciar e aprender, em poucas aulas, toda a gama da fenomenologia hipnótica. No consultório, tais testes são absolutamente inúteis, pois temos que trabalhar com um paciente que nos escolheu e não com um indivíduo que nós elegemos. Lembramos ainda que as crianças costumam ser facilmente hipnotizáveis por meios verbais, a partir dos seis anos (mentais). Todavia, já obtive resultados com menores de seis anos e alguns com cinco a cinco e meio, que tinham boa capacidade de concentração e atenção. Antes disso, lembramos que o embalo e as cantilenas são também recursos hipnógenos.

Calculamos que 95% das pessoas têm alguma sensibilidade, mas em geral somente 15% no máximo poderão atingir todos os planos. Muitos hipnólogos sentem que algumas características físicas correspondem à maior hipno-sensibilidade mas isso não tem base ou confirmação científica. Weissmann diz que o "pomo de Adão" muito desenvolvido é uma característica comum às pessoas altamente suscetíveis; eu, geralmente, tendo a procurar pessoas com a face delicada, mais triangular que quadrada, quando dou um curso de hipnologia. Pessoas com mandíbulas largas, em geral, têm sido menos sensíveis. Não existe todavia uma regra confirmada.

Testes

O primeiro teste grupal que costumamos fazer é mandar que os presentes cruzem as mãos na testa ou na fronte; dizemos então: "Suas mãos estão apertadas, bem apertadas... mais apertadas... agora elas estão colando... grudando... os dedos se confundem... uns com os outros... ficando coladas... grudadas... coladas... grudadas tão fortemente coladas na nuca (testa ou fronte) que agora é impossível soltá-las... é absolutamente impossível... impossível... tentem soltá-las... é impossível... impossível... tentem... impossível..."

Sempre um ou outro é incapaz de separar as mãos até que damos a ordem: "Agora afrouxem... suas mãos estão se soltando... estão soltas... livres."

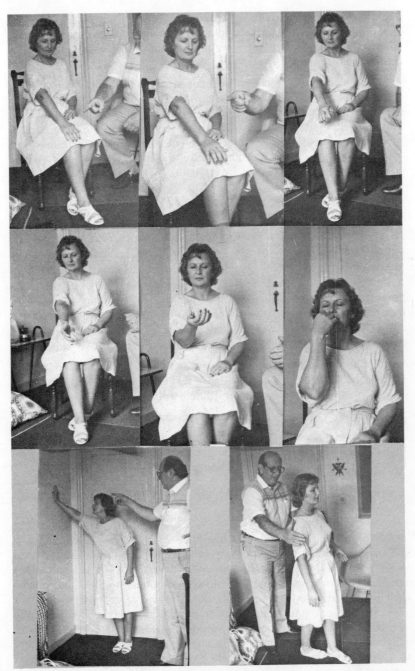

Testes de sensibilidade hipnótica

Às vezes é aconselhável fazer este exercício com os olhos fechados, para que os que se soltam não facilitem a soltura de outros. Claro está que os que não conseguiram separar suas mãos são pessoas especialmente hipnotizáveis.

Outra forma de escolha dos mais sensíveis é mandar que, a uma certa distância da parede, encostem uma ou mesmo as duas mãos nela, permanecendo em pé, mas numa posição de aproximadamente 75 graus, de modo que essa obliqüidade jogue o peso contra a parede. Mandamos que os sujeitos observem atentamente o dorso da mão que está "colada na parede": olhos fixos na mão ela está fortemente colada, grudada... colada... grudada... agora é impossível retirá-la... impossível... por mais força que vocês façam... a mão não "desgruda". A própria posição, em Torre de Pisa, torna difícil retirar a mão, e, em cima desse fato, condicionamos a impossibilidade.

Um outro teste é colocar alguém com os pés bem juntos ou até um na frente do outro, e de "olhos fechados" mandamos imaginar que o sujeito está "em pé num barco no meio de uma tempestade... o barco balança... balança... (ao percebermos alguma oscilação para direita ou para esquerda, confirmamos que o balanço é para esse lado). Você sente o impacto da onda no barco que joga você para... direita... agora para esquerda... para direita... para esquerda... etc... Até que a pessoa perca realmente o equilíbrio e caia.

Devemos sempre deixar alguém ao lado para evitar o tombo. Esses efeitos sugestivos já nos dão uma idéia sobre a sugestibilidade do aluno e nos permitem uma melhor escolha.

Nas aulas desta primeira fase freqüentemente alguém dá risada.

É, todavia, aconselhável que, quando iniciarmos realmente a hipnose, risadas sejam evitadas, pois são às vezes, recebidas pelo testando como um desrespeito humano.

INDUÇÃO HIPNÓTICA

Ao falarmos de indução hipnótica, pretendemos dar ênfase à indução para fins terapêuticos, e, é normal considerar-se que essa penetração na intimidade do paciente, deverá dar-se somente após conhecermos dados anamnésticos do paciente, tendo obtido sua concordância com o método a ser utilizado. O paciente criança poderá ser hipnotizado sem uma concordância específica, pois isto poderia não ser compreensível por parte do mesmo. Todavia, até nesses casos, geralmente, o pequeno paciente recebe uma série de explicações sobre o que pretendemos fazer com ele (vide p. 107) sobre hipnose na infância).

A esses primeiros contatos é dado o nome de *rapport*. Freqüentemente de um bom *rapport* dependerá todo o sucesso de uma hipnoterapia.

Só, excepcionalmente, induzimos um transe hipnótico na primeira sessão com um cliente novo, porque tanto para hipnose, como para qualquer forma de psicoterapia, não existe o terapeuta perfeito, e podemos não ser o terapeuta adequado para esse paciente.

Grandes hipnotizadores podem não obter um bom resultado que poderá ser conseguido por um novato, cuja personalidade se amolde mais a um determinado paciente.

Uma hipnose teatral pode ser realizada, às vezes, de maneira súbita e mesmo violenta, acompanhada de manobras, tais como compressão ocular ou dos seios carotídeos. Isto, todavia, é formalmente contra-indicado em terapia, pois pode dôr em risco a saúde física do paciente provocando até uma perigosa lipotimia.

Aqui dedicar-nos-emos mais ao adolescente e ao adulto.

No capítulo dedicado à criança realçamos nossa forma de *rapport* com ela.

Em geral, aconselhamos que a sala onde a hipnoterapia será realizada, seja se possível um ambiente aconchegante, razoavelmente aquecido em dias de frio e suficientemente ventilado em dias de calor. Se bem que eu tenha realizado hipnose no meio de um corredor da Faculdade de Medicina, e no meio da algazarra de estudantes, é aconselhável um ambiente sem muitos ruídos, principalmente na primeira tentativa de indução, a fim de evitar que o paciente seja distraído por barulhos súbitos e intensos. Aquilo que poderia ser chamado "ruído de fundo" perturba muito menos, pois os canais auditivos deixam de selecioná-los e não os escutam. Numa cidade ruidosa como São Paulo, o canal auditivo de captação do ambiente exterior é com freqüência o canal não dominante, ao contrário do que acontece no campo onde os sons são mais suaves, e os ruídos diferentes são captados imediatamente.

É interessante notar que livros escritos há alguns anos atrás como, por exemplo, o de Osmard A. Faria, aconselham que em geral se evite a palavra hipnose para o paciente, pois ela continha conotações negativas lembrando atividades teatrais, enquanto hoje em dia há uma revalorização da palavra.

A escola espanhola de Caycedo chegou a criar um termo novo para indicar hipnologia: *sofrologia* (derivada de *sos* = harmonia ou equilíbrio em grego antigo; *phren* = mente e *logos* = estudo ou tratado), por considerá-la livre de compromissos históricos, quando do congresso internacional dessa matéria realizado em Barcelona em

1960. Daí a palavra *sofronizar*, estado *sofrônico* etc. Quando me proponho a realizar uma hipnose, uso em geral essa palavra, ou em algum caso falo em relaxamento ou hipno-relaxamento, quando se trata de cliente muito medroso ou com fantasias de "perda do controle". Todavia, deve ser explicado algo, principalmente que, ele, cliente, nada revelará que não queira, e que nada será feito contra sua vontade. Em tempos idos, aconselhava-se que em se tratando de cliente de sexo feminino, se o hipnotizador fosse do sexo masculino, deveria ser proposta a presença na sala de alguma pessoa de confiança da cliente. Isto, hoje, soa até ridículo, sendo absolutamente incabível sua necessidade. Lembramos todavia, que o interesse do cliente é soberano, e, se com isso ela ou ele se sentir mais seguro, não deve ser feita oposição.

Há vários anos, uma senhora pediu-me que o marido estivesse presente e, ele, logo no início, sentado ao meu lado, entrou em transe muito mais profundo que a própria cliente, a ponto de não lembrar absolutamente nada ao "despertar".

Muitos clientes imaginam que ao entrarem em transe perdem a consciência e, portanto, terão amnésia completa desse lapso de tempo. Na realidade, a amnésia espontânea é rara, e, quando existe, basta sugerir ao paciente durante a hipnose que se lembre, para que ele recorde tudo ao despertar. Às vezes, psicodinamicamente a amnésia é protetora e a lembrança não deve ser forçada até o momento oportuno, terapeuticamente. Em minha experiência é raro que não se possa trabalhar em vigília algum conteúdo que tenha surgido durante o estado hipnótico, ao contrário do que sugerem muitos autores.

Os fenômenos hipnóticos estão ainda cercados de uma série bastante grande de tabus, provenientes de idéias teóricas, em geral sem qualquer confirmação científica, baseados em preconceitos de algum psicanalista sobre o assunto.

Posição: Em meu consultório uso, às vezes, uma poltrona de relaxamento, cômoda, com apoio para os braços, a cabeça e as pernas, ou um divã com travesseiros ou almofadas espalhadas pelo chão.

Quando sinto que uma paciente poderia ter fantasias de estupro, prefiro a poltrona pois a posição é sentida como de mais proteção, e isto tem sido confirmado com algumas pacientes, que só aceitam o divã quando passam a ter mais confiança no hipnotizador.

Tenho focos de luz graduáveis, e, geralmente, há preferência para uma iluminação suave.

Hoje em dia, raramente me utilizo de espelhos irregulares ou côncavos, objetos brilhantes ou espirais giratórias, a não ser às vezes com crianças, transformando a hipno-indução numa situação lúdica mais aceitável pelo pequeno paciente.

Roupa apertada deve ser aberta, aconselha-se que o cliente esvazie a bexiga antes do início da sessão.

Às vezes é necessária uma manta, pois durante o relaxamento a própria imobilidade faz sentir frio.

Após deixar o paciente numa posição razoavelmente cômoda é mister que o terapeuta demonstre segurança sobre aquilo que irá fazer para que o paciente possa sentir-se suficientemente protegido.

Algumas pessoas, como já disse, ouviram dizer que há perigo de não "voltar" do estado hipnótico e se sentem assustadas com isso. Devem ser tranquilizadas.

Já me foi perguntado: "O que aconteceria se eu desmaiasse ou morresse durante a indução?" Resposta: "O mais grave que poderia acontecer seria que você despertasse logo ou que caísse da hipnose para o sono normal e então acordaria normalmente."

Uma cliente polifóbica e com alto componente histérico tinha muito medo de fechar os olhos, pois isto lembrava o pânico que sentira na mesa cirúrgica ao realizar uma anestesia para uma cesariana.

Pode-se realizar a indução com os olhos abertos fixando um ponto qualquer e levando o paciente a um estado de fascinação, e, somente então, os olhos se fecharão, após sugestão tranquila. No início de uma hipnose pode acontecer que alguns pacientes, principalmente jovens, comecem a rir nervosamente. Podemos não levar em consideração as risadas ou dizer, com o mesmo tom de voz que estávamos usando, que o fato de rir é bom e ajuda a desabafar, e continuarmos gradualmente sem dar grande importância ao fato, sem rir junto com o paciente ou admoestá-lo.

Falei em *tom de voz*. Quase todos os hipnotizadores aconselham que se use um timbre suave, monótono e persistente segundo a orientação povloviana. Gassner, todavia, "magnetizava" em tons altos e imponentes. Em certos casos, principalmente quando se trata de pacientes com pouca concentração, prefiro iniciar com palavras muito rápidas do tipo "locutor de jogo de futebol pelo rádio", porque o amontoado de palavras impede um raciocínio claro com pensamentos parasitas ou racionalizações. Experimentem fazer uma operação aritmética com alguém falando rapidamente uma série de palavras mesmo sem muito sentido, e verão como isso é quase impossível. Essa forma é utilizada principalmente com o método da levitação do braço de Milton Erickson (p. 57).

A utilização de uma forma diferente de falar é importante, pois ela, por si, transforma-se numa *âncora* (p. 84), segundo os conceitos de Grinder e Bandler. Eles afirmam que a "hipnose e as artes da comunicação, como disciplinas, estão ainda em sua infância", querendo com isso dizer que a esse respeito há muitas opiniões e pouca pesquisa.

Eles, ainda em seu livro *Trance-Formations*, dizem que discordar com pessoas não estabelece *rapport*. Falar mais depressa do que uma pessoa possa ouvir, não constrói *rapport*. Porém, se você calibra o tempo de sua voz com o ritmo da respiração do paciente, se você pisca com o ritmo que ele pisca, se você cabeceia com o ritmo dele, se você balança com o ritmo dele, se você diz coisas adequadas ou coisas reais que você está observando, você estará construindo um *rapport*.

Como já dissemos em capítulos anteriores, todo mundo dentro de certos limites de normalidade (mesmo muitos indivíduos com variadas patologias) e hipnotizável e o *rapport* terapêutico deve ser construído cuidadosamente.

Resistência à hipnose é como resistência num momento qualquer de uma psicoterapia e ela se deve não tanto a um problema do paciente, mas a um defeito de comunicação, pois é freqüente receber um paciente que diz: "Doutor, em um ano de terapia com seu colega não consegui abrir esse assunto e estou falando disto com o senhor no primeiro dia." Por outro lado, um cliente pode não ter conseguido contato conosco e obtê-lo com maior facilidade com outro colega.

A programação neurolingüística (P.N.L.) ensina que se o cliente utiliza mais o canal auditivo, devemos utilizar uma terminologia de tipo mais auditiva; se for mais visual, palavras de tipo visual e, se mais cenestésico, palavras mais ligadas a sensações.

Por ex.: "Veja, olhe, faça uma imagem, aumente o brilho, mais claro etc. Ouça sons (fortes ou suaves), silêncio, melodioso etc. Sinta perfumes, sabor, sensibilidade, toques, sensação", e assim por diante.

Isto parece ser muito importante, pois algumas pessoas têm mais facilidade para ver, outras para ouvir e outras ainda, para sentir. Qualquer que seja a proposta, não devemos ser muito específicos em detalhes. Por exemplo, podemos propor a uma pessoa que já tenha visto uma praia, que a imagine ou invente, mas é contra-indicado propor uma praia determinada, pois não sabemos qual a escolha do paciente. Se falarmos de palmeiras ou coqueiros ao vento, podemos perturbar uma imagem de uma praia com rochedos. É sempre aconselhável usar generalidades, principalmente quando usamos uma imagem durante o relaxamento hipnótico. Uma boa escolha depende, outrossim, de interrogarmos o paciente a respeito. Há muitos anos, com um paciente austríaco ao qual havia esquecido de perguntar qual seria uma imagem de tranqüilidade, propus pouco intuitivamente as lindas montanhas do Tirol, mas logo percebi sinais de tensão. Suspendi a proposta, e, no fim da sessão, o cliente me relatou que no fim da guerra havia pego uma tuberculose, e passara dois anos angustiantes num sanatório nos Alpes tiroleses, sem poder contatar com a família, nem ajudá-la financeiramente numa época muito difícil. Montanhas significavam para ele doença, depressão e angústia.

PRINCIPAIS TÉCNICAS DE INDUÇÃO

1 — Pestanejamento sincrônico;

2 — Levitação do braço;

3 — Fixação do olhar de "Braid";

4 — Reversão do olhar;

5 — Interrupção de padrões estabelecidos e automatizados;

6 — Ação de alavanca;

7 — Mãos entrecruzadas;

8 — Método da estrela e do balão;

9 — Autoscopia;

10 — Método de Bernheim;

11 — Fascinação;

12 — Hipnose ericksoniana e pantomima.

Quando falamos em indução hipnótica, precisamos distinguir um tipo de indução didática útil, inicialmente com fins didáticos e destinado a principiantes, a fim de que possa ser seguida uma seqüência de respostas hipnóticas catalogáveis, para eventual utilização, de uma hipnose em situação terapêutica determinada.

Moraes Passos diz: "Na hipnose experimental o indivíduo já não tem uma motivação de ordem terapêutica e o hipnotista não é uma pessoa que vai aliviar os seus males, mas sim, o experimentador que o está usando como cobaia."

Para uma hipnose didática costumamos seguir a escala de aprofundamento de Torres Norry, modificada por Moraes Passos e com ligeiras modificações pessoais, principalmente nos planos profundos.

ETAPAS	FENÔMENOS ESSENCIAIS	FENÔMENOS AUXILIARES
Hipnoidal	Oculares	
	Corporais	
Leve	Catalepsia ocular	Podem ser propostos
Média	Analgesia	Desafio e apagamentos
	Surdez eletiva	
	Signo-sinal	1.º Sugestão pós-hipnótica
	Sugestão hipnótica simples	
Profunda	Amnésia superficial	
	Conversar sem despertar	
	Abrir os olhos sem despertar	
Sonambúlica	Visualização cênica	
	Alucinação	
	Anestesia profunda	
	Regressão de idade	
	Amnésia profunda	Natural ou induzida
	Sugestões pós-hipnóticas	

Todavia existem inúmeras escalas diferentes e portanto uma aceitação rígida de uma seqüência não é absolutamente necessária pois o desencadeamento fenomenológico depende do *sujet*.

1) PESTANEJAMENTO SINCRÔNICO

Etapa hipnoidal

Paciente sentado ou deitado:

Fenômenos oculares — Dizemos: "Olhe para um ponto qualquer evitando mexer a cabeça ou distrair-se. Eu vou contar lentamente de 1 para um número qualquer. A cada número você vai fechar e abrir as pálpebras (não dizer — *abrir e fechar* pois o paciente está com os olhos abertos no começo) a cada número que eu disser. Feche e abra sem esperar o número seguinte. Os movimentos lentos e pesados... assim (demonstrar). Aos poucos suas pálpebras irão ficando... pesadas... cansadas... Quando isso acontecer deixe suas pálpebras fechadas mesmo que eu continue contando. Está claro? Quer experimentar?... assim: um... feche e abra... dois... feche e abra...

muito bem, você entendeu claramente... Podemos começar: 1... 2... 3... 4... 5... 6... etc. De vez em quando entre um número e outro damos uma sugestão do tipo: ...10 ...11 suas pálpebras estão ficando pesadas... 12 como chumbo... 13... 14... como chumbo... 15... coladas... grudadas... 16... pesadas, coladas, grudadas... 17... (e assim por diante até que notamos que o cliente começa a sair do ritmo, ou a olhar ligeiramente estrábico, ou a não mais abrir os olhos)... 20... suas pálpebras estão fechadas, coladas... grudadas, pesadas... 21... "coladas, grudadas."

Se chegamos ao número 40 ou 50 ou pouco mais e nada aconteceu dizemos com o mesmo ritmo monótono: "Deixe suas pálpebras fechadas, pesadamente fechadas sem todavia apertá-las... fechadas... pesadas... coladas. Respire agora... lenta e profundamente, duas vezes... A cada movimento respiratório seu relaxamento fica mais profundo... profundo... profundo."

Fenômenos corporais — "Deixe seu corpo mole... frouxo... relaxado... completamente solto... largado... abandonado... De agora em diante preste bem atenção... eu continuarei falando com você... minha voz vai acompanhar você neste relaxamento sem que você necessite prestar atenção... ela acompanhará você... continuamente, entrará nos seus pensamentos sem que você... faça qualquer esforço para me ouvir... Enquanto isso seu corpo vai ficando solto... mole... relaxado... completamente abandonado... largado... mole... relaxado."

Não se deve falar em hipnose nesta primeira fase, pois não sabemos ainda como o paciente está reagindo.

"Agora eu levanto seu braço direito (ou esquerdo, não errar) e ele cairá pesadamente como se fosse um trapo pesado, bem pesado... estou levantando seu braço." (Levantá-lo com a mão, um pouco, deixando-a cair.) Verificar se ele cai ou fica rígido ou se é puxado para baixo. Então dizer:

"Da próxima vez cairá mais pesadamente, mais solto... mais mole..."

Pode-se repetir a operação com o outro braço, da mesma forma.

No momento em que percebemos que o paciente está entrando em hipnose podemos sugerir: "Sua boca está solta, ligeiramente entreaberta... os lábios soltos... respire lenta e profundamente duas vezes... Todo seu corpo está ficando... frouxo... mole... relaxado... completamente largado... abandonado..."

Observar se a respiração é tranquila e não forçada, e se os traços da face parecem afrouxados, lisos, sem rugas. Isto pode ser sinal de um bom processo inibitório em andamento.

Com essas frases terminamos a etapa hipnoidal. Daí para frente, qualquer que tenha sido a técnica indutora, teremos a mesma seqüência quando se tratar de uma hipnose didática. Portanto, as fases seguintes serão válidas para os outros processos iniciais que estão descritos a partir da p. 57.

Podemos dizer que, dependendo do momento e do *rapport*, 95% das pessoas podem alcançar esse ponto.

Etapa leve

Catalepsia ocular — "Suas pálpebras estão agora pesadamente fechadas, coladas... é impossível abri-las... elas estão grudadas... tente abri-las e sentirá que é impossível... tente, é impossível... impossível até que eu diga que poderá abri-las... Não tente mais... afrouxe... afrouxe." Dependendo do caso, às vezes, não é aconselhável fazer este desafio pois, se o paciente não estiver bem induzido poderá abri-las voltando excessivamente à vigília. Caso isso aconteça, devemos dizer: "Feche novamente suas pálpebras... elas estão agora molemente fechadas... moles... pesadas..."

Movimentos automáticos — "Eu pego agora seu braço direito (esquerdo) e você fará comigo este movimento (pegar o braço e fleti-lo sobre o antebraço) para cima... para baixo... para cima... e para baixo... imagine agora... que seu braço está ligado a uma máquina que continua provocando este movimento para cima e para baixo... (lentamente soltar o braço). Ele continua automaticamente para cima... para baixo.

Desafio — Agora é impossível parar este movimento que continua automaticamente. Agora é realmente impossível parar. Tente parar o braço, é impossível... impossível tente, por mais que você faça força seu braço continua a mover-se independente de sua vontade." Desafio: Se o paciente conseguir parar, dizer imediatamente: "Não tente mais... relaxe." Não aceitar o contradesafio.

Etapa média

Analgesia — "Eu agora vou anestesiar o dorso de sua mão (pegar a mão, cercar, tocando a zona a ser anestesiada). O dorso desta mão agora está completamente insensível, anestesiado, se eu a tocar você não sente dor (apertar entre duas unhas ou cutucar com agulha) você não sente... não sente..."

Quando se trata de uma pessoa que não tenha noção de anestesia pode-se tocar isso propondo: "Vou congelar o dorso de sua mão" ou: "Vou cobrir sua mão com uma luva de couro grossa... Agora toco a luva com uma ponta e você nada sente (tocar). Enquanto, se tocar a outra mão, você sente" (tocar).

Se houver dúvida quanto à resposta, podemos perguntar: "Se você sentiu diferença nas duas mãos levante um dedo da mão direita (aguardar); se não sentiu diferença, levante um dedo da mão esquerda, que está bem solta (aguardar). Agora eu retiro a anestesia (luva)."

"Agora relaxe (podemos propor): durma calmamente... profundamente... bem profundamente... Todo o seu corpo está ficando mole... frouxo... relaxado. Você está com muito sono... sono... sono..." Pode haver interesse de propor a manutenção da anestesia até após a desipnotização e então pode-se dizer: "A região ficará insensível mesmo depois de acordar até que eu bata palmas e, aí, ela desaparecerá."

Surdez eletiva — "Imagine agora que eu tampo seus ouvidos com algodão (tocar os ouvidos). Daqui para frente os ruídos externos não mais o perturbarão. Eles estarão completamente abafados e você só ouvirá minha voz quando eu me dirigir a você. Se eu falar com outras pessoas você não ouvirá.

Não ouvirá mais ruídos externos (businas, batidas de portas, campainhas, outras vozes)." Citar ruídos prováveis ou que estão acontecendo, para que sejam apagados. Pode-se, para demonstração, dizer: "Não ouvirá uma batida (bater sobre a mesa ou bater palmas). Quando acordar, bastará que sejam tocados com o dedo seus ouvidos para que a surdez desapareça e você mesmo poderá fazê-lo assim (demonstrar). Agora, todavia, reponho o algodão." É aconselhável dizer isso, pois apesar do fato que em geral a surdez não permanece, voltando à vigília mesmo sem dizer nada, já me aconteceu, há muitos anos, quando ainda não tinha automatizado a seqüência, um cliente sair do consultório e ao voltar no dia seguinte me dizer: "Não sei por que mas ontem passei a tarde toda com os ouvidos abafados, meio surdo." Eu não havia retirado os tampões dos ouvidos.

Geralmente, a primeira sessão termina aqui. Se for o caso, é aconselhável que seja proposto um sinal hipnógeno.

Signo-sinal (*sinal hipnógeno*) — De agora em diante não será mais necessário fazer todos esses exercícios. Bastará que eu lhe diga: "Feche seus olhos, relaxe seu corpo, e durma calma e profundamente para que suas pálpebras fiquem imediatamente pesadas... seus olhos se fechem... você entre num sono pesado... bem mais profundo do que agora." Podemos também propor um toque na mão ou na fronte, para personalizar mais o sinal. Repetir o sinal hipnógeno 2 ou 3 vezes para que se grave profundamente.

Agora mesmo vamos provar isso: "Eu contarei de 5 para trás e você acordará sentindo-se muito bem, sem tonturas, dor de cabeça ou qualquer mal-estar; mas se eu disser: feche os olhos, relaxe seu corpo e durma calma e profundamente, imediatamente você fechará os olhos e dormirá muito mais profundamente do que agora. 5... 4... 3... 2... 1."

Não dizer: você acordará sem sono, pois pretendemos reinduzir rapidamente. "Como está se sentindo? Algo o incomodou? A posição é boa?" Só aceitar respostas curtas.

"Muito bem. Então feche seus olhos, relaxe seu corpo e durma calma e profundamente." Tocar, se for o caso.

"Durma... durma... mais profundo... profundo... profundo... Seu corpo frouxo, mole, relaxado... completamente abandonado... largado... sono... sono..."

Podemos manter sugestões de sono e relaxamento do corpo por algum tempo e continuar as etapas seguintes ou chamar de volta à vigília, juntando às frases acima: "Vai acordar agora sem sono, sem sono, sentindo-se bem repousado."

Sugestão hipnótica simples — "Quando eu contar até 3, você abrirá os olhos sem todavia despertar... e depois... imediatamente depois eles se fecharão e você continuará a dormir profundo... mais profundo do que agora. 1... 2... 3... Durma... durma tranqüilamente." Se o paciente não piscou, a resposta deve ser considerada mais positiva.

Amnésia superficial — "Quando uma pessoa dorme, sempre sonha, porém a maioria dos sonhos é esquecida; com freqüência a gente esquece os sonhos que não precisa lembrar."

"Você agora terá um sonho sem qualquer importância. Você encontra numa rua qualquer alguém e ele conta para você que foi para Florianópolis e de lá para Recife, de carro, e depois para Belo Horizonte, de avião, e de carro para o Rio de Janeiro. A história não tem importância, nem a pessoa... nada é importante, por isso não é preciso lembrar, não é preciso, ao acordar você nem vai se lembrar, a história é completamente confusa e sem qualquer importância... você já a está esquecendo, dará um branco quando você pensar nela; relaxe, durma, esqueça..." Pode-se continuar com frases de relaxamento e depois dizer: "Agora eu contarei de 5 para trás e você acordará sem lembrar: 5... você começa a acordar, não lembra, 4... é impossível lembrar... 3... impossível... 2... confusão, branco... 1... Tudo bem, como foi?... Você lembra de alguma coisa diferente?..." Se o paciente tenta lembrar, dizer: "Impossível... confusão... confusão..." E se lembrar, dizer: "Não tem importância, feche seus olhos... relaxe seu corpo... e durma calma e profundamente..."

Conversa sem acordar — "Muita gente pode falar mesmo dormindo... e você também pode... sua boca está livre... sua língua solta..." Tocar o queixo se necessário. "Qual é seu nome?... Onde você está?" Em se tratando de uma hipnose didática, não faremos perguntas especiais e podemos até dizer isso ao paciente: "Não perguntaremos nada de importante..." Enquanto, na terapia, serão feitas perguntas pertinentes. Se o paciente está em hipnose bastante boa poderá ter dificuldade para responder, e a voz, às vezes, será lenta e sem "cor".

Abrir os olhos sem despertar — "Eu contarei até três e você abrirá os olhos sem, todavia, despertar. Pelo contrário, você, apesar disto, continuará em sono profundo com os olhos abertos e reconhecerá os objetos na sua frente... 1... 2... 3... Se você vê o lápis sinalize com um dedo da mão esquerda, se vê uma poltrona, sinalize."

Pode-se perguntar se vê algo que não existe. "Vê um lenço vermelho? E agora, feche seus olhos e durma mais profundamente..." É aconselhável fazer isto rapidamente para que o paciente não tente voltar à vigília.

Etapa sonambúlica — visualização cênica

Nesta etapa, tentamos criar alterações dos sentidos: "Imagine agora que você está na praia, olhando para o mar. Está passando um barco com a vela ao vento... Você está vendo o barco? Olhe fixamente para ele."

Alucinação — "Agora eu direi 1... 2... 3... e você abrirá os olhos e verá o barco na sua frente: 1... 2... 3...

Você viu o barco?... Onde ele estava?..."

Outra boa imagem é: "Um carro com os faróis acesos. Feche os olhos e durma mais profundamente... durma... Agora você está ouvindo o ruído de um avião que se aproxima... uuuu... da direita para a esquerda... está mais próximo, o ruído aumenta... mais... agora passa por cima de sua cabeça, está ouvindo? (esperar resposta) e se afasta... mais longe... Agora eu peguei um buquê de rosas... estou com elas na mão, aspire o perfume... sentiu?" Pedir resposta.

Pode-se testar sabor, e outras sensações, por exemplo, dando um miolo de pão e dizendo que é um bolo de chocolate. Dizer que há uma lareira acesa e perguntar se sente o calor ou um vento frio e assim por diante. Podemos testar hiperestesia imaginando que há uma panela fervendo... pegar a mão e aproximá-la da panela até que ele a retire quando se aproxima da água. Cuidado em não forçar situações, pois a literatura cita o caso de formação de edema e vesículas de queimadura. Não esquecer de apagar essas imagens e aliviar imediatamente se houver sinais de dor ou pânico.

Anestesia profunda — Se o paciente atinge planos alucinatórios pode-se propor novamente anestesia profunda para fins cirúrgicos:

"Agora estou com uma seringa com anestésico e vou injetar na região... tocar... está ficando completamente anestesiada... agora está insensível, totalmente indolor..." Em odontologia pode-se propor: "Sua boca está seca... sem saliva... a gengiva está branca... não sangra... os vasos estão apertados (hemostasia e sialostasia)".

Regressão de idade — "Imagine agora que acontece uma coisa interessante... Num sonho... a gente se vê às vezes na idade atual... e outras, mais jovem... e até criança... Neste instante, você percebe que o tempo volta para trás... você está ficando menor... vai voltar ao ano (   ) você está no dia de seu aniversário de (   ) anos... você é pequeno(a)... Onde você está? (resposta). Quem está com você?... (resposta)." Pode-se pedir detalhes... Pode-se regredir mais até o parto pedindo descrição.

"Você está para nascer... sente que está sendo expulso... contrações... você está nascendo (etc.)... O que sente?" Pode haver angústia de um parto difícil, ou circular de cordão com sensação de sufoco. Ajudar, nesse caso, apagando a recordação quando se trata de uma hipnose didática. Claro está que, em psicoterapia, os traumas são trabalhados.

Amnésia profunda — Ela pode ser espontânea ou sugerida, dizendo-se: "Ao acordar, não é necessário lembrar tudo isso... Os sonhos, muitas vezes, são esquecidos, quando você começa a despertar. Você esquecerá tudo isso ao sair da hipnose e, por mais força que você faça para lembrar, mais confusas serão suas lembranças. Você esquecerá completamente, totalmente... Tudo já está desaparecendo... confusão... esquecimento... agora eu contarei de 5 para trás e você acordará, sentindo-se muito bem como após um bom sono sem sonhos. 5: você começa a voltar... 4: tudo esquecido... 3: voltando, sentindo bem-estar, sem dor de cabeça, sem tonturas ou enjôos... 2: sem sono... 1: acordado, sem sono... sem sono."

Pode acontecer que, principalmente na primeira sessão ou numa sessão muito traumática, haja alguma sensação de mal-estar ou cefaléia, que devem ser retiradas durante a "aura" pós-hipnótica. Podemos, por exemplo, tocar a cabeça dizendo: "Agora vou retirar a dor de cabeça. Feche os olhos... ela está cedendo... desaparecendo... substituída por um frescor agradável... tudo está normal... Você está muito bem." Raramente é necessário voltar a uma hipnose mais profunda para retirar um sintoma desagradável que tenha surgido.*

Técnicas para a volta à vigília

Normalmente, para fins terapêuticos, o estado hipnótico é mantido por cerca de 10 a 20 minutos, sendo que a primeira sessão costuma durar aproximadamente meia hora. Claro está que, dependendo do caso, ela poderá ser prolongada bem mais que isso. Por exemplo uma hipnoanálise ou uma regressão de idade a "vidas pregressas".

Hipnoses extremamente longas podem ser mantidas durante horas, e durante muitas horas por dia, num período, por exemplo de 10 dias. Quando for necessário sono hipnótico prolongado, em casos de graves problemas psíquicos com depressão intensa e angústia, o paciente é mantido em hipnose por meio de aparelhos com ruídos rítmicos (metrônomos) ou fitas gravadas.

Em geral, obtidos os resultados, ou querendo terminar a sessão, propomos ao cliente: "Agora eu contarei de 5 para trás para que você acorde (ou volte à vigília plena) sentindo-se muito bem, sem sono, sem dor de cabeça ou de pescoço (isto quando for usada a posição sentada em que a cabeça cai para frente), sem náuseas ou tonturas, muito bem disposto; 5: você está acordando... 4: já está sem sono... 3: acordando... 2: sentindo-se muito bem descansado... 1: completamente acordado, sem sono, sem peso nas pálpebras... Como está se sentindo?... Tudo bem... pode espichar-se... levante-se aos poucos, calmamente..."

Às vezes, em sessões longas e complicadas, o paciente pode sentir alguma dificuldade de voltar à vigília e, então, podemos propor nova contagem mais longa e gradual, a partir do número 10, por exemplo.

Alguns pacientes e mesmo aqueles que experimentam realizar auto-hipnose ainda com pouca experiência têm medo de "não voltar". Isto não passa de uma fantasia. Em toda a minha experiência de 35 anos de hipnoses, o caso mais difícil demorou menos de 5 minutos

---

* Essa seqüência de aprofundamento provém basicamente das aulas de Torres-Norry, ligeiramente modificada por Moraes Passos e por mim. Ela tem apenas uma função didática, pois alguns sujeitos podem apresentar fenômenos hipnóticos de algum plano "mais profundo" e não obter de outro "mais superficial".

(foi um caso de regressão à "vida passada", com uma história muito traumática de estupro num cemitério).

Às vezes, principalmente em hipnoses didáticas, portanto perante público de estudantes e profissionais de medicina e psicologia, pode acontecer alguma dificuldade inicial na volta à vigília.

Pode, por exemplo, haver um componente, consciente ou não, de desafio. Nessas ocasiões podemos induzir uma amnésia dos pensamentos que o paciente está tendo naquele determinado momento. Dizemos: "Agora preste atenção: quando você ouvir a ordem 'pare', você imediatamente esquecerá aquilo que está pensando. Suas idéias confundir-se-ão e, com nova contagem, você acordará."

Outra forma: "Agora pare: 5... 4... 3... 2... sem sono... 1. Muito bem, agora você vai me dizer aquilo que está pensando. Seus lábios se abrem, sua boca está livre, você vai falar." Se o paciente não quiser falar, automaticamente acordará como defesa, ou então falará, e o pensamento com a emoção serão discutidos e conscientizados para que o paciente saia da hipnose sem angústia.

Um colega me contou que, há vários anos, estava tratando de uma cliente com problema de anorgasmia e que, durante o transe, pela primeira vez, ela sentiu prazer, negando-se, portanto, a acordar, por duas razões: uma, evidente, "o prazer em si" e, a segunda, uma intensa vergonha, imaginando que o terapeuta, pelo qual sentia uma atração transferencial, pudesse ter percebido. Isto tudo surgiu mais tarde, durante a psicoterapia em vigília e em hipnose. Então, ao propor que contasse seu pensamento, voltou imediatamente à vigília.

Uma vez, durante um curso de hipnose em uma Faculdade de Medicina, um aluno entusiasmado, apesar de meu aviso de não tentar hipnotizar alguém até estar preparado para isso, levou um colega ao transe e esse não queria acordar. O tempo estava passando e o aluno ficando cada vez mais assustado, sacudindo a "pobre vítima de sua própria incompetência". À meia-noite, decidiu telefonar-me, pois não aprendera nenhuma técnica para acordar, mas tão-somente aquelas para hipnotizar. Após orientação telefônica, o amigo acordou e o "hipnotizador" quase entrou em transe pelo susto que passara.

O que poderia acontecer com um cliente abandonado durante a hipnose? Simplesmente acordar por si, ou adormecer e acordar normalmente quando o sono passasse.

Já me aconteceu que algum cliente caísse em sono durante uma hipnose e portanto perdesse o *rapport*. Nesses casos, quando percebo que ele ou ela estão roncando, simplesmente peço que respirem fundo, e no caso de não reagirem, começo por chamá-los suavemente pelo nome, e a seguir, recoloco-os em transe. Algumas vezes, o próprio paciente, ao voltar, afirma ter tido alguns momentos de sono e até sonhos, admitindo ter perdido o contato. Mesmo assim, às vezes, uma sugestão pós-hipnótica funciona. A única coisa que não se deve fazer em caso de alguma dificuldade de "acordar" é perder o controle, gritar, ficar amedrontado, transmitindo a angústia para o cliente.

Outra recomendação importante é: não esquecer, antes de desipnotizar alguém, de retirar qualquer sugestão proposta para fins demonstrativos, como uma surdez eletiva, ou uma anestesia, ou uma outra qualquer sugestão não necessária em período pós-hipnótico.

Parestesia, tonturas ou náuseas residuais, podem ser retiradas simplesmente tocando a parte ou a cabeça e dizendo, com absoluta segurança: "Agora isso vai passar... Já está passando... Passou totalmente."

Em alguns casos, pode-se dar o sinal hipnógeno, reipnotizar, retirar a parestesia ou mal-estar e acordar com a sugestão de sentir-se otimamente bem.

Há muitos anos, quando propus a uma cliente que dentro de pouco voltaria à vigília, subitamente, com uma voz profunda, agradeceu-me pelo que eu estava fazendo pela "protegida", dizendo que eu era bom médico, um bom colega e que "me protegeria" também. Eu agradeci, e lentamente a desipnotizei. Ela era freqüentadora de terreiros onde incorporava o espírito de um médico, já falecido.

Graus de Aprofundamento

a) *Segundo Liébault* — 1.º) Sonolência — torpor, adormecimento, peso na cabeça, dificuldade de abrir as pálpebras. 2.º) Sono ligeiro — começo de catalepsia. 3.º) Sono ligeiro mais profundo — torpor, catalepsia, movimentos automáticos. 4.º) Sono ligeiro intermediário — além da catalepsia o automatismo rotatório, atenção dirigida só ao hipnotizador, amnésia pós-hipnótica.

O sono profundo dos sonambúlicos tem 2 degraus — 1.º Sono sonambúlico ordinário: *amnésia, alucinações durante o sono* que se apagam ao acordar. Dependem da vontade do hipnotizador. 2.º Sono sonambúlico profundo: *amnésia, alucinabilidade hipnótica e pós-hipnótica, submissão absoluta ao hipnotizador.*

b) *Segundo Bernheim*

Os sonambúlicos em geral são muito sugestíveis.*

---

* Neologismo que indica a sugestionabilidade hipnótica.

Bernheim propôs:

1.ª classe: Lembrança conservada ao acordar.

1.º degrau: torpor, sonolência, ou sensações diversas como calor e embotamento por sugestão.

2.º degrau: impossibilidade de reabrir os olhos por si.

3.º degrau: catalepsia que pode ser interrompida pelo sujeito.

4.º degrau: catalepsia irresistível que o sujeito não pode interromper.

5.º degrau: contratura involuntária sugestiva (em geral analgesia sugerida).

6.º degrau: obediência automática.

2.ª classe: Amnésia ao despertar.

7.º degrau: amnésia ao despertar: ausência de alucinabilidade.

8.º degrau: alucinabilidade durante o sono.

9.º degrau: alucinabilidade durante o sono e pós-hipnótica.

Bernheim faz notar que se trata de uma classificação meramente artificial e que um sujeito pode ter um fenômeno e não outro, e que o "sono" não é uma característica essencial do estado hipnótico.

c) *Escala de LeCron — Bordeaux* *

Insuscetível

Ausência de toda e qualquer reação.

Hipnoidal

1 — Relaxamento físico;

2 — Aparente sonolência;

3 — Tremor das pálpebras;

4 — Fechamento dos olhos;

5 — Relaxamento mental e letargia mental parcial;

6 — Membros pesados;

Transe ligeiro

7 — Catalepsia ocular;

8 — Catalepsia parcial dos membros;

---

* Extraído de K. Weissman.

9 — Inibição de pequenos grupos musculares;
10 — Respiração mais lenta e mais profunda;
11 — Lassidão acentuada; movimentos raros, pouca fala, pensamentos lentos, ação retardada;
12 — Contrações espasmódicas da boca e do maxilar durante a indução;
13 — *Rapport* entre sujeito e operador;
14 — Sugestões pós-hipnóticas simples;
15 — Contrações oculares ao despertar;
16 — Mudanças de personalidade;
17 — Sensação de peso no corpo inteiro;
18 — Sensação de alheamento parcial;

Transe médio
19 — O paciente reconhece estar em transe, e, sente-o, embora não o descreva;
20 — Inibição muscular completa;
21 — Amnésia parcial;
22 — Anestesia em luva, da mão;
23 — Ilusões cinestésicas;
24 — Ilusões gustativas;
25 — Alucinações gustativas;
26 — Hiperacuidade às condições atmosféricas;
27 — Catalepsia geral dos membros e do corpo inteiro;

Transe profundo ou sonambúlico
28 — O paciente pode abrir os olhos sem afetar o transe;
29 — Olhar fixo esgazeado e pupilas dilatadas;
30 — Sonambulismo;
31 — Amnésia completa;
32 — Amnésia pós-hipnótica sistematizada;
33 — Anestesia completa;
34 — Anestesia pós-hipnótica;
35 — Sugestões pós-hipnóticas bizarras;

36 — Movimentos descontrolados do globo ocular e movimentos descoordenados;
37 — Sensações de leveza e de estar flutuando, inchando, alheamento;
38 — Rigidez e inibição nos movimentos;
39 — Desaparecimento e aproximação da voz do operador;
40 — Domínio das funções orgânicas, pulsação cardíaca, pressão sangüínea, digestão etc.;
41 — Hipermnésia;
42 — Regressão de idade;
43 — Alucinações visuais positivas pós-hipnóticas;
44 — Alucinações visuais negativas pós-hipnóticas;
45 — Alucinações auditivas positivas pós-hipnóticas;
46 — Alucinações auditivas negativas pós-hipnóticas;
47 — Estimulação de sonhos (em transe ou pós-hipnoticamente no sono natural);
48 — Hiperestesias;
49 — Sensações cromáticas (às cores);
50 — Condições de estupor inibindo todas as atividades espontâneas. Pode sugerir-se o sonambulismo para esse efeito.

Os autores sugerem que existem variações individuais, podendo algumas das respostas surgirem em fases diferentes das indicadas acima. LeCron e Cheek admitem que:

Não hipnotizáveis	= 5%	da população
Atingem transe ligeiro	= 45%	da população
Atingem transe médio	= 35%	da população
Atingem transe profundo	= 15%	da população

Qualquer que seja a escala que um operador queira utilizar como seqüência didática, no uso terapêutico, poderá limitar-se a experimentar apenas alguns dos passos para testar inicialmente o nível de respostas hipnóticas obteníveis e, após ter obtido um sinal hipnótico bom, será necessário apenas dar alguns minutos ao paciente para que ele se aprofunde.

Uma técnica muito usada para isso é dizer: "Imagine que você está na frente de uma grande escadaria, que você descerá degrau por degrau até o fundo, e, a cada passo, você entrará num plano mais profundo... mais profundo... mais profundo. Primeiro você se sente mais relaxado... segundo... mais sono... terceiro... ainda mais (e assim por diante) até chegar... lá em baixo, sentindo-se muito bem."

Às vezes eu digo que "lá no fundo há uma estranha luz... agradável... suave, envolvente... você agora está completamente envolvido por essa luminosidade suave... etc."

O importante é dar uma sugestão que o cliente aceite como convite ao aprofundamento hipnótico.

Alguns autores desaconselham o uso da palavra "sono" ou mesmo "aprofundamento". Na verdade nada disso é importante, pois o que interessa é conseguir que o cliente se hipnotize e, às vezes, frases completamente sem sentido, como também sons rítmicos e movimentos monótonos também hipnotizam.

Os estados hipnóticos não são estados de inconsciência e o cérebro tem muitos mecanismos de defesa. É muito raro que se consiga cometer um erro tão brutal que chegue a produzir algum "desastre psicológico". Creio, aliás, que tais desastres são cometidos com muito maior freqüência durante psicoterapia em plena vigília quando um terapeuta é totalmente despreparado, inconsciente ou não ético. Em minha experiência de 35 anos de hipnose e psicoterapia digo, sem qualquer dúvida, que esse segundo caso é infinitamente mais freqüente, e mais pernicioso. Creio, como Erickson, que em geral o paciente sob hipnose se defende muito melhor do que o vígil.

Vejamos então outras técnicas mais usadas para indução:

2) TÉCNICA DE LEVITAÇÃO DO BRAÇO

É realizada em geral com o paciente sentado, com uma mão com os dedos fechados sobre o joelho (pode ser com as duas mãos sobre os joelhos). Dizemos: "Você vai olhar fixamente com os olhos bem abertos um ponto do dorso de sua mão. Fala com ritmo rápido.

Evite piscar, ou pestanejar, o maior tempo que puder.

Sua mão fechada está apoiada sobre a calça (saia)... Eu vou falar com você de maneira rápida e você apenas ouve minha voz... apenas ouve e fixa um ponto do dorso da mão; como ela está fechada, a palma vai ficando ligeiramente mais quente.

O centro da palma de sua mão vai se aquecendo... aquecendo sempre mais.

O calor agora vai se espalhando gradualmente para toda a palma e para os dedos.

Por isso você começa a sentir que há uma força querendo abrir seus dedos.

Sua mão está se abrindo. *Se houver algum ligeiro tremor ou movimento em alguns dos dedos marcar isso verbalmente.* Veja, seu dedo polegar já está tremendo, e está se afastando dos outros dedos.

Sua mão está se abrindo de maneira gradual e contínua.

Agora o dedo mínimo também se abre.

Cada vez mais e mais todos os dedos estão se abrindo sem que você faça qualquer esforço consciente, nem a favor nem contra; os dedos todos estão completamente abertos e esticados para frente, sua mão está aberta em leque, totalmente aberta e agora que já se abriu você percebe que seu braço está ficando leve, bem leve.

Sua mão está querendo abandonar o joelho e subir, ela está subindo... sua mão não pesa... seu braço não pesa. Ele já está completamente no ar sem que você faça qualquer esforço para isso.

Você não sente nenhum peso. É como se o braço e a mão nem fossem seus. Enquanto isso, sua vista está ficando ofuscada, cansada, bem cansada, e querendo fechar as pálpebras. Vista cansada, cansada, pesada. Agora sua mão sobe e vira o polegar para cima e o mínimo para baixo. O polegar para cima e o mínimo para baixo. Você já está olhando para a palma de sua mão, e ela está se aproximando imperceptivelmente de sua fronte.

O cotovelo está se dobrando e a mão está cada vez mais próxima de sua fronte.

Ela vai colar na sua fronte e, quando tocar a fronte, suas pálpebras estarão tão cansadas, que será impossível manter os olhos abertos. Ela está tocando a fronte.

Suas pálpebras pesadas estão se fechando; fechadas, coladas, grudadas. Você está com sono. Durma! Calma e profundamente. *Lentamente diminuímos o ritmo da fala até chegarmos a uma fala lenta e macia.*

Seu corpo está ficando frouxo, mole, relaxado, completamente largado e abandonado. Sua mão começa a descer lenta e gradualmente, da mesma maneira que subiu, fechando os olhos... as pálpebras pesadas... coladas... sono... muito sono.

Quando a mão estiver lá embaixo você estará já em sono profundo... profundo... mais profundo...

Às vezes pode acontecer que o paciente entre em fascinação tão rapidamente que o braço não sobe mas fica colado ao joelho, e então podemos subitamente inverter a proposta. Sua mão ficou tão pesada que está colada ao joelho. Pesa como chumbo e é impossível levantar o braço.

O braço está rígido desde o ombro até a mão, como se uma barra de ferro estivesse presa a ele. *Pode-se desafiar*: E agora é completamente impossível levantá-lo. Tente... é impossível. Completamente. (*Às vezes é necessário tocar levemente as pálpebras do cliente e fechá-las suavemente.*) Você está com sono. Durma tranqüilo e relaxado."

Daqui para frente a metodologia é a mesma.

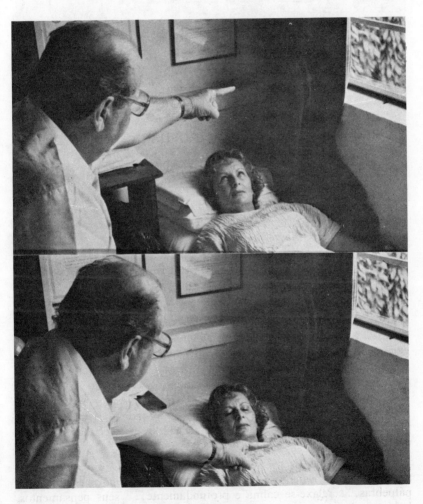

Fixação de olhar.

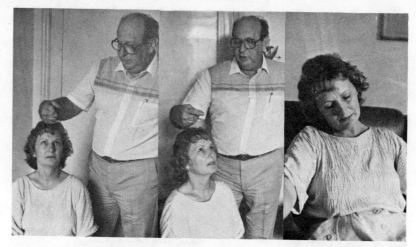

Reversão do olhar.

3) PROCESSO DE FIXAÇÃO DO OLHAR (OU DE BRAID — MODIFICADO)

Paciente deitado comodamente. O terapeuta, colocado de lado e um pouco para trás do cliente.

Colocar a mão com o dedo indicador esticado a 15 cm dos olhos do cliente pedindo que fixe a ponta do dedo (pode ser também um pequeno objeto brilhante).

"Você vai olhar fixamente, sem piscar, a ponta de meu dedo... fixe atentamente, com os olhos bem abertos... sem bater as pálpebras... fixamente... sem desviar os olhos da ponta do meu dedo... os olhos fixos... bem abertos... aos poucos você sente que sua vista está ficando embaçada... turva... cansada... muito cansada... (lentamente fazer descer o dedo em direção ao queixo obrigando assim o paciente a forçar a vista para baixo e ir fechando as pálpebras). Suas pálpebras estão ficando pesadas... muito pesadas. Agora é muito difícil manter os olhos abertos, eles estão se fechando pesadamente. (Descer o dedo para abaixo do queixo.) Você já está percebendo que sua vista está ofuscada, embaçada, pesada... muito pesada... Suas pálpebras estão se fechando... fechadas... coladas... grudadas."

Se o paciente estiver resistindo, podemos fazer descer outro dedo da outra mão e repetir tudo, ou, simplesmente, propor: "Feche suas pálpebras... relaxe-se calma e profundamente... seus pensamentos, longe... lentos... perdidos... Agora suas pálpebras estão fechadas... pesadas como chumbo... coladas... (*pode-se tocar as pálpebras*).

Agora você vai aprofundar mais e mais.. Seu corpo está ficando frouxo... mole... relaxado... largado... pesado... Eu levanto um de seus braços e ele cairá pesado... frouxo como um trapo... etc."

4) MÉTODO DA REVERSÃO DO OLHAR

Este pertence aos chamados métodos de urgência por levarem mais rapidamente ao aprofundamento em casos urgentes, como numa intervenção cirúrgica onde não existam anestésicos.

Não é aconselhável seu uso em psicoterapia por se tratar de técnica de indução desagradável e, às vezes, capaz de provocar cefaléia e mal-estar.

Até hoje eu só tive ocasião de usá-lo como indicação adequada duas vezes. A primeira, há mais de vinte anos, quando fui chamado, no meio da noite, por um vizinho, cuja esposa sofria dores agudas na vagina. Verifiquei tratar-se de um abcesso das glândulas de Bartolin e aconselhei chamar logo um ginecologista que, com dificuldade conseguiu transportá-la a um pequeno hospital próximo. (Nesta época não existiam em São Paulo prontos-socorros particulares em todos os bairros, como hoje.) Não havia um anestesista, e o colega virou-se para mim, dizendo: "Lamentavelmente, anestesia local não serve para esses casos e para uma coisa tão banal necessitamos uma anestesia geral."

Como a paciente estava com dores, deitada na mesa cirúrgica, à espera, decidi tentar uma indução rápida e, por sorte, tratava-se de uma pessoa de alta sensibilidade que, em 8 segundos, precipitou-se em plano sonambúlico com anestesia total testada imediatamente por transfixão do braço com uma agulha. A seguir, sugeri insensibilidade da região sexual e o ginecologista realizou a intervenção com a paciente imóvel e sem consciência da dor. Ao voltar teve amnésia espontânea e abrindo os olhos perguntou quando iríamos iniciar a operação.

Uma segunda ocasião se deu, pouco depois, quando uma noite socorri outra vizinha que, ao acender o fogão, deixara escapar gás, o que provocou uma pequena explosão que lhe causara algumas queimaduras, em geral só de 1.º grau, exceto num braço, onde atingiram o 2.º grau. Na hora em que a atendi, logo após a explosão, ela estava extremamente agitada, gritando de dor e principalmente em crise nervosa; o marido, assustado, não sabia o que fazer. Pedi-lhe que fosse à farmácia para comprar gaze estéril e uma latinha de pomada de Furacin.

Vendo o estado da cliente, decidi imediatamente agir, hipnotizando-a pelo método da reversão do olhar partindo ainda do pressuposto que a explosão, por si, fora hipnótica, e isso facilitaria a indução. Realmente, em apenas alguns segundos, a mulher entrou em hipnose profunda com alívio imediato da angústia e da dor. Quando, depois de poucos minutos, o marido voltou com o material, a esposa estava imóvel em estado de fascinação, e os curativos foram feitos sem dificuldade tendo sido ainda proposta a regressão total das lesões, e que após a saída do consultório ela fosse para casa, deitasse na cama e adormecesse profundamente até o dia seguinte. Logo de manhã fui visitá-la. Ela estava perfeitamente bem, havia dormido a noite toda e só permanecia uma pequena lesão no ponto da queimadura de 2.º grau. O resto da pele era completamente normal.

Seqüência: Ficamos atrás do cliente. Nesse método, propomos a ele, sentado ou deitado, que olhe para o alto, para o nosso dedo acima da sua fronte e, gradualmente, puxamos o dedo para trás propondo: "Continue olhando o meu dedo... imagine que você consegue vê-lo através de seu crânio... ele está indo para trás, sempre mais... ao mesmo tempo suas pálpebras vão para baixo... mais para baixo e as pupilas mais para cima... os olhos para cima... as pálpebras para baixo... ficando cada vez mais pesadas... estão descendo mais pesadas... pesadas... estão colando... os olhos completamente virados... durma... durma... profundamente... suas pálpebras estão agora coladas.. Durma calma e profundamente... mais profundamente... Seu corpo está amolecendo, ficando solto... frouxo... relaxado... sono... (Testar braços pesados.)

Propor:

1) Analgesia;
2) Representação alucinatória;
3) Fenômeno alucinatório;
4) Anestesia profunda.

É muito importante, ao acordar ou desipnotizar o cliente, repetir várias vezes: "Quando eu contar de 5 para trás você acordará, e, ao chegar ao n.º 1, seus olhos se abrirão normalmente sem qualquer mal-estar, enjôo, dor de cabeça, peso na vista.. sentindo-se muito bem." *Se todavia o paciente sente-se estranho ou mal-humorado é aconselhável dizer*: "Feche novamente os olhos... eu toco sua cabeça (fronte, nuca ou outro ponto de mal-estar) que está agora se aliviando... está aliviada... completamente aliviada."

Lembramos que mesmo depois de "acordado" o cliente está numa "aura hipnótica" e recebe facilmente sugestões e, às vezes, a sensação desagradável passa como que por encanto. Deve-se cuidar dos clientes, que depois desse tipo de indução, sentem-se mal-humorados, tontos, com cefaléia ou náuseas. Por isso é bom dizer a eles que nos telefonem ao chegar em casa, ou que mantenham contato conosco se não se sentirem bem. Esses problemas, todavia, são passageiros e não freqüentes.

5) INTERRUPÇÃO DE PADRÕES ESTABELECIDOS E AUTOMATIZADOS

Alguns padrões de atividades ou comportamentos são rigidamente estabelecidos por uma família ou cultura, e um exemplo disso é o aperto de mão como cumprimento. O aperto de mão é uma unidade de comportamento singular na consciência de um indivíduo. Se eu estender a mão para saudar alguém, essa pessoa responderá com movimento similar automático. Pois bem, se na hora dela estender a mão eu mudar meu movimento e pegar seu pulso entre dois dedos e levantar suavemente seu braço, ela não terá mais o movimento automático seguinte, que seria de apertar minha mão e sacudi-la 2 ou 3 vezes. Este é um instante de transe e pode ser aproveitado para propor: Sua mão está solta no ar... sem peso... flutuando sem qualquer esforço... *Com freqüência, a pessoa chega a ter completa amnésia dessa fração de tempo em que fica com o braço suspenso. Às vezes, os olhos ficam abertos em fascinação. Se no instante da interrupção nós estávamos sorrindo para ela e dizendo, por exemplo*: Muito prazer em... *ao suspendermos o transe, basta pegarmos a mão, sacudi-la e dizer*: ...conhecê-la, meu nome é... A pessoa poderá ter apenas um instante de espanto, e continuar a conversa como se nada tivesse acontecido. Esta técnica foi descrita por Grinder e Bandler em *Trance-Formations*. Dizem eles que isto pode acontecer com qualquer movimento padronizado, como tirar um cigarro da carteira, por exemplo.

Milton Erickson usava, às vezes, uma técnica semelhante: ao sacudir a mão durante um cumprimento continuava a sacudir a mão por mais tempo do que seria de se esperar e, depois, ia soltando a mão lentamente de forma estranha e no último instante dava um ligeiro impulso para cima e o braço ficava levitando em catalepsia.

Um estado de transe pode também formar-se quando algo do comportamento de uma pessoa se torna totalmente incongruente e inesperado. Por exemplo: Eu estou falando com alguém e, sem qualquer aviso, continuo movendo meus lábios como se formasse palavras, porém sem emitir nenhum som.

Grinder faz notar ainda que um fato que pode deixar alguém em estado de transe é aquilo que ele chama de ação de alavanca.

6) INDUÇÃO POR AÇÃO DE ALAVANCA

Ação de alavanca corresponde praticamente a colocar alguém subitamente numa posição estranha.

Por exemplo, ele pede a alguém: "Você pode emprestar-me seu braço?" A proposta em si já é estranha, o que deixa o indivíduo em estado de expectativa. Nesse momento ele pega o braço e o suspende com umas sacudidas, sendo que o braço no ar não é uma posição normal numa pessoa. Sua mão e braço parecem pendurados no ar. Feita essa "alavancagem" (perdoem-me o neologismo como tradução de *leverage*), aí propõe um tipo de resposta em direção a um transe hipnótico. Como forma de escape à estranha posição ele diz: "Permita que seu braço desça com movimentos honestamente inconscientes, só, tão rapidamente o quanto seus olhos necessitem para se fecharem. Quando sua mão voltar à posição normal sobre sua coxa você também voltará ao estado de consciência normal, divertido com o processo inteiro pelo qual você passou."

Dentro dessa mesma técnica veremos um método que Grinder chama de "braço sonhador" na parte (p. 107) referente à hipnose na criança.

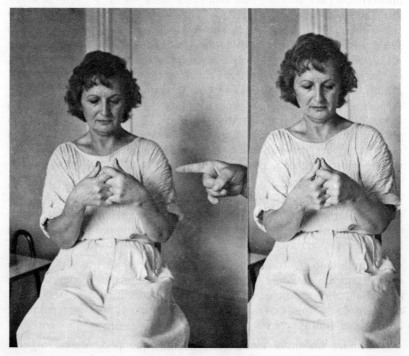

Mãos entrecruzadas.

7) MÉTODO DAS MÃOS ENTRECRUZADAS

Pode ser empregado principalmente quando se quer realizar uma hipnose de massas. Manda-se que as pessoas entrecruzem as mãos. (Pode-se deixar os dedos por cima do dorso das mãos, ou para baixo, sob as palmas das mãos.) *Dizemos*: "Fechem os olhos e comecem a apertar as mãos e os dedos cada vez mais, imaginem que as mãos estão sendo apertadas numa morsa (ou por um alicate especial) que está apertando sempre mais... mais... mais até que se fundam uma na outra de tal forma que será impossível... impossível abri-las. Elas estão completamente coladas... coladas... coladas... e agora esse aperto dá uma sensação de calor... moleza... sonolência... peso... sono... (*e assim por diante*)."

8) MÉTODO DA ESTRELA, DO BALÃO E OUTRAS FANTASIAS

É uma técnica antiga que propõe que se diga ao indivíduo, com os olhos fechados: "Imagine o firmamento noturno e veja uma estrela um pouco mais brilhante... Essa estrela começa a brilhar mais... cada vez mais... começa a mover-se... aproximando-se... cada vez mais perto... seu brilho aumenta... cada vez mais... o brilho é estranho.. diferente... calmante... você está se sentindo envolvido por esse brilho, suave mas penetrante... a estrela agora está bem acima de você... e agora ela está se afastando para trás... sempre mais... vai ficando cada vez menor... mais longe... diminuindo etc.

Você está cansado... com sono... sono... mais profundo... etc."

O balão — Outras vezes pode-se propor à pessoa: "Você é um *balão*, sem peso, que está subindo lentamente no espaço até flutuar lá no alto... vendo a paisagem suave que fica cada vez menor... flutuando suavemente ao sabor da brisa... sentindo no corpo o calor do sol e uma sensação de proteção e segurança."

Isto é importante, pois pode haver acrofobia ou insegurança. Na acrofobia previamente anotada, é melhor usar outra fantasia.

Propor imagens genéricas da paisagem sem todavia dar muitos detalhes, pois não sabemos que paisagem o cliente quer imaginar. Repetir várias vezes as palavras: segurança... bem-estar... paz.

No fim da sessão: "Agora você vai descer suavemente para a terra aonde você é esperado com carinho por pessoas que gostam de você."

Podemos sugerir fantasias de ser uma gaivota ou flutuando em águas calmas.

9) AUTOSCOPIA

Uma outra técnica de indução baseia-se na autoscopia ou seja, imaginar se vendo num espelho. Essa técnica é proposta principalmente para aquelas pessoas que têm medo de fechar os olhos com fantasia de morte ou de perda de "controle".

A proposta é: "Imagine-se na frente de um grande espelho... Você está na frente desse espelho... mas enquanto você está de olhos abertos sua imagem está com olhos fechados. Aproxime-se dela mentalmente... seus olhos estão abertos... a imagem está com olhos pesados... colados... sentindo-se agradavelmente relaxada... Veja isso claramente... está vendo? Sinalize apenas com o dedo da mão direita se está vendo... Sua imagem está com sono... ela sente sono... uma enorme e agradável moleza... é impossível ficar acordado..." *Continuar a falar da imagem como uma meta-sugestão que, aos poucos, é absorvida pelo cliente.*

"Agora está entrando num suave estado de transe (sono) cada vez mais agradável... sono... sono... suas pálpebras estão pesadas" (*suas é ambíguo*).

O sono aumenta... (etc). "*Pode haver fechamento espontâneo das pálpebras ou dizer*: "Você não precisa dormir... não precisa... dormir... dormir... dormir..."

10) MÉTODO DE BERNHEIM

Esse autor iniciava sua indução falando do benefício que adviria ao paciente por esse método e que se tratava de terapia sugestiva que serviria para curá-lo e melhorar seu estado geral de saúde. Que seria um estado de torpor agradável ou de sono capaz de reequilibrar seu sistema nervoso. Ao mesmo tempo dizia: "Olhe bem para mim e só pense que está com sono. Suas pálpebras estão ficando pesadas, muito pesadas... Seus olhos estão se fechando... a vista embaçada... os olhos cansados... fechados... Agora preste bem atenção às minhas palavras. Concentre-se bem nelas..."

Se o paciente resistia, ele gesticulava, mostrando, por exemplo, dois dedos abertos em V e dizendo ao paciente para fixá-lo, enquanto reiterava a sensação de peso nas pálpebras e membros, e subitamente ordenava: "Durma." Quando fechava os olhos ele confirmava que tudo estava funcionando bem e daí passava à outra sugestão. Só aconselhava a catalepsia braquial após a terceira sessão.

A mirada mútua não deveria durar mais de um minuto, em geral.

11) FASCINAÇÃO

Alguns autores antigos falavam muito que era importante treinar a capacidade de manter os olhos bem abertos sem piscar para provocar um estado de fascinação no cliente. Aconselhavam, todavia, que quando se diz ao *sujet*: "Olhe para meus olhos", o hipnotizador deve fixar a glabela, isto é, a região entre os olhos dele, para evitar por sua vez um fenômeno de fascinação.

Técnicas desse tipo não são mais indicadas para fins terapêuticos e só encontravam indicação em hipnose de palco.

Alguns hipnólogos a usam com crianças, inclusive dizendo: "Olhe bem para meus olhos até que eles comecem a mudar de cor" (do castanho para o azul ou vice-versa, conforme a cor dos olhos do terapeuta).

12) A HIPNOSE ERICKSONIANA

Erickson foi famoso pela enorme capacidade de criar um *rapport* e uma indução tão adequada que lhe permitia dizer que não existia resistência, pois todo mundo encontra de uma ou de outra maneira o estado de transe.

É característico de sua metodologia o uso de truísmos, ou verdades evidentes, que eram de tal forma misturadas com novas propostas, que o paciente as aceitava também como realidade.

Por exemplo: "É duro para qualquer pessoa pensar que pode ficar assustada com seus próprios pensamentos. Porém, você pode perceber que, neste estado hipnótico, você tem toda proteção do seu próprio inconsciente que tem protegido você em seus sonhos, permitindo-lhe sonhar aquilo que você quiser, quando você quiser, e mantendo esse sonho por tanto tempo quanto seu consciente julgue necessário, ou quanto sua mente consciente julgue que isso seja desejável."

A seguir depotenciava o consciente afirmando: "Porém sua mente consciente o manterá com o consentimento de sua mente inconsciente."

Dava ao paciente o papel central: "E uma das coisas que você pode descobrir é que você não necessita prestar atenção em mim, sua mente inconsciente me ouve sem que você tome conhecimento."

A amnésia também era proposta de uma maneira quase comuflada, juntamente com uma dissociação: "É notável como você descobre que pode perder os movimentos de um braço ou de uma perna. Um movimento completo. Você pode ainda esquecer onde você está."

Ou então propor uma regressão de idade da seguinte maneira: "Você pode ter um sonho de você mesmo quando era criança."

Era também freqüente apresentar propostas de duplo vínculo e portanto irrefutáveis, como: "Não é preciso que você feche os olhos neste mesmo momento..." Significando que os olhos se fecharão daqui a pouco.

"Antes de entrar em transe você necessita sentir-se bem confortável." Isto é, você vai entrar em transe. "Você pode entrar em transe rápida ou lentamente."

E para propor por exemplo, aquecimento de uma mão: "Faça-me saber o momento exato em que sua mão começa a ficar mais quente."

Freqüentemente as sugestões pós-hipnóticas eram feitas de forma pouco impositiva, deixando certa escolha aparente ao paciente:

"Alguma coisa acontecerá à sua mão direita e isto permanecerá quando você acordar. Ao acordar terá perdido todo o controle sobre ela. Eu contarei regressivamente de 20 para trás e você despertará. 20... 19... 18... 17... 16... 15... 10... 9... 8... 7... 6... 5... 4... 3... 2... 1."

"O que está sentindo na mão direita?"

Paciente: "Ela está rígida, estranha..."

Enquanto mantinha a hipnose, Erickson usava interligar frases utilizando palavras tais como: "Enquanto isso acontece... ao mesmo tempo você percebe... e... então... até que... agora que... etc."

Às vezes, para despertar interesse, e, portanto, mais sensibilidade, perguntava: "Você gostaria de ter uma surpresa? Agora ou depois?" Implicando, com isso, algo de agradável.

"Rapidamente eu vou levantar sua mão no ar; aquilo que acontecerá depois, deixará você surpreso. Você está plenamente consciente das coisas que você é capaz de fazer (isto é um truísmo). Porém, a mais surpreendente experiência que você pode vir a ter é que descobrirá que não consegue levantar-se *agora!*"

Com isso depotencia uma posição mental prévia, motivada pela "surpresa agradável" deixando o paciente em expectativa, e demonstra que a importância da resposta já será compatível com um estado de transe.

Às vezes fazia perguntas de duplo vínculo para ratificar o transe:

Você realmente pensa que está acordado, não é?

Paciente: Não.

Erickson: Está certo. Você não está.

Ou:

Paciente: Sim.

Erickson: É isso que quero que pense.

Outro fato ao qual Erickson dava muita importância eram pequenos movimentos e mudanças corporais mínimas que se davam durante os estados de transe.

Lembramos aqui que Spiegel em 1972 havia publicado um interessante artigo sobre o rolamento dos olhos (*eye roll*) como sinal de hipno-sugestibilidade, isto é, quanto mais uma pessoa pudesse reverter as pupilas para cima e quanto mais aparecia o branco dos olhos, tanto mais susceptibilidade hipnótica manifestava. Switras (1974) e Wheeler *et al* (1974), todavia não confirmam o achado, mas ao mesmo tempo, Erickson e Rossi & Rossi lembram que antigos retratos de iogues em meditação e mesmo fotografias atuais mostravam nitidamente essa reversão do olhar.

Parece que existe uma grande diferença do comportamento ocular individual durante o transe.

Os autores fazem notar que existem inúmeros indicadores da entrada em transe além das alterações pupilares: alterações musculares e sensoriais, lentificação do reflexo de piscar, do pulso, da respiração e fenômenos tais como amnésia, regressão, anestesia, catalepsia, distorção do tempo, ideação autônoma, mudança da qualidade da voz, conforto e relaxamento, economia de movimentos, mudanças oculares e fechamento, enrijecimento facial, sensação de distância, falta de resposta de susto, diminuição da salivação etc.

Enfim, a obra de Milton Erickson é de uma riqueza e de uma originalidade que não se encontra facilmente nos autores do último século que, em sua maioria, apenas repetem com poucas variações as experiências dos hipnólogos do século passado.

Além do trabalho verbal da hipnose, Erickson ficou famoso por sua demonstração de uma indução feita no México onde lhe fora pedido para hipnotizar uma enfermeira que não falava inglês, sendo que ele também não falava espanhol. A enfermeira não conhecia o hipnólogo nem sabia do que ele falava. Somente foi-lhe avisado que ele necessitava de sua silenciosa assistência com o devido respeito.

Granone descreve o acontecido conforme Erickson anotou, sobre o uso da técnica da *pantomima* (tradução das pp. 123 a 125 do *Trattato di Ipnologia*).

"Quando ela me foi conduzida, nós nos observamos em silêncio, aí me aproximei rapidamente dela sorrindo. Estendi minha mão direita e ela me deu a sua (INÍCIO DO *TRANSFERT*). Lentamente apertei sua mão e a fixei nos olhos até ela fazer o mesmo. Aí gradualmente parei de sorrir (PROCESSO DE FASCINAÇÃO). Então comecei a deixar sua mão de maneira irregular e hesitante, retirando-a pouco a pouco, às vezes aumentando a pressão de meu polegar, às vezes a do mínimo, do médio, sempre de maneira incerta e hesitante, e a retirei enfim tão docemente que ela não teria podido precisar quando eu deixara sua mão ou qual parte dela havia tocado por último (SUGESTÃO DE UMA POSTURA COM LEVES TOQUES). Na mesma hora mudei o ponto de focalização de meus olhos alternando a convergência para lhe dar a impressão que olhava não em seus olhos, mas um ponto distante atrás dela (FIXAÇÃO CATALÉPTICA DO OLHAR). Lentamente suas pupilas dilataram-se e então delicadamente abandonei sua mão deixando-a à meia altura em posição cataléptica. Exerci uma ligeira pressão para cima sobre a mão e essa subiu ligeiramente (SUGESTÃO DE POSTURAS DIVERSAS E LEVITAÇÃO); provoquei catalepsia no outro braço e ela permaneceu imóvel com os olhos esbugalhados. Então fechei lentamente meus olhos e ela fez o mesmo (PROCESSO DE IMITAÇÃO POR ECOMÍMIA). Imediatamente abri meus olhos e passei para trás dela explicando, em inglês, aquilo que havia feito, para a platéia que entendia inglês. E a paciente não deu qualquer sinal de me ter ouvido... Delicadamente toquei um de seus maléolos e depois lentamente levantei-lhe um pé deixando-a em catalepsia sobre o outro pé. Então toquei suas pálpebras fechadas e as abri lentamente. A paciente fixou-me ainda com as pupilas dilatadas. Eu indiquei meus pés, e depois o dela levantando em catalepsia, e indiquei, com um movimento descendente, para apoiar o pé no chão (ORDEM GESTICULADA). Ela contraiu o cenho visivelmente maravilhada de se ver com os braços e o pé levantados e, aí, sorrindo ao meu convite para baixar o pé, apoiou-o no chão. A catalepsia do braço permaneceu inalterada.

Alguns médicos chamaram-na pelo nome, e falaram em inglês e ela continuou fixando-me sem fazer qualquer movimento espontâneo da cabeça ou dos olhos como acontece normalmente quando alguém é chamado de longe por outrem e também pareceu não dar mais atenção a seus braços no ar. (ANOTAR A RELAÇÃO DOMINANTE DO PACIENTE COM O HIPNOTIZADOR). Foi-me perguntado, em inglês, se ela podia ver os presentes, posto que parecia não os ouvir. Eu então passei a mover-lhe as mãos para cima e para baixo, cruzá-las enquanto ela fixava alternadamente meus olhos e suas mãos. Indiquei-lhe meus olhos e os dela, aproximando meus dedos a eles e a seguir fiz um gesto com a mão direita como se espantasse algo olhando a platéia, assumindo uma expressão maravilhada e interrogativa como se não visse ninguém (SUGESTÃO GESTUAL DE UMA ALUCINAÇÃO VISUAL).

Ela então demonstrou a mesma estranheza e perguntou em espanhol: 'Onde foram os médicos? Não deviam estar aqui?' Alguns médicos falaram-lhe tentando acalmá-la, mas ela continuou mostrando-se pasma e assusta. (NÃO OUVE E NÃO CONSIDERA ESTÍMULOS EXTERIORES, PELO *RAPPORT* DOMINANTE COM O HIPNOTISTA.) Logo a seguir chamei sua atenção pondo seus dedos próximos de seus olhos e a seguir, dos meus, levantando as mãos e olhei sorrindo para o anel que tinha num dedo, como se o admirasse: seu temor desapareceu (POLARIZA A ATENÇÃO DA PACIENTE SOBRE UM NOVO OBJETIVO).

Para interromper o estado hipnótico indiquei a ela o ponteiro comprido de meu relógio, e, com o dedo, sincronizei um movimento de vaivém juntamente com o ponteiro do relógio, durante 10 segundos. Depois indiquei-lhe meus olhos, fechei as pálpebras mantendo-as fechadas por aproximadamente 10 segundos; depois as abri associando uma extensão brusca da cabeça. Sorri para ela com outro movimento da cabeça e da mão e sugeri que executasse aquilo que eu havia feito. Logo que ela fechou os olhos eu me desloquei rapidamente para trás, para onde havia estado logo no início do exercício, e quando ela reabriu os olhos me viu longe dela. Então rapidamente me aproximei sorrindo, estendendo-lhe a mão para restabelecer as condições originais de como se havia dado o encontro. Acordou imediatamente, apertou-me a mão, eu me inclinei etc... Mais tarde os colegas me contaram que ela havia desenvolvido uma amnésia total de toda a experiência."

NOTA: As palavras entre parêntesis em maiúsculas indicam a interpretação de Granone em seu Tratado *de onde esse relato foi retirado e traduzido por mim.*

A técnica mímica de Erickson requer uma sensibilidade e uma atenção impressionantes, a pequenos detalhes, e ao mesmo tempo uma forte intuição e criatividade imediatas.

Escrita automática

Sobre este assunto não existem muitas publicações atuais a não ser quando se trata de escrita "mediúnica".

Em verdade é uma dissociação de personalidade que pode também ser observada em vigília, por exemplo nos rabiscos, desenhos e letras que muitas pessoas escrevem, de forma às vezes inconsciente, em papéis ao lado de um telefone, enquanto conversam e recebem recados. Às vezes os próprios autores não percebem claramente o que escreveram e, até mesmo, que escreveram.

A interpretação de tais dados é às vezes difícil, pois pode tratar-se de desenhos e palavras simbólicas.

Uma especialista no assunto é Anita M. Mühl e um dos seus interessantíssimos artigos pode ser lido em *Experimental Hypnosis*, editado por Leslie M. LeCron, que por sua vez é um pesquisador da hipnose experimental.

Provavelmente grande número dos autores sobre hipnose deixa de usar este método auxiliar devido às dificuldades de interpretação, pois não somente palavras são escritas de uma maneira criptográfica, às vezes fonética, com mudanças para outras homófonas, como pode aparecer escrita invertida ou em espelho.

A Dra. Mühl diz que ela pode ser útil:

1) Para desenterrar conflitos ocultos;
2) Obter acesso a formas de pensamentos precoces da infância;
3) Para descobrir talentos latentes;
4) Para ajudar um indivíduo a organizar a personalidade de maneira mais eficiente.

Verificou-se também que:

1) Pode indicar atividade mental construtiva ou destrutiva dependendo de como ela esteja impostada;
2) Pode ser a expressão de uma dissociação, como na histeria, com duas ou múltiplas personalidades, ou como na esquizofrenia. Pode ser uma expressão de associações construtivas, como visto na "escrita inspirada." Ou, ainda, o oposto da personalidade;
3) Pode expressar idéias variadas e inesperadas e, freqüentemente, antagônicas às idéias e pensamentos ordinários do escritor.

Nesse trabalho a autora descreve a melhor maneira de pousar o braço em uma tabuleta com folha de papel, onde o escritor possa escrever em estado de transe, sem ver o que escreve, vedando o papel ou fazendo com que o paciente leia uma página de livro enquanto escreve automaticamente.

É interessante notar como na regressão autêntica de idade, isto é, naquele tipo de regressão em que o indivíduo age e se exprime com palavras e atitudes compatíveis com a idade regredida, a caligrafia também muda e vai-se infantilizando, até que desaparece em regressão a idades anteriores ao aprendizado.

Lembro-me de um estudante de medicina que entrava em regressão profunda e, ao chegar à idade de 4 anos, respondia em alemão, pois passara os primeiros anos da infância na Suíça e ao pedir-lhe que assinasse algo que havia escrito antes dessa regressão fez a assinatura abaixo:

Chamava-se Max e lentamente desenhou primeiro os 7 traços (ascendentes e descendentes), depois atravessou o último formando a letra X, e cortou o terceiro pico fazendo a letra A.

Ao despertar, primeiramente estranhou aquilo, mas depois de alguns minutos lembrou-se de que sua mãe, com medo de que ele se perdesse em país estranho, havia encontrado essa maneira engenhosa de ensinar-lhe a escrever seu nome.

Meares afirma que a escrita automática permite às vezes lidar principalmente com fatos homossexuais ou com fantasias de incesto, como também de atividades incestuosas, fortemente travadas no subconsciente e, portanto, difíceis de serem relatadas verbalmente.

Mühl relata ainda que certas "criptografias" que surgem em escritas automática e incompreensíveis para pessoas em vigília podem, em certos casos, serem decifradas por outra pessoa em hipnose.

Hipnose instrumental

Koralek (1910-1975) um engenheiro que dedicou sua vida ao estudo da biofísica, bioengenharia e à produção de aparelhos sofisticados para hipnose instrumental no Brasil, cita alguns dos métodos mecânicos utilizados através da história para induzir estados hipnóticos.

Braid propunha a fixação do olhar em objetos brilhantes ou espelhos para produzir o "cansaço palpebral" e "ocular". Chevraul usou um pêndulo. Wolberg fazia girar um disco contendo uma espiral branca e preta e também fixava uma folha brilhante ao braço de um metrônomo. O metrônomo, aliás, foi muito utilizado para manter hipnoses prolongadas antes da existência da fita magnética e do gravador.

Luys combinava um espelho côncavo giratório, com ruídos sussurantes.

Outros autores utilizaram estroboscópios. Heydenhain utilizava o tique-taque de um relógio, Schultz, o som monótono da gota de água pingando. Mais tarde surgiram os discos fonográficos e finalmente, as fitas gravadas. Esses métodos realizavam uma inibição visual e auditiva. Almofadas e colchões vibradores produzem um relaxamento muscular. O aparelho de Koralek, chamado Hypnotron, que apresentei no 5.º e 6.º "Congresso Pan-americano de Hipnologia e Medicina Psicossomática" no Rio de Janeiro em 76 e 78, reúne todos os fatores acima e se compõe de uma boa poltrona de inclinação variável com vibradores nas costas e nos encostos das mãos (eletromagnéticos), luzes verdes, vermelhas e azuis que piscam ou se alteram em ritmo e brilho variáveis, alto-falantes ligados a sons eletrônicos; microfone e reprodutor de fita. Devido ao estudo sobre alternâncias antagonistas, o alto-falante esquerdo transmite quando pisca a luz direita e vice-versa. Assim os dois hemisférios

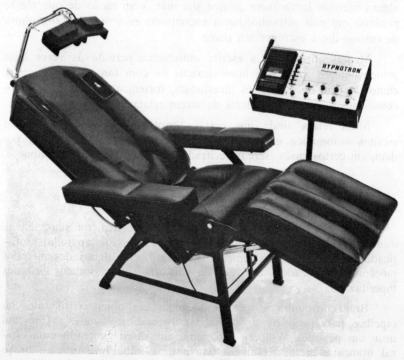

Hypnotron

cerebrais recebem simultaneamente estímulos, porém em focos diferentes, para uma melhor indução da inibição protetora. O microfone permite o contato imediato do terapeuta quando necessário, cuja voz pode ser superposta a um fundo musical ou a sons eletrônicos como gongo, ou gerador de freqüências musicais. Além da hipnose tranqüilizante, todos esses mecanismos podem gerar sensações rotatórias desagradáveis no caso de uma hipnose aversiva, para o tratamento do alcoolismo, por exemplo, facilitando a sugestão de náuseas.

Alguns psiquiatras usam juntamente com a hipnose tranqüilizantes e aplicação de eletrossono, existindo, hoje, inclusive, um aparelho do mesmo engenheiro que aboliu os eletrodos orbiculares, utilizando um eletrodo único na glabela, permitindo ótima condução da corrente elétrica (terceiro olho das filosofias orientais?).

Sonotron

Hipnose induzida com medicamentos

Desde que sabemos que "sono hipnótico" nada tem em comum com sono fisiológico, parece-me existir pouca indicação terapêutica para usar-se hipnóticos com a finalidade de induzir o estado de transe.

Há alguns anos tive ocasião de usar anestésicos de efeito ultra-rápido para tentar hipnose em dois casos, sendo um de uma criança com paralisia histérica dos membros inferiores, após presenciar uma tentativa de homicídio de sua mãe, por um amante, numa favela e, outro com uma senhora de mais de 50 anos, internada por problemas de dores no nervo facial, que não cediam à medicação analgésica orientada por um neurocirurgião. Em nenhum dos dois casos obtive um condicionamento hipnótico. Hoje em dia somente indico algum tranqüilizante antes de uma primeira sessão em pacientes muito angustiados e amedrontados e em geral quando eles mesmos perguntam se poderiam tomar um medicamento desse tipo.

Faria indica o uso de barbitúricos e brometos para uma sonose demorada auxiliando uma hipnose prolongada, se essa, somente, não atingir resultados desejáveis. Em seu livro (edição de 1962) indicava o Amital-0.10, o Veronal-0.50 e o Luminal-0.10, conforme o caso ou fórmulas como:

Hidrato de cloral	10,00		Hidrato de cloral	5,00
Bromureto de potássio	10,00	ou	Xpe. de L. amargas	75,00
Xpe. Flor. Laranjeiras	40,00		Água destilada	75,00
Água destilada	150,00			

Enema.

Hidrato de cloral	2,00
Bromureto de potássio	2,00
Gema de ovo	1
Laudano de Sydenham	xx gotas
Água destilada	150,00

Granone, que tem experiência com inúmeros barbitúricos, tendo iniciado ainda com o pentotal, aconselha uma indução com subnarcose por meio de barbitúricos injetáveis, de efeito rápido, endovenosos, iniciando a sugestão hipnótica quando o paciente começa a entrar em estado estuporoso. Whitlow num artigo sobre induções hipnóticas rápidas indica o pentotal sódico, por via endovenosa.

Torna-se evidente que existem diferentes finalidades para o uso de uma hipnose auxiliada por meios químicos: Conseguir a entrada em transe para um sono prolongada, uma narco-hipno-análise ou uma indução para penetração de sugestões.

Sousa Campos, num trabalho datado de 1967, diz que:

"Para obtenção do sono e hipnose, são necessários os seguintes elementos:

1) Ambiente previamente organizado e se possível sempre o mesmo, no curso das diversas sessões;
2) Estudo e confecção da "carta da vida" do indivíduo, com o fim de se conhecer os seus hábitos diários, a sua situação atual e as dissoluções no tempo e no espaço de seus ritmos fisiológicos;
3) Regime alimentar adequado;
4) Emprego de agentes químicos ou físicos, capazes de induzir o sono (atividade incondicionada);

5) Aplicação de estímulos condicionados luminosos, visuais, cinéticos, térmicos, sonoros, tanto introceptivos quanto exteroceptivos (1.º sistema de sinalização da realidade);

6) Organização de estímulos condicionados verbais. Métodos sugestivos de ação imediata ou abstrata (2.o sistema de sinalização da realidade).

No esquema terapêutico a aplicar, o conjunto de estímulos condicionados, tanto do 1.º como do 2.º sistema de sinalização devem ser adequados ao tipo de sistema nervoso do indivíduo e à sua situação noética e orgástica."

Entre os medicamentos utilizáveis cita: brometo, barbitúricos, ataráxicos, psicotrópicos, neuroplégicos, ganglioplégicos, aquinéticos, curarizantes, placebos.

Calor e balneoterapia são também indicados.

Cita, ainda, no mesmo artigo, a eletronarcose, o eletrochoque, o "Brief Stimulus Therapy" (corrente contínua interrompida de perfil quadrangular de curta duração) e o eletrossono. Ulett e outros testaram em 1972 o LSD 25, verificando que 5 entre 10 pacientes melhoraram sensivelmente sua hipnotizabilidade com 10 microgramas e que 4 entre 9 sujeitos pouco sensíveis melhoraram a sensibilidade com 10 mg de dextro-anfetamina oral. Esta última diminui no E.E.G. computadorizado, o número de ondas lentas e aumenta a incidência de atividade Alfa.

Resta saber se usar tais drogas encontra apoio ético, tendo alguma ação benéfica para o indivíduo pois os barbitúricos foram hoje praticamente abandonados na terapia (a não ser nas disritmias e anestesia). O LSD 25, tal como outros alucinógenos, produziram trágicas conseqüências, e a droga maravilhosa sem efeitos secundários de "A Ilha" de Huxley ainda não surgiu.

Transes cinéticos

Desde os tempos mais remotos, sons, ritmos e danças têm sido utilizados para levar pessoas a estados de transes para fins místicos. Sabemos também que existe uma patologia do transe em si.

William relata que na história medieval surgiram fases de mania de dança. Houve epidemias de danças tais como as danças de São João, a dança ou baile de São Vito, o *tigretier*, o *tarantismo*, e outras formas estranhas na Itália, Países Baixos, Alemanha e Abissínia. Os últimos casos de "dança-mania" patológica se deram em Paris durante a Revolução Francesa sob forma de estados hipnóticos involuntários em que as pessoas dançavam numa espécie de delírio selvagem até cair em estado de terrível exaustão. Fatos semelhantes surgiram na Guerra Franco-Prussiana (1870) e em Madagascar (1864).

Estados de êxtases monoideísticos, dentro de experiências religiosas, são sobejamente conhecidos entre nós, tanto no Candomblé como na Umbanda.

Mesmer, como já vimos, utilizava estados de exaltação provocados por ambientes especiais (música e movimento), levando às crises, que descarregavam tensões e emoções.

No Rio de Janeiro, David Ackstein utiliza o desencadeamento do transe cinético sob efeito de ritmos semelhantes aos da Umbanda, retirando todo o componente místico ou religioso. Como ele mesmo escreve, isto proporciona uma intensa liberação emocional benéfica à vida psíquica e psicossomática. Num ambiente aconchegante, com uma pequena orquestra treinada para o uso de tais ritmos, o terapeuta provoca movimentos giratórios em cada paciente em direção contrária ao ponteiro do relógio com o corpo ereto e a cabeça em extensão. O médico coloca a ponta dos dedos de sua mão direita sobre a cabeça do paciente com certa pressão, de maneira a manter a posição anormal e facilitar os movimentos rotativos. O impulso inicial é dado com a mão esquerda do indutor nos ombros e braços do paciente, impulsionando-o gradualmente, até que se instale o transe. É interessante notar que os pacientes giram com os olhos freqüentemente fechados, sem que isso crie um desequilíbrio. Tem-se a impressão que a pessoa flutua "no ritmo".

Outra técnica: O paciente em pé, com o tronco inclinado às vezes até a 90 graus em relação aos membros inferiores. A mão direita do indutor fica na nuca do paciente e a esquerda impulsiona seu braço direito e com algumas viradas, também contra o sentido dos ponteiros do relógio, leva-o ao estado de transe.

Este método, batizado com o nome de *terpsicoretranseterapia* (T.T.T.) encontra boas indicações tanto em psiconeuroses, em histeria, como também nas neurastenias. Não parece muito indicado em fobias e obsessões.

Pode ser uma boa indicação em certas doenças psicossomáticas. Ainda, segundo o autor, a T.T.T. não inclui discussão dos problemas do cliente, pois ela por si mesma é liberadora e energizante.

Terapia de apoio e medicação são administradas no consultório onde é feito o diagnóstico.

Programação neurolingüística e suas relações com a hipnose

Já tivemos ocasião de citar anteriormente dois autores, Grinder e Bandler, que se dedicaram a estudar alguns dos melhores terapeutas contemporâneos, como F. Perls, Virginia Satir e Milton Erickson, a fim de saber por que eram tão eficientes e brilhantes. Partiam do princípio de que se alguma regra existia ela poderia ser revelada e, portanto, ensinada, mesmo que os próprios autores das mesmas as tivessem aprendido e as utilizassem de uma forma intuitiva.

Além de realizar seu intuito, continuaram desenvolvendo novas regras e mecanismos que permitissem atuar de forma mais benéfica junto aos clientes. A esse conjunto de dados chamaram de Programação Neurolingüística (P.N.L.). Publicaram então, diversos livros em inglês, e criaram uma escola nova de grande sucesso nos E.U.A.

Esses mesmos autores afirmam que um dos grandes problemas da incomunicação humana se deve ao fato de que muita gente não é capaz de utilizar, de forma equilibrada, os três canais principais de comunicação: o visual; o auditivo; o cenestésico — que inclui sentimentos e sensações: *o gosto, o olfato e principalmente o tato*.

Podemos perceber se um canal é dominante através do tipo de verbalização que o cliente usa. Um visual usaria mais termos como: luminoso, claro, escuro, veja, olhe, imagem etc. Por ex.: "Isto para mim não ficou claro. Veja se dá uma imagem mais brilhante." Um auditivo usaria palavras como soa, sintoniza, amplifica, ouça, melodioso etc. Por ex.: "Suas palavras não me soam bem, não são harmônicas" e "você não ouve os outros". O cenestésico sente, envolve-se, toca, capta etc. Por ex.: "Sinto-me enojado com sua frieza e falta de fato. Você não tem doçura, mas só falta de sensibilidade."

Imitação e adaptação verbal

Se um terapeuta não se ajusta aos canais de comunicação abertos do paciente poderá provocar *resistência* e na hipnose acontecerá o mesmo. Resistência é, para Grinder e Bandler, não tanto uma trava do cliente mas uma comunicação inadequada e incompetente do terapeuta para com ele.

Além disso um hipnólogo deve observar cuidadosamente as alterações dos traços que indicam o transe: rugas que se distendem, lábio inferior que fica mais grosso, pequenos tremores palpebrais e simetria facial. O sujeito em transe tende a não falar e, portanto, a boa observação é muito útil. Pequenas modificações revelam respostas inconscientes. Pequenos espasmos e estremecimentos mostram desenvolvimento de um estado de transe. Por outro lado, em plena vigília, podemos observar qual o canal que o paciente está usando num momento determinado, nos permitindo seguir até a maneira pela qual ele relembra fatos ou constrói imagens e, ainda, se ele percebe sensações ou ouve ruídos e palavras do passado. Isto permitirá um melhor acompanhamento (*pacing*) hipnótico.

Uma pessoa neurologicamente organizada e não canhota costuma revelar, através de movimentos oculares inconscientes e imediatos, que canal está usando num momento determinado.

As pupilas dirigidas para o *alto* e para a *esquerda* indicam lembranças visuais;

Para o *atlo* e para *direita* indicam construção visual e, às vezes, um detalhe retirado de uma recordação visual (portanto construção visual);

Olhar para *frente* e *fora de foco* também revela acesso visual (olhar típico do esquizofrênico);

No *nível médio* à *esquerda*: lembranças auditivas;

No *nível médio* à *direita*: sons ou palavras construídas;

Para *baixo* e *à esquerda*: auditivo digital ou diálogo interno (não necessariamente um grande impasse);

Para *baixo* e *à direita* (como olhando para o braço do telefone): indica canal cenestésico, sensações, incluindo gosto, olfato, ou tato.

Não somente os movimentos oculares indicam qual o canal que o cliente está usando num dado momento, como também a respiração, a tensão muscular e a postura corporal.

O esquema abaixo será muito útil na prática. Lembramos, todavia que o paciente deve ser testado várias vezes mediante perguntas banais para ver se o esquema funciona com ele como para a maioria das pessoas. Como vimos, um canhoto ou um ambidestro poderá inverter parcial ou totalmente os movimentos de suas pupilas. É sabido que a inversão látero-lateral é freqüente entre o povo basco sem que se saiba o porquê do fato.

A observação desses gestos e de outros que possamos anotar como característica de um determinado cliente poderá ser de muita utilidade na formação de um bom *rapport*, tornando-se proveitoso

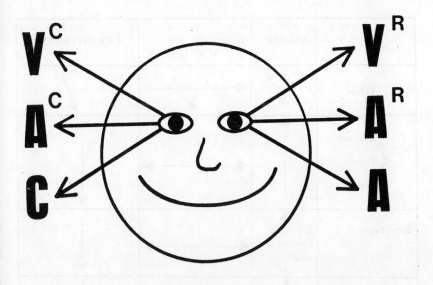

Para frente fora de foco
v i s u a l

DIREITO

Visual construído

Auditivo construído
sons ou palavras

Cenestésico
sentimentos sensações
(olfato e tato)

ESQUERDO

Visual recordado

Auditivo recordado
sons ou palavras

Auditivo digital
diálogo interno

Obs.: Nesta ilustração, o lado direito e o esquerdo referem-se ao ponto de vista do paciente.

num tipo de tratamento que a P.N.L. chama de *integração de âncoras*, que descrevemos nas pp. 84-88. *

A melhora do *rapport* pode ser obtida mediante uma série de "imitações" do próprio cliente, mas isso deverá ser feito com uma profunda discrição e elegância, pois um passo em falso, ou uma imitação exagerada, poderá ser sentida como uma agressão e não

---

* O assunto a seguir foi parcialmente retirado da apostila do curso de PNL ministrado por Gilberto C. Cury e Rebeca Frenk.

	VISUAL	AUDITIVO	CENESTÉSICO
Olhos	↑↑↗	←→↓	↘
Voz { Volume, Tempo, Tonalidade }	↑	←→	↓
Respiração	E parada momentânea ↑	←→	↓
Tensão muscular	↑	←→	↓
Postura corporal	Ombros inclinados para cima e tensos Esfrega os olhos Pisca	Ombros p/ trás Cabeça inclinada p/ o lado Tensão muscular Uniforme Bate com os dedos na mesa Estala os dedos Assobia (ou outros ruídos com a boca) O diálogo interno pode ser acompanhado de organização com os dedos	Ombros caídos e relaxados Cabeça firme nos ombros Gestos mais fortes Maiores movimentos Ombros mais abertos

um apoio. Grinder e Bandler admitem que, se a comunicação se dá não só verbalmente, mas por inúmeros sinais corporais, identificar-se com o transmissor (cliente) poderá nos ajudar a captar qual o modelo que ele tem do mundo. Vimos na p. 81 a imitação-adaptação verbal; vemos aqui o espelhamento corporal.

IMITAR O CORPO TODO Ajuste o corpo para combinar com a postura da outra pessoa.	**IMITAR PARTE DO CORPO** Imite qualquer uso do corpo que seja constante ou característico. Ex.: Olhos piscando
IMITAR MEIO CORPO Imite a metade superior ou inferior do corpo da outra pessoa.	**QUALIDADES VOCAIS** Imite tonalidade, tempo, volume, intensidade, timbre etc.
ÂNGULO ENTRE OMBRO E CABEÇA Imite poses características que a pessoa lhe ofereça com seus ombros ou cabeça.	**SISTEMAS REPRESENTACIONAIS** Detecte e utilize, na sua própria linguagem, os predicados utilizados pela outra pessoa.
EXPRESSÕES FACIAIS Perceba como a outra pessoa usa a face. Ex.: Enrugando o nariz, apertando os lábios, levantando a sobrancelha etc.	**FRASES REPETITIVAS** Perceba e imite em sua própria linguagem, as frases repetidas da outra pessoa.
GESTOS Com graciosos e elegantes movimentos de seu corpo, imite os gestos da outra pessoa.	**RESPIRAÇÃO** Ajuste a sua respiração para a mesma velocidade (ritmo) do outro.

Espelhamento cruzado — Use um espelho do seu comportamento para imitar um aspecto diferente do comportamento da outra pessoa.

Ex.: ajuste o tempo de sua voz para a mesma velocidade da respiração da outra pessoa. A contagem inicial da indução hipnótica é um bom exemplo disso.

Imite os olhos dele piscando, com movimentos de seus dedos. Imite o tempo de verbalização com gestos da cabeça. Isso tudo poderá fazer com que o terapeuta entre no ritmo do cliente mesmo que conscientemente ele não perceba o espelhamento.

O uso de um aspecto individual para espelhar um determinado ritmo do outro é importante, pois, se o cliente está angustiado alterará o ritmo respiratório dele para uma freqüência que levaria o terapeuta à angústia, caso tentasse imitá-lo com seu próprio ritmo respiratório. Um homem com tórax grande dificilmente poderá espelhar o ritmo respiratório de uma mocinha com um tórax pequeno, mas poderá espelhar esse ritmo com um movimento da mão.

Tem-se notado que, muitas vezes, leva-se o cliente a espelhar o nosso próprio ritmo sem se ter clara consciência do fato, e, com isso entretanto, é possível ir aos poucos reduzindo uma angústia ou um estado de agitação, fazendo com que o nosso ritmo que estava espelhando o dele, comece a diminuir sua freqüência para um estado de calma.

Ancoragem — Pavlov dedicou-se ao estudo dos reflexos condicionados e demonstrou que uma resposta condicionada a um estímulo se forma e se mantém mediante reforços repetidos diversas vezes.

"A falta de reforço tenderia a descondicionar a resposta", mas isso nem sempre acontece. Determinados estímulos se gravam de uma maneira duradoura ou perene, sem que seja necessário um reforço externo. Por exemplo: Um determinado perfume nos lembra certa pessoa com a qual estivemos há muito tempo. Um acidente de trânsito numa determinada esquina fará com que redobremos os cuidados ao passar por ela, mesmo muito tempo depois. Esses fatos ou estímulos se gravaram de maneira indelével em nossos cérebros, sem que tenha havido qualquer reforço aparente.

Certas neuroses, desencadeadas por um trauma qualquer, não só não diminuem com o tempo, mesmo que o trauma não se repita, mas até tendem a piorar ou alastrar-se. A essas imagens ou sensações gravadas profundamente, Grinder e Bandler chamam de âncoras.

Âncora é então qualquer estímulo capaz de evocar um padrão consistente de resposta, de uma determinada pessoa. Isto pode ocorrer através de qualquer dos canais sensoriais, como representação externa ou interna. *A linguagem é portanto um sistema complexo de ancoragem.* Para que uma determinada palavra faça sentido, o indivíduo deve ter acesso a uma experiência passada, a uma forma ou uma "Gestalt", ou a uma informação sensorial (Lankton) e isto mediante o conjunto de movimentos oculares e corporais que acabamos de descrever, além de inúmeros outros. Evidentemente, o estímulo proveniente do meio exterior transforma-se simbolicamente no nosso meio interno. Assim a imagem de um símbolo religioso de uma determinada crença, acarretará uma resposta emocional em uma pessoa seguidora desta crença, e outra, completamente diferente, em pessoa de outra religião. Ex.: A visão de um crucifixo para um cristão ou uma estrela de David para um israelita. Da mesma forma, uma série de pequenos gestos ou expressões de uma pessoa terá determinado valor para alguém ligado a ela e, possivelmente, nenhum valor para outro indivíduo.

Isto ajuda a clarear o conceito de chantagem afetiva entre pais e filhos, inclusive sem qualquer verbalização. Da mesma forma explica a formação de um *signo-sinal* hipnótico que se transforma numa âncora capaz de determinar um estado de consciência específico. Âncoras internalizadas desencadeiam, por ex., o surto súbito de uma angústia fóbica sem que haja um impulsor externo evidente. Existe todavia, uma seqüência repetitiva de pequenos movimentos oculares e corporais que jogam o indivíduo nessa angústia fóbica. No consultório, é freqüente que o cliente diga: "Não havia razão nenhuma, naquele determinado momento, de eu me sentir mal".

Muitas vezes durante uma terapia o próprio terapeuta liga e desliga inconscientemente âncoras produtoras ou redutoras de angústia, criando momentâneos "estados de transe". Um exemplo disso, que costuma ser citado, é o psiquiatra que, ao receber um paciente angustiado e passando mal, põe a mão em seu ombro para "tranqüilizá-lo". Com o evoluir da sessão ele melhora. Na hora da saída o psiquiatra volta a tocar o ombro do paciente como despedida, e esse, ao atravessar a porta volta a sentir a angústia do início da sessão. O tapinha nas costas estava ancorado à angústia.

O fenômeno chamado *contratransferência* pela psicanálise resulta de um fato qualquer do comportamento ou da vida do cliente, que desencadeia associações no analista e portanto uma resposta emocional, ancorada.

Por outro lado uma ancoragem imediata pode ser extremamente útil para apagar, em poucos minutos, uma emoção desagradável e perturbadora.

Um paciente dizia que toda vez que passava por um parque perto de sua casa sentia-se estranhamente perturbado, com sensações de morte iminente. Um ano atrás quando voltava para sua casa, febril, com dispnéia e tosse, sentira forte tontura chegando quase a desmaiar na travessia do parque. Na mesma noite, o médico que fora atendê-lo diagnosticou pneumonia bastante grave. O lindo parque desde então havia se tornado uma âncora negativa. Pedi ao cliente que sentasse à minha frente, fechasse os olhos, e imaginasse a cena da travessia do parque. Enquanto ele fazia isso suas pálpebras começaram a tremer, os lábios e a região perilabial ficaram pálidos e houve um aumento do ritmo respiratório. Nesse momento toquei ligeiramente um joelho com um dedo sem exercer muita pressão. Após alguns instantes pedi-lhe que parasse de pensar nisso e que relaxasse durante alguns momentos, enquanto eu conversava com ele sobre assunto neutro, e, a seguir, perguntei se lembrava alguma cena passada que tivesse sido muito agradável para ele. Contou-me que no verão havia atravessado os lagos andinos de lancha numa manhã ensolarada. Com os olhos fechados dizia estar "vendo" claramente o sol brilhando nos picos nevados e seus reflexos nas águas azuis do lago. Sua face parecia mais relaxada, não havia tremores palpebrais, os lábios coloridos e ligeiramente salientes. Nesse instante toquei o outro joelho suavemente durante alguns segundos enquanto permaneciam os sinais de bem-estar. Após pequeno intervalo toquei novamente o joelho que havia tocado em primeiro lugar (o esquerdo); imediatamente voltaram os tremores palpebrais, os lábios se retraíram e a palidez perilabial acentuou-se junto com o aumento da freqüência respiratória. Quase em seguida, tocando o joelho direito, houve relaxamento da face, reduziram-se os tremores e os lábios ficaram mais tumefeitos. Isto significava que o toque no joelho esquerdo tinha ancorado a lembrança má enquanto no toque do joelho direito estava ancorada a lembrança boa. Repeti isso mais duas vezes com o mesmo resultado e a seguir, com o cliente ainda de olhos fechados, toquei simultaneamente os dois joelhos. Imediatamente surgiu um fato interessante: um lado da face demonstrou os sinais de tensão e o outro, os de relaxamento e paulatinamente a face toda foi se descontraindo. Ao perguntar ao cliente o que havia acontecido, enquanto ainda mantinha os dois toques por cerca de 30 ou 40 segundos, ele respondeu que com o toque simultâneo das duas âncoras, as imagens haviam-se superposto e gradualmente a imagem boa havia predominado fazendo com que as sensações negativas se diluíssem e desaparecessem.

Esse processo chama-se *integração ou colabamento de âncoras*, e é normal que imagens positivas predominem sobre as negativas reduzindo esse tipo de angústia fóbica. Caso isso não seja conseguido na primeira tentativa, o exercício pode ser repetido, com outras imagens ou lembranças. Pode-se condicionar uma série de lembranças positivas diferentes a um mesmo toque e com isso *empilhar âncoras*. Essa pilha de âncoras *pode ser recuperada* num momento de mal-estar para reduzir uma crise de angústia fóbica, bastando para isso que o próprio paciente toque o local da pilha.

De alguma forma este processo tem forte semelhança com a técnica da *visualização cênica* da hipnose, na qual a diminuição da angústia se liga ao relaxamento hipnótico.

Como vimos no caso acima, o exercício é realizado com uma seqüência clara, mas, muitas vezes, durante o dia, algo é ancorado sem que nós mesmos tenhamos clara consciência disso, e as âncoras negativas podem ser subitamente disparadas sem que possamos perceber quando e por que surgiu o mal-estar. O contrário pode acontecer, disparando âncoras positivas que nos levam a uma sensação de bem-estar. Um determinado tom de voz, um toque, um cheiro ou uma imagem qualquer, podem ser âncoras que disparam alterações nos estados de consciência.

Qualquer terapia altera continuamente estados de consciência pois faz com que o cliente preste especial atenção a porções específicas de sua experiência. Tanto faz que isso se dê através de "associações livres", "concentração na respiração" ou "seguindo o *continuum* de suas sensações externas e internas" ou ainda, através de "sonhos dirigidos". O mais interessante, como diz Lankton em *Practical Magic* (pp. 172-173), é que a hipnose faz parte de todas as formas de terapia. As técnicas das várias Escolas sempre contêm algum padrão de comunicação hipnótica, mesmo que os respectivos terapeutas jurem que suas maneiras de agir não são absolutamente hipnóticas, manipulativas e nem conduzidas, de maneira consciente. Esse mesmo autor afirma que na realidade o comportamento de um hipnotizador pode ser definido como *pacing and leading* (acompanhar e conduzir) e os passos básicos são:

1 — Orientar o cliente para um contexto;

2 — Acompanhar (verbalmente ou não, consciente ou inconscientemente);

3 — Dissociar partes;

4 — Estabelecer um jogo ou contexto a ser aprendido;

5 — Acompanhar os estados de "consciência alterada";

6 — Utilizar a fenomenologia do transe e mudar padrões;

7 — Reorientar o cliente para um contexto apropriado.

HIPNOSE EM PSICOTERAPIA

Nos cursos que tenho dado sobre hipnose, não tenho encontrado dificuldade por parte dos alunos no sentido de uma série de indicações específicas dentro da medicina. Todavia, a grande dúvida surge normalmente no quando e como introduzir o hipnotismo em psicoterapia.

Se o cliente nos é enviado por um colega bem orientado, especialmente para esse fim, sendo o mandatário psicoterapeuta ou psiquiatra, ou ainda médico com bons conhecimentos de psicossomática, não existe qualquer dificuldade pois é evidente que esse cliente já aceitou a sugestão e está portanto bastante disposto a submeter-se a uma terapia hipnótica principalmente quando se trata de lidar com um sintoma específico. Como exemplo podemos citar: onicofagia, enurese noturna, uma fobia ou insônia.

Por outro lado, a utilização de estados hipnóticos para ampliar uma possibilidade terapêutica pode ser uma proposta nossa no início de uma psicoterapia ou em outro momento qualquer, procurando obter um "Relaxamento hipnoidal", facilitar uma "Decisão de mudança" (álcool, droga-adicção) ou ainda para reavivar memórias do passado aparentemente "esquecidas" ou aprofundadas naquilo que se costuma chamar de subconsciente.

Uma proposta de *hipno-relaxamento* pode ser um bom começo para diminuir a tensão e a angústia, e retirar tranqüilamente um medo à hipnose, permitindo posteriormente mesmo uma regressão de idade. Somente após algumas vezes, quando a finalidade é exclusivamente obter um bom *relax*, ou a somatória de orientações repetitivas (sobre estudos ou contra o fumo etc.), uso um aparelho auxiliar como o Hypnotron já descrito na p. 74. Em certos casos, principalmente com aqueles clientes que apresentam especial dificuldade em obter um bom relaxamento físico, ligo um psicogalvanômetro, ou como método de *biofeedback* ou desligando o sinal auditivo, deixando apenas o quadro luminoso ligado para que eu possa obter uma informação sobre o real relaxamento conseguido.

Na grande maioria dos casos não usamos uma hipnose impositiva a não ser, por vezes, na indução, se considero importante o desafio para controle de uma resposta não adaptativa.

A hipnose aversiva encontra indicação principalmente no alcoolismo onde a psicoterapia tenha deixado de obter resultado adequado.

A maioria dos autores propõe ligar náuseas ou asco à bebida, de maneira que o cliente automatize a resposta hipno-condicionada toda vez que sentir vontade de beber. Pode-se propor que uma bebida clara como a cerveja irá lembrar urina velha e, para tornar a sugestão mais real, pode-se embeber um algodão com uma gota de amoníaco e colocá-lo por alguns instantes perto do nariz do paciente hipnotizado. (Propostas de imaginar que alguém escarrou ou vomitou no copo são às vezes usadas para criar aversão.) Granone, numa conferência no Rio de Janeiro, no congresso de Hipnologia apresentou um filme realizado em seu hospital na Itália onde, além de outras, induzia a sugestão pós-hipnótica de ver uma caveira na garrafa e no copo, boiando no líquido ou refletida no vidro, como também a impossibilidade de dobrar o braço que se tornava rigidamente paralisado se o paciente tentasse beber qualquer líquido com conteúdo alcoólico. Nada acontecia com outros líquidos.

As sugestões pós-hipnóticas devem ser reforçadas várias vezes para que não se perca o efeito, pois é impossível prever-se sua duração. Alguns autores da linha comportamental obtiveram algum resultado em eliminar atrações homossexuais em indivíduos que, de forma alguma, queriam aceitar uma atração desse tipo, com técnica similar. A proposta é criar a imagem de um encontro com a pessoa causadora do estímulo e imaginar-se subitamente sujo de fezes ou vômito na face e no corpo, e por outro lado criar imagens de prazer e suavidade num encontro heterossexual. Lembro ter obtido apenas resultados parciais ou temporários em tais casos. (Claro está que uma hipnose aversiva só poderá ser usada de acordo com o cliente e a seu pedido.)

Hipnose regressiva

Uma hipnose regressiva pode ser usada para regressão de curto prazo, para melhorar a memória de determinados detalhes parcialmente esquecidos ou para regredir a fases traumáticas da infância, do parto, da gravidez e, em certos casos, para voltar a supostas "vidas anteriores".

Regressão de curto prazo

Um senhor de 38 anos veio à consulta por indicação de um ex-cliente, com a seguinte história: Há dois dias, após violenta discussão com a esposa, havia saído de casa angustiado, com uma pasta cheia de documentos importantes de sua firma. Lembrava-se ter parado num bar para tomar alguma bebida. Depois disso, nada mais recordava até às 8 horas da noite, quando se vira sentado num banco de um jardim e sem a pasta. A amnésia era provavelmente devida à angústia da briga e a uma resposta de tipo histeróide. Estava ainda agitado pois precisava urgentemente saber onde havia deixado sua pasta e o que havia feito durante aquele dia. Foi hipnotizado com facilidade pelo método de levitação da mão, e, após aprofundamento, foi proposto voltar ao momento da entrada no bar. O cliente

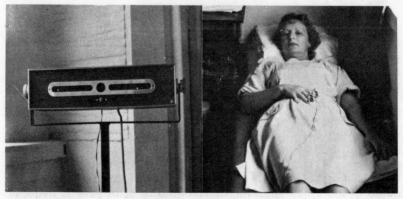

Biofeedback (Psicostat D.E.)
Foto cedida pelo fabricante — Cosmocraft (também a da p. 74).

descreveu toda sua trajetória por alguns bares, bate-papo com desconhecidos, e enfim, a bolsa deixada num determinado bar no lavatório do mesmo. O cliente obteve sua pasta de volta sem dificuldade.

Caso semelhante se deu com uma cliente de 28 anos que estava em tratamento por um problema fóbico e, ao chegar ao consultório, contou ter perdido um guarda-chuva com cabo de prata. Aproveitei o estado hipnótico para que rememorasse onde havia deixado seu guarda-chuva e realmente o encontrou atrás da porta de uma loja onde o havia esquecido.

Isto, contudo, nem sempre pode ser obtido. Há alguns anos uma senhora de 54 anos, solteira, veio pedir minha ajuda pois gostava muito de cães e, quando dava algum filhote ia várias vezes à casa da pessoa que o havia recebido "para saber se o animal era bem tratado". Certo dia, dera um filhote para uma pessoa que lhe havia dado um endereço falso e ela estava literalmente desesperada. Lembrava-se de que a pessoa tinha ido buscar o bicho com um carro e queria se lembrar do número da chapa que "poderia ter visto de relance" quando o carro se afastava. Apesar de uma hipnose bastante profunda, não foi possível recordar-se de algo "que não havia sido gravado".

Regressão a fases traumáticas da infância

Uma cliente de 35 anos, depressiva, descrevendo tentativa de suicídio, três meses antes, sem causa aparente para esse quadro, dizia nada lembrar de sua infância. Não sabia a quem recorrer para obter algum dado de seu passado infantil, pois não tinha família no Brasil e sua progenitora havia falecido há 4 anos. Não conhecera o pai porque era filha de mãe solteira.

Na regressão hipnótica referiu-se a muita solidão quando menina; a mãe ganhava pouco e a largava sozinha em casa, enquanto trabalhava fora. Dizia, em hipnose, estar passando muito medo. Regredida à vida intra-uterina dizia que a mãe não a queria e que estava tentando eliminá-la (provável tentativa de aborto, lamentavelmente não confirmável).

A cliente havia apagado de sua memória consciente, seu passado, que era extremamente triste e monótono, e era a provável causa de suas depressões.

Com diversos pacientes obtivemos *flashes* extremamente precoces como a revivescência do parto, às vezes complicado, como também de descrições nítidas de algum objeto de decoração do berço, ou do quarto e que puderam ser confirmados pelos pais. É freqüente a lembrança de uma boneca ou de um ursinho de pelúcia, supostamente do primeiro ano de vida.

Regressões a vidas pregressas

A pesquisa de dados de "vidas pregressas" tem sido utilizada principalmente por parapsicólogos e terapeutas reencarnacionistas, inicialmente com a finalidade de estudo e possível comprovação. Nos últimos anos, todavia, já com uma finalidade terapêutica, através de terapia de vidas passadas. Eles afirmam que a aceitação ou não de teorias reencarnacionistas não interfere no tratamento. Os fatos descritos em estado de transe regressivo, mesmo que sejam considerados fantasias produzidas pelo cérebro, idéias delirantes, ou realidades, devem e podem ser tratados, da mesma forma que se trataria de um delírio persecutório baseado em fatos desencadeantes, reais ou irreais.

Citarei apenas um caso, pois neste livro há um capítulo especial dedicado a este assunto.

Uma senhora de 50 anos, viúva de um casamento bem-sucedido, e cujo marido havia falecido subitamente de um infarto, queixava-se de que se sentia "contaminada" quando passava perto de algum cemitério ou de um funeral, ou ainda de pessoas que haviam estado num cemitério. A sensação de "contaminação" era tão forte que voltava para sua casa, onde se lavava inteira, como lavava também as roupas e até os sapatos. Isto havia se iniciado alguns anos antes do falecimento do marido. A paciente tinha filhos. Uma filha já casada e um filho com paralisia cerebral, que tinha ligeiro retardamento mental e alguns problemas motores. Não havia dados de importância na infância, que tinha sido um tanto quanto monótona. Seus pais eram pessoas do interior, bastante rígidas. Passara a infância numa cidade pequena e durante a adolescência, tinha sido muito controlada pelo pai. Para livrar-se desse controle, casara-se aos 17 anos com um alfaiate por quem estava apaixonada. Sua vida afetiva e sexual haviam sido boas. Era orgásmica nas relações sexuais. Nunca tivera casos extraconjugais e atualmente, como viúva, mantinha uma vida sexual discreta e sem problemas. Seu nível cultural e social poderiam ser considerados médios. Era de religião católica mas já havia consultado um amigo espírita a respeito de seu problema, que a importunava muito, pois sempre estava sujeita a "cruzar com um funeral" ou com alguém que dissesse haver estado no cemitério. Não havia nada que explicasse a "obsessão" que não melhorara nem com tranqüilizantes, nem com antipsicóticos (*Haldol*). Como caráter, era uma pessoa que queria agradar e mantinha um sorriso um tanto estereotipado. Com psicoterapia individual (análise transacional) e terapia gestáltica, não melhorou. Nenhum resultado com dessensibilização sistemática. Também não estava claro o que significava "contaminação". Por esta razão tentamos uma regressão de idade primeiramente à adolescência e à infância. Nada de interessante foi obtido. Tentamos então a passagem à vida pregressa. Subitamente estava em Paris, como adolescente, no ano de 1864. Dirigia-se ao cemitério para levar flores ao túmulo de sua mãe. Dentro do cemitério a paciente começou a apresentar sinais evidentes de angústia, desespero e horror. Estava agitadíssima como se tentasse livrar-se de alguém que a agredia. Aos poucos, em algumas sessões, foi relatando sob intenso medo, que havia sido atacada por um coveiro, que a jogara numa cova, de onde fora exumado um corpo, e a estuprara. A paciente se via nitidamente, suja e "contaminada" pela terra da cova e com sangue escorrendo pelas pernas.

Saindo da hipnose lembrava-se daquilo que havia visto. Nunca ouvira falar ou lera alguma história desse tipo. Não conhecia Paris nem tinha qualquer interesse ligado à França. Jamais pensara numa cena semelhante.

Perante essa vivência (real ou imaginada), a queixa sobre "contaminação" começava pelo menos a ter algum sentido.

O caso ainda está em tratamento e as técnicas terapêuticas para descargas de emoções ligadas a vidas passadas serão discutidas com maiores detalhes no capítulo sobre o assunto.

O hipnotismo, como vemos, pode ser uma arma auxiliar na psicoterapia, ou mesmo a principal, mas sem dúvida é indiscutível sua utilidade, e se entendermos hipnose ou estados de transe num sentido amplo, a discussão da validade ou não validade de sua utilização se torna absolutamente fútil.

A escolha de uma determinada linha psicoterapêutica tem geralmente mais a ver com a índole do terapeuta, do que baseada numa análise "científica" de suas técnicas e de seus resultados.

Os behavioristas ou comportamentistas, muitos dos quais usam com freqüência o hipnotismo, principalmente na *cura* de quadros fóbicos, publicaram nas maiores revistas internacionais, centenas de casos "curados" (*sic*). Wolpe e Eisenck, hoje em dia os maiores nomes do behaviorismo, há anos afirmam que a cura "sintomática" é uma cura real e que o "perigo" da substituição de sintomas é praticamente inexistente a não ser em poucos casos, e, mesmo nesses, sem importância maior do que o sintoma inicial. Por maior que seja a estatística confirmando as premissas do behaviorismo (ou behaviourismo), o terapeuta estruturado numa linha psicodinâmica, oporá certamente uma série de objeções ao conceito de cura sintomática como sendo efetiva e definitiva. Da mesma forma um junguiano poderá aceitar facilmente conceitos relativos a uma fenomenologia ligada ao misticismo e a premonições, vida no além. Para um médico espírita não haveria qualquer dúvida sobre tal possibilidade, freqüentemente rejeitada dentro de uma ortodoxia psiquiátrica.

Como vimos, a utilização dos estados hipnóticos depende das tendências do psicólogo ou psiquiatra.

Uma técnica muito útil no tratamento das fobias é a chamada *dessensibilização sistemática* sob hipnose ou relaxamento profundo. Não difere essencialmente daquela que Morais Passos chama de *visualização cênica* e sobre a qual apresentou uma bonita tese de docência.

DESSENSIBILIZAÇÃO SISTEMÁTICA

É uma técnica de tratamento dos quadros fóbicos criada por Wolpe com o nome inicial de *inibição recíproca* em que se contrapõe o relaxamento hipnótico de profundidade aos estados de angústia, para conseguir sua inibição através da imaginação controlada das situações fobígenas apresentadas ao paciente numa hierarquia de intensidade gradualmente maior.

Peguemos por exemplo um caso de claustrofobia, ou medo não adaptativo a locais pequenos e fechados.

Anotamos em tiras de papel cada situação fóbica que o paciente nos relata. A seguir pedimos que as distribua numa ordem crescente de medo fóbico, até obter uma escala (subjetiva) das várias situações.

A seguir tentamos a indução e o subseqüente aprofundamento hipnótico, durante uma a três sessões, aproximadamente.

Avisamos o paciente que a lista que ele nos forneceu ser-lhe-á gradualmente apresentada verbalmente quando ele atingiu um bom relaxamento, e que o mesmo deverá levantar um dedo se sentir qualquer sensação de angústia, mesmo de baixa intensidade. Nesse momento ser-lhe-á proposto o apagamento da imagem e a substituição por uma outra (previamente obtida) de tranqüilidade e bem-estar (com freqüência uma praia, um lago ou um parque). Os americanos falam muito da imagem de campos de trigo ao vento, que não são muito conhecidas em nosso meio. Caso o paciente seja incapaz de indicar uma imagem *boa* podemos voltar apenas à conscientização cuidadosa do próprio relaxamento muscular. O tempo de relaxamento sem imagem fobígena deverá ser maior do que o tempo de visualização da cena negativa, isto é, perturbadora.

Após obter *relax* propomos imaginar a cena menos tensionante (1.ª visualização). Se houver sinal de angústia dizemos: Apague tudo e volte à imagem de tranqüilidade, relaxe. (Em média 15 a 30 ou 40 segundos de visualização tensionante contra aproximadamente 2 minutos de distensão.)

A mesma cena é representada quantas vezes for necessário até não mais produzir qualquer angústia.

A seguir passamos para a visualização número 2 da mesma forma, seguida de *relax*, e assim por diante até atingir o quadro mais angustiante e substituir a angústia por aceitação normal. O paciente é orientado também a repetir as visualizações em casa sob auto-hipnose, a qual também é ensinada durante as sessões.

O passo seguinte é enfrentar, de forma igualmente gradual, a realidade, sempre que possível, e, sempre que se trate de um medo a situações reais e reproduzíveis, tais como lugares fechados, ruas de movimento, elevadores ou determinados veículos, (ex. metrô, ônibus, avião etc.) ou animais, como gatos, cachorros, lagartixas, insetos etc. Medo de fenômenos naturais não facilmente reproduzíveis como chuva, tempestades, nuvens escuras pode ser enfrentado por meio de projeções de *slides* e fitas gravadas com os ruídos correspondentes. O mais difícil é lidar com pânico a fenômenos sobrenaturais que não possam ser reproduzidos (ex.: fantasmas, feitiços etc.). Quanto a medo de morte, em alguns casos pode-se lidar com mortes históricas inicialmente (ex.: a morte de Júlio César, Napoleão, Getúlio Vargas etc.) e depois falecimentos de pessoas mais próximas, mas isso nem sempre dá resultado.

Geralmente fazemos 4 a 6 visualizações em cada sessão. Fobias diversas podem ser dessensibilizadas juntamente ou sucessivamente em sessões de 30 a 40 minutos. Não é previsível o número total de consultas necessárias. Às vezes bastam duas ou três, e outras, algumas dezenas, dependendo da gravidade do caso e do tempo de "doença". Obtido o resultado desejado, aconselhamos o paciente a voltar imediatamente se houver recaída, pois é mais fácil o tratamento em fase inicial.

Alguns casos

M.D.D., mulher de 35 anos, casada, assistente social num hospital, relatava que há 15 anos, sentira-se mal com tonturas e náuseas numa igreja abafada e lotada. Desde então foi se tornando cada vez mais angustiada em ambientes fechados e ônibus, tornando sua vida difícil mesmo em casa e no trabalho.

Foi montada a seguinte "hierarquia de intensidade fóbica":

1) Multidão na rua; .... *medo mínimo*;
2) Restaurante lotado;
3) Em casa, às refeições;
4) Viajando de automóvel;
5) Na sala de espera, lotada, do hospital;

6) Dentro do ambulatório, lotado;
7) No elevador lotado;
8) No cinema;
9) Na igreja;
10) No ônibus lotado;
11) Na sala de aula fechada;
12) Na sala de aula fechada e lotada... *pânico*.

Imagem de tranqüilidade: Praia, com mar calmo, em dia ensolarado.

Hipno-relaxamento pelo método de Kraines com bom relaxamento corporal e mental em 3 sessões.

A cada visualização em que dava sinais de angústia, que nos era comunicada fazendo um leve sinal com o dedo indicador e através de pequenas alterações de sua mímica e da freqüência respiratória, dizíamos: "Apague tudo, esqueça; imagine estar numa praia ensolarada olhando o mar tranqüilo, com o corpo frouxo, mole, relaxado. Aspire suavemente a brisa marinha..."

O tratamento foi iniciado em 7-2-73 com 2 sessões por semana e terminado em 4-5-73 quando veio à consulta em ônibus lotado sem qualquer perturbação. Nas últimas sessões dizia que já não sentia "medo" mas apenas "medo de ter medo" (que geralmente já é um sinal de melhora).

M.K.F., 23 anos, brasileira, solteira, estudante de Medicina. Desmaia quando vê sangue desde os 5 anos de idade, quando na fazenda presenciou uma matança de porcos. Sente tonturas nas aulas de fisiologia. Já desmaiou várias vezes ao entrar no pronto-socorro.

Conta que o pai abandonou a família quando ela contava 5 anos de idade. Vive só com a mãe.

Hierarquia de intensidade fóbica:
1) Ver dedo com faixa manchada de sangue: ...*medo mínimo*;
2) Ver um corte numa mão sangrando um pouco;
3) Ver de longe o laboratório de fisiologia com a porta aberta e com colegas fazendo experiências com cirurgia em animais;
4) Aproximar-se gradualmente desse laboratório;*
5) Tomar parte na experiência;
6) Ajudar em transfusão de sangue num animal;

---

* Uma dessensibilização pode ser feita no tempo e no espaço. Ex.: faltam tantos dias... ou meses... e ir diminuindo gradualmente. Está a tal distância... e ir se aproximando aos poucos.

7) Ajudar em campo operatório sanguinolento;
8) Entrar, gradualmente, no pronto-socorro;
9) Entrar no pronto-socorro, na sala dos politraumatizados.

Na 14.ª sessão, assiste a um atropelamento na rua, por seu carro, e transporta o ferido sangrando, em seu próprio veículo até o pronto-socorro onde ajuda nos curativos. Recebe alta após esse episódio, sentindo-se perfeitamente bem. Cerca de seis meses depois volta para uma única sessão por ter sentido uma ligeira tontura em sala de cirurgia.

Medo de animais, quando se trata de criança, deve ser considerado fóbico somente após uma análise da diferença de tamanho entre a criança e o animal e não entre o adulto e o animal, e de uma boa orientação quanto à periculosidade real de certos animais. De maneira similar, medo de entrar no mar, deve ser tratado *in loco* após aulas de natação!...

Se às vezes o medo fóbico é meramente condicionado, em alguns casos, trata-se de simbolização que deve ser pesquisada cuidadosamente. Wolpe relata um caso de medo de estátuas nuas que simbolizava "medo de sexo".

Há alguns anos iniciei o tratamento de um professor de uma escola politécnica que começara a sentir medo de dar aula no anfiteatro quando todos "olhavam para ele".

Iniciei a dessensibilização da forma clássica, inicialmente com visualizações de anfiteatros pequenos, com poucos alunos, e aumentando aos poucos o número e o tamanho da sala. O cliente todavia não estava melhorando. Certo dia estava no meu consultório, onde fazíamos também psicoterapia, e dizia não ter assunto. Talvez intuitivamente perguntei se alguma vez havia assistido a um filme que lhe produzira muita angústia (sem que se tratasse de estória de terror). Após alguns instantes respondeu: "Sim, uma vez fui ver uma fita em que uma moça fora presa pela polícia, e ia ser condenada porque havia sido encontrado, em sua mala, ao descer do avião, um pacote de drogas, e ela não conseguia provar que era inocente... não conseguia..." Nesse instante a face do cliente demonstrou forte tensão emocional, e soluçando continuou: "Como eu... Eu também não conseguia dizer a meu pai, quanto tinha 5 anos que aquele maço de cigarros que estava no meu bolso não era meu. Eu o havia encontrado no chão... e... ele que era policial e violento começou a me bater na frente de minha mãe e irmã que me olhavam sem pode fazer nada. Ele tinha olhos duros!"

Pedi-lhe então que relaxasse e, sob hipnose, reaproximei a cena do pai olhando para ele. Sua fisionomia revelou pavor. Nas sessões seguintes foi aos poucos enfrentando imaginariamente o pai. (Nessa época eu ainda não conhecia a Gestalt-terapia e a cadeira vazia de Perls.) Lamentavelmente suspendeu o tratamento depois de três sessões e passado algum tempo eu soube que havia largado a escola politécnica e havia-se dedicado a estudar jornalismo. Seis meses após, encontrei-o na rua e então ele me contou o seguinte fato: durante o curso, estava bem, porque não precisava dar aulas, mas certo dia o professor chamou-o para que desse uma lição na frente da classe. Sentiu medo, mas, ao olhar a platéia voltou mentalmente às nossas sessões de hipnose com a sugestão de relaxamento, e o medo desapareceu e nunca mais voltou. "Aqueles olhos que me olhavam não eram de minha família nem de meu pai."

Num caso deste tipo podemos trabalhar em linha analítica, gestáltica e regressiva e mais hipnose e relaxamento. Tudo pode somar-se com função curadora.

Um caso interessante do ponto de vista da introdução da hipnose foi o de um casal com sérios problemas fóbicos e sexuais. O primeiro a comparecer fora o marido, comerciante jovem de quase 30 anos, com agorafobia que vinha piorando nos últimos meses, e já não saía sozinho à rua. Foi iniciada uma dessensibilização com uma hierarquia que começava saindo do portão do jardim, andando pela calçada da casa, virando a esquina, atravessando a rua, afastando-se uma, e, a seguir, diversas quadras, até imaginar-se indo para o centro de sua cidade. Durante a consulta foi abordado seu comportamento sexual com a esposa (nunca faço terapia sem estudar afetividade e sexo). Contou-me que, casado há 6 anos, só tinha relações no escuro, que sua esposa nunca se despira na sua frente, que não sabia se ela sentia "alguma coisa" e que a primeira relação só se dera muitos dias após o casamento e com grande dificuldade, pois voltara da lua-de-mel com a esposa virgem. Passei uma hora dando orientação sexual básica tanto em relação ao homem quanto à mulher e perguntei se não traria a mulher para uma conversa, também. Pediu-me que atendesse a esposa sem que ele estivesse presente por enquanto, pois sentir-se-ia muito inibido.

Ela, 27 anos, cultura média, ouviu-me falar sem interromper, sob intensa angústia, contorcendo-se na cadeira, suando frio e apertando as mãos. Várias vezes tive que interromper perguntando se queria que continuasse. Era ligeiramente claustrofóbica. Nunca recebera qualquer orientação antes ou depois de se casar. Casara-se por amor mas só recebera um único dado sobre sexo: "Os homens não prestam." "Não deixe que te toquem." "Se desonrar sua família, sai de casa." Tinha um filho de 4 anos e só se "submetia" a uma relação sexual para não perder o marido, mas nada sentia.

Nunca se olhara nua num espelho, nunca olhara seu sexo (todos os sexos das mulheres são iguais) (*sic*). Não sabia o que era masturbação.

A orientação foi dada lentamente, respeitando seu pânico e propondo até fazer um pouco de relaxamento após a conversa, com o que se sentia mais "segura". O relaxamento era feito na poltrona, não no divã, pois tinha fantasias de que seria agredida sexualmente.

Após alguns encontros já falava mais abertamente de sexo e então propus que, fechada em seu quarto, olhasse em pé seu próprio corpo nu. Não tinha coragem. Como era bom *sujet* hipnótico, entrando em planos profundos, comecei com uma dessensibilização gradual ao medo do seu próprio sexo, imaginando-se longe de um espelho, retirando calmamente a roupa, olhando sua região pubiana, aproximando-se pouco a pouco. Depois disso em sua casa, com o quarto fechado, conseguiu repetir o exercício. A seguir, imaginar-se nua, deitada, com as coxas entreabertas, olhando-se no espelho. O que repetiu em casa. Na sessão seguinte, imaginou-se examinando de perto seu sexo, explorando-o com os dedos. Ao repetir isso em seu quarto, pela primeira vez sentiu alguma sensação diferente. Só depois de intenso preparo, o casal compareceu junto, já mais desinibido e foi possível falar abertamente de sexo, excitação sexual, masturbação e técnicas sexuais variadas.

Nessa época tiraram uns dias de férias e, ao voltarem à consulta, relataram que pela primeira vez haviam atingido um orgasmo e que também seus medos haviam desaparecido. Ela tivera a relação à meia luz, inteiramente despida. O marido, também, já saía à rua sozinho.

Neste caso, hipnose e orientação somadas haviam produzido um ótimo resultado.

Um outro caso em que a hipnose foi introduzida no meio de uma terapia foi o de um médico de 40 anos com problemas de atritos violentos com a esposa, chegando às vias de fato diversas vezes. Como sabia que eu era também hipnólogo me disse, numa consulta, que já haviam tentado hipnotizá-lo mas que ninguém tinha conseguido. Durante as sessões surgiram vários problemas em relação à mãe e ao pai, que havia falecido no leito de uma amante. Tinha problemas também com seus pacientes, com os quais ficava às vezes agressivo.

Em certo momento achei que seria importante usar uma técnica gestáltica, a cadeira vazia * (*Hot seat* de Perls) para conversar com

---

* Nesta técnica o cliente põe numa cadeira vazia, em frente a ele, uma parte dissociada do seu *self*, e conversa com ela trocando às vezes de posição, tentando comunicar-se melhor com a outra parte e procurando a solução de um impasse. Por ex.: falar com o pai sobre um problema não resolvido aos 7 anos de idade; ou, falar com um sintoma psicossomático perturbador.

o pai falecido. Senti que surgia certa emoção mas não o suficiente e, sob o efeito da emoção emergente, obtive uma hipnose imediata. Daí para frente o cliente falou com o pai introjetado como se ele realmente estivesse lá. Chorou copiosamente até acalmar-se no fim. Após terminada a sessão, afirmou-me que já em terapias anteriores havia sido submetido à técnica da cadeira vazia, mas que desta vez havia "visto realmente" seu pai. Sob efeito de intensa emoção é muito mais fácil hipnotizar-se alguém, mesmo uma pessoa que afirmava que ninguém havia conseguido isso.

Alguns dirão que essa técnica de Perls é hipnógena por si mesma, o que também acredito, mas uma indução aprofundou-o mais rapidamente, levando-o a uma catarse mais completa.

Eliminação de sintomas

Há muitos anos os textos de psicologia e até de hipnologia repetem que a pura e simples eliminação de um sintoma pode ser perigosa, pois segundo conceitos de psicodinâmica psicanalítica, ele pode representar um problema subjacente e sua retirada poderia ser prejudicial — segundo Marcuse, pode criar novos sintomas, liberar uma torrente de angústias e ainda levar ao suicídio.

Este fato vem sendo repetido sem que na maioria dos casos haja qualquer prova válida.

Como já dissemos anteriormente, na terapia comportamental ou behaviourista há centenas de pesquisas a esse respeito sem qualquer confirmação de sintomas substitutos na maioria dos casos, e, quando muito raramente isso acontece, não há razão para considerar que um sintoma seja mais perigoso que outro.

Como exemplo de retirada de sintoma sem qualquer piora evidente, temos o tratamento da enurese noturna pela campainha que toca logo que a criança começa a molhar uma almofada sensível, o tratamento fonoaudiológico para reimpostação de voz na gagueira e da onicofagia por relaxamento, sem que seja discutida a causa da mesma. Lembro-me até de um caso, citado num trabalho meu sobre hipnose na infância e mocidade, de uma moça que foi tratada com hipnose por um problema de falta de concentração no estudo e que "sarou" da onicofagia sem que eu tivesse suspeitado da existência deste problema que não fora citado na anamnese.

Muitas vezes não se alcança a "causa" e, quando suspeitamos tê-la atingido, isto não passa de uma mera hipótese que raramente pode ser confirmada.

Em minha experiência, às vezes, o paciente não quer na realidade livrar-se do sintoma e portanto nem a hipnose consegue isso. Todavia, quando é possível, como na dessensibilização sistemática, a falada substituição é muito pouco freqüente. Por outro lado, em geral não há maneira de provar que um novo sintoma seja um substituto do anterior, e sua gravidade poderá ser igual ou até menor.

Citarei todavia um caso que foi tratado por mim há mais de 20 anos quando ainda tinha pouca experiência mas que posso considerar bastante raro: uma moça de 22 anos soubera subitamente, durante um baile, aos 17 anos, que sua mãe era na realidade sua avó, o pai, avô, e os irmãos, tios, pois a mãe que era solteira havia morrido quando ela tinha cerca de dois anos e os avós haviam-na adotado. A partir desse baile começara a apresentar sintomas histéricos, como sentir-se mal com música e repuxamento nos braços que ficavam doloridos. Nesse tempo eu era médico de uma fábrica e a atendera por causa das dores nos braços sem causa aparente. Era noiva, tinha algum contato sexual superficial com o noivo sem todavia auferir qualquer prazer. Como às vezes desmaiasse, quando se aborrecia por algum atrito, pensei usar hipnose.

Não tenho hoje o número exato de sessões, porque sua ficha ficou no arquivo da fábrica, mas após cada sessão de hipnose ela convertia um sintoma em outro. A dor mudava de membro, sentia náuseas, ficava com regiões anestesiadas, tinha crises de insônia, ou então dificuldade de acordar. Surgiam parestesias em formigamento, sentia dispnéia ou sufocos, e, certa vez, teve uma crise de febre de 39 graus logo após a sessão, que durou duas horas, depois de uma tentativa de tirar uma parestesia.

Era tipicamente uma conversiva capaz de apresentar toda a gama de sintomas histéricos, que eram muito mais freqüentes no fim do século passado e no começo deste, na época dos estudos de Breuer e de Freud.

Esse tipo de patologia é mais raro hoje em dia, e, apesar de que o arcabouço psicanalítico foi construído principalmente sobre a histeria, ela é ainda de difícil tratamento e, às vezes, melhora com antipsicóticos e medicação antidisrítmica.

Conversões surgem com ou sem hipnose, em psicanálise ou psicodrama ou durante qualquer outro tipo de tratamento. Não me lembro em toda a minha experiência de um outro caso com tal número de conversões diferentes, tratado pela hipnose. Na literatura a respeito não encontrei muitas citações sobre pesquisa de tratamento de conversões múltiplas sob hipnose.

Realmente hipnose não é arma para todos os casos mas o propalado perigo parece-me apenas a repetição em série de uma opinião antiga, sem qualquer confirmação científica.

Voltando à eliminação de sintomas, evidentemente é fútil tentar eliminá-los se as causas desencadeantes continuam agindo. Uma família muito inadequada ou gravemente perturbada tende a manter a patologia de um filho, reforçando-a continuamente. Se uma mãe rejeita ou espanca uma criança e esta apresenta enurese noturna' ou vômitos deverá ser inicialmente indicada a terapia da família e não a retirada de sintomas perturbadores, pois, novos sintomas que surjam não devem ser considerados "substitutos" mas apenas conseqüentes à manutenção do comportamento familiar agressivo.

Alguns autores propõem, em certos casos, transformar um sintoma mais perturbador num menos perturbador, que teria a mesma finalidade psicodinâmica, como por exemplo, de uma paralisia do braço para a paralisia de um dedo, quando a retirada da mesma não fosse possível. Não tenho experiência a respeito.

HIPNOSE NA EPILEPSIA

Um trabalho de Kupper, em veteranos de guerra, mostrou a possibilidade de reativação hipnótica de convulsões num marinheiro, regredido em transe, a um período traumático de sua vida, com mudanças disrítmicas visíveis no eletroencefalograma (E.E.G.).

Outros autores, já haviam descrito o desaparecimento de alterações disrítmicas no E.E.G. durante regressão a uma idade anterior ao primeiro incidente epiléptico.

Nós, por outro lado, num caso estudado na enfermaria de cirurgia funcional na clínica psiquiátrica do Hospital das Clínicas, da Universidade de São Paulo, obtivemos diminuição do número de crises e de ausências numa cliente submetida a 12 sessões de hipnose com hipno-relaxamento e sugestões de melhora desse quadro epiléptico (p. 102).

Schwarz, Bickford e Rasmussen afirmam que em dezesseis pacientes com desordens convulsivas e concomitantes achados E.E.G. não conseguiram ativar convulsões por ordem hipnótica, nem produziram alterações no E.E.G. em dez pacientes enviados para estudo eletroencefalográfico, por causa de ataques epileptiformes, mediante técnicas de ativação hipnótica. Induziram e terminaram tais "estados", pois o E.E.G. nada revelava. Alguns pacientes apresentavam uma ou outra alteração em E.E.G. anteriores.

Tanto os autores acima, como também Sumner, Cameron e Peterson, num estudo de 77 casos, afirmam que a hipnose é muito útil para diferenciar crises epilépticas de psicogênicas em que há um desencadeante psicodinâmico. Nestes, em hipnose podem surgir dados

Hipnose na epilepsia.

sobre fatos que aconteceram durante o ataque epileptiforme, o que não acontece na crise epiléptica verdadeira, em que a perda de consciência é total e portanto não há memória.

INDICAÇÕES DA HIPNOSE NAS DIVERSAS ESPECIALIDADES DA MEDICINA

Sempre que me proponho a escrever ou a falar em público sobre este assunto, percebo que é impossível lembrar todas as indicações pois sempre surgem outras, e a lista permanece inacabada. Peço portanto ao leitor que leia este capítulo apenas como: "Algumas indicações principais para o uso da hipnose."

Em cardiologia	Para aliviar taquicardias sinusais em pessoas nervosas; na dor pós-infarto e na reabilitação; em diversos tipos de dores precordiais; na hipertensão essencial.
Na neurologia e ortopedia	Torcicolo; dores lombares, e todas as dores tensionais da coluna; dor do membro-fantasma após amputação, certas parestesias, inúmeras cefaléias. Nas insônias.
Na gastroenterologia	Náuseas e vômitos principalmente por certas cinetoses; nas gastrites e úlceras gastro-duodenais; em algumas hemorragias digestivas; na colite ulcerativa; em inapetências; em dores abdominais de ordem psicossomática; em casos de anorexia e perversões do apetite; em aerofagias.
Na urologia, ginecologia e obstetrícia	Em alguns casos de disúria, polaquiúria, enurese noturna; impotência, ejaculação precoce; anorgasmia da mulher; dispareunia; na não aceitação da gravidez, na hiperemese gravídica e para o parto sem dor; para facilitar o exame ginecológico em mulheres muito tensas; na dismenorréia.
Na otorrinolaringologia	Para examinar o cavum em pessoas medrosas ou hipersensíveis; em certas hipoacusias e disfonias; é útil na tartamudez.
Na dermatologia	No eczema e pruridos em geral; na psoríase; nas verrugas juvenis; na ictiose; nas peladas; na hiperhidrose.
Na alergia	Na asma e bronquite asmática; na urticária, nos eczemas alérgicos.
Na cirurgia geral	Para redução do medo pré-operatório; para diminuir certas complicações pós-operatórias; como anestesia de urgência.
Em queimaduras	Para facilitar os curativos e melhorar o prognóstico; para diminuir a dor.
Em pediatria	Ver capítulo sobre o assunto à p. 107.

Utilização fora do campo médico

Na hipnopédia	Estudo sob hipnose com melhora do aprendizado e da memorização.
No esporte	Para eliminar tensões e angústias aumentando o rendimento esportivo.
Na odontologia	No preparo do paciente com medo; na hiper-sialorréia; nas náuseas excessivas; para diminuição das hemorragias; para que o paciente mantenha a boca bem aberta; para melhor aceitação de prótese, no bruxismo.
Nas atividades jurídicas	Para melhorar a memória de testemunhas de um fato delituoso.

Nota: Não falei aqui das indicações em psicologia e psiquiatria porque o livro, em sua maior parte está dedicado a esse campo.

Quero frisar ainda que todas as indicações acima citadas devem ser consideradas relativas, pois hipnose não é panacéia mas um estado de consciência alterado que pode ser usado para aliviar sofrimentos.

A indicação no esporte nunca deverá ser utilizada como um *dopping* capaz de levar o desportista à exaustão, mas apenas para produzir uma melhor concentração.

ALGUNS CASOS INTERESSANTES NA MINHA EXPERIÊNCIA COM A HIPNOSE

Em psicologia não existem casos idênticos, cada qual requer uma orientação particular, que por sua vez, depende de conhecimentos de psicodinâmica, de terapia do comportamento e principalmente de uma boa criatividade e presença de espírito. Posso citar, a seguir, alguns casos interessantes a esse respeito:

Um soldado da Força Pública, com 24 anos de idade, me procurou por uma impotência eretiva que surgiu após um fracasso de uma relação sexual na qual ele estava muito tenso por problemas pessoais. Como não houve nenhuma outra causa física provável, induzi a hipnose pelo método da levitação do braço e, ao alcançar um transe bastante profundo, sugeri que numa próxima relação a ereção se daria automaticamente da mesma forma que seu braço estava suspenso no ar sem esforço algum. Uma semana depois voltou à consulta relatando-me, feliz, que realmente o medo do fracasso havia desaparecido e que a ereção se dera sem qualquer problema.

É interessante notar que nessa mesma época surgiu no *American Journal of Clinical Hypnosis* um caso semelhante tratado pela mesma técnica por um médico americano, mas que eu só li um ano depois.

Uma psicóloga de 23 anos de idade, consultou-me por verrugas num joelho, que haviam aparecido há alguns meses. Logo de início afirmou que na realidade ela não acreditava na hipnose, mas que, "em todo caso" antes de uma cirurgia iria tentar isso também. Respondi que não era necessário que acreditasse, mas que apenas olhasse para meu dedo... apenas meu dedo... fixamente em meu dedo... Entrou rapidamente em transe. Toquei então as verrugas afirmando com segurança que os vasos sangüíneos das verrugas estavam se fechando e que elas... estavam secando... murchando... e que cairiam nos próximos dias completamente ressecadas. Fiz com que ela voltasse à vigília e pedi-lhe que me desse notícias nos próximos dias.

Voltou no fim do mês dizendo-me entusiasmada: "Sabe doutor, não sei como, mas elas caíram todas."

Um dos primeiros casos que eu hipnotizei, há mais de 35 anos, foi o de uma paciente que era irmã de uma colega de enfermaria. Eu tinha concluído há pouco tempo meu curso de hipnose e ela me fora enviada com a recomendação que eu era um especialista de grande experiência. A moça com pouco mais de 24 anos, casada, sofria há 2 anos de uma dermatite pruriginosa no segundo e terceiro dedos da mão direita. Os melhores dermatologistas e alergistas, inclusive meu professor naquela época, tinham sido consultados sem que ela obtivesse qualquer melhora.

Eu tentei hipnotizar a cliente sem qualquer sucesso. Ela ficava "acordada". Eu não sabia o que fazer; tentei várias técnicas de indução e já ia desistindo, com minha quase total falta de experiência, mas para "não fazer feio" com a minha colega, afirmei, com aparente segurança, que existia uma hipnose em vigília e que, bastaria que a cliente fechasse os olhos para que a sugestão, que eu repetiria lentamente três vezes, funcionasse. Na segunda sessão estava sem prurido. Eu insisti. Na terceira o eczema havia se fechado. Somente a pele estava ligeiramente rosada. Com mais três sessões não havia mais sinal das lesões tão resistentes aos tratamentos anteriores. Não sei quem estava mais entusiasmado, eu ou a cliente. O resultado havia sido ótimo apesar de que nessa época eu quase nada sabia de Psicodinâmica ou de Sexologia. A cura foi duradoura, mas o casamento não! E, somente anos depois, quando meus conhecimentos de psicologia eram maiores, ao rever minhas fichas entendi como teria sido importante saber qual a orientação sexual que a paciente recebera e... quais os sentimentos de culpa, capazes de provocar uma somatização.

Cirurgia e anestesia: dois casos

Na era atual é raro fazer-se uma cirurgia sob anestesia hipnótica, mas lembro-me bem de dois casos, um em que a anestesia foi importante, e outro em que a analgesia e a tranqüilização foram fundamentais.

Há mais de 30 anos quando ainda não existiam em São Paulo todos esses prontos-socorros particulares, fui atender de madrugada uma vizinha, senhora jovem com um abscesso das glândulas de Bartolin (na vagina). Sofria muito, necessitando de imediata intervenção. Chamei um colega ginecologista que decidiu transportá-la para um pequeno hospital próximo. Ao chegarmos, não encontramos um anestesista. A mulher chorando de dor. Pensei, então: por que não tentar hipnose? Enquanto a enfermeira procurava telefonar para chamar algum anestesista, testei a cliente já deitada na mesa cirúrgica. Por sorte era uma sonambúlica e portanto de alta sensibilidade hipnótica. Transfixei seu braço com uma agulha. E ela não reagiu e não sangrou. Virei-me para o colega dizendo: opere. Ele meio incrédulo tocou com o bisturi a região vulvar, que eu havia anestesiado hipnoticamente. Ela não reagiu, e a intervenção realizou-se sem qualquer problema. Quando acordei a cliente, ela perguntou: "Vocês já vão começar a cirurgia?"

Um outro caso foi o de uma senhora de 30 anos, que ia fazer uma cirurgia plástica para a correção do nariz, excessivamente grande. Quando já deitada na sala de operação, soube que a anestesia iria ser local, saiu correndo pelos corredores do hospital, em pânico. Foi-me encaminhada para hipnose prévia como tranqüilizante. Apesar de não ser muito sensível, consegui levá-la calma para a mesa cirúrgica mantendo-a em sono hipnótico leve o que permitiu a anestesia local e a intervenção sem outra fuga.

Hipnose em odontologia

Tive também algumas experiências interessantes em odontologia e gravei, principalmente, o caso de um senhor de 40 anos que consultara um dentista devido a uma pulpite, mas, quando o profissional ligara a broca, o cliente desmaiou com pressão inaudível, causando grande susto no dentista. Numa segunda tentativa, o mesmo incidente. Fui então chamado e me avisaram que o paciente era um ex-combatente iugoslavo que havia sofrido terríveis bombardeios aéreos e que o ruído agudo da broca o levava de volta àquele tempo reavivando uma neurose de guerra. O homem demonstrou ser bom "sujet" hipnótico, de tal forma que, ao levá-lo ao cirurgião-dentista, estava tranqüilo, e, como apresentava total anestesia hipnótica, recebeu apenas meia ampola de anestésico (por segurança). Eu, mantendo o transe numa tarde quente de verão, vi que ele, imóvel na poltrona, estava suando. Sugeri, então, que visualizasse um lindo bosque da sua infância lá na Croácia, perto de um regato, cujas águas ele ouvia murmurar (era a biquinha da mesa odontológica) e que, subitamente uma brisa suave começara a soprar. Realmente ele parou de suar. No fim de quase duas horas, terminada a intervenção, ao voltar à vigília, afirmou que fora tudo ótimo. Sonhara estar de volta aos lindos bosques iugoslavos, perto dos Alpes. A única coisa que o havia perturbado foi que começara a soprar subitamente o Bora, um violento vento daquela região, e que tivera então medo da tempestade.

Nem sempre podemos dirigir com perfeição todos os ventos.

HIPNOSE NA CRIANÇA E NO ADOLESCENTE

No início de minha carreira de médico fiz especialização em Pediatria dedicando-me principalmente à alergia, e foi para aliviar bronquites e prurido que me dediquei à Hipnologia. Mas já por esse tempo surpreendi-me com o fato de que eram muito raras as publicações sobre esse assunto. Os poucos autores que escreviam alguma coisa, citavam sistematicamente o belo livro de Ambrose que, até hoje, permanece como a fonte mais importante da experiência na Pediatria.

"Parece que raramente os hipnólogos são pediatras", escrevi num artigo publicado há diversos anos e hoje estou convencido de que é isso mesmo. Um médico de adultos dificilmente sabe como lidar com crianças, e por isso poucos o fazem e menos ainda escrevem sobre o assunto.

No entanto a criança é muito mais sugestível à hipnose, mas só dificilmente atinge planos profundos.

Às vezes, quando temos certeza de que está em hipnose bastante profunda, a criança abre os olhos subitamente e parece acordar. Não devemos dar qualquer atenção a esse fato e continuarmos com a indução como se nada estivesse acontecendo, pois, da mesma forma que ela sai de um transe, ela entra nele novamente.

Nunca devemos esperar a imobilidade que se encontra com freqüência no adulto. Não sei por que, mas quase toda criança no início de um transe hipnótico coça seu nariz.

O importante é conseguir-se com o pequeno paciente um bom *rapport* e, se possível, um *rapport* um tanto mágico (principalmente bastante lúdico). Eu diria que é melhor que ele não nos confunda com médicos, "aquela gente ruim que enfia colheres, agulhas e faz um monte de coisas horríveis". Nós podemos brincar e fazer magias como, por exemplo, propor ao pequeno cliente ver um *braço sonhador*, e fazer com que a criança queira vê-lo. Aí podemos dizer que é um grande segredo e que ela não pode contar a todos os amiguinhos o grande truque. Grinder propõe perguntar à criança qual o filme ou personagem de TV que ela gosta, e observar os movimentos oculares (vide capítulo sobre programação neurolingüística). Quando ela começa a responder sobre o personagem escolhido (por exemplo: mulher biônica, E.T. ou Emília) e olha para cima e para a esquerda, levantamos logo seu braço esquerdo. Se olha para cima e para a direita, seu braço direito. O olhar indica se ela está utilizando o hemisfério direito ou esquerdo onde ela catalogou sua memória. (Olhar à esquerda — hemisfério direito, e vice-versa.) Se olha à esquerda pegamos o braço esquerdo que também é operado pelo hemisfério D e, portanto, ela não perceberá facilmente o que acontece com esse braço. Se os movimentos forem suaves, ao puxarmos esse braço ele logo ficará cataléptico, porque a consciência está ocupada com imagens. Se a criança tem bom canal auditivo podemos propor que se lembre de uma música, ao mesmo tempo relacionada com o filme ou com o personagem escolhido. A seguir continuamos dizendo: "Agora seus olhos vão se fechar e ver todas as cenas, enquanto isso seu braço, que está dormindo, irá ficar no ar sem que você faça qualquer esforço, e só descerá quando você tiver visto todo o filme... mas o filme é longo e você está com sono... muito sono... o braço começa a descer lento... ele também dorme... e daí você dorme fundo... fundo... etc."

Uma outra técnica é dizer à criança que podemos brincar de colar suas mãos e descolá-las à vontade. Mandamos que aperte bem as mãos com os dedos entrecruzados e dizemos que ela pode olhar fixamente as mãos, vendo que os dedos vão se colar. "Aperte bem os dedos, eles estão se misturando uns com os outros... dedos apertados... apertados... colados... grudados. Enquanto os dedos estão se colando, os olhos estão ficando cansados... as pálpebras pesadas... cansadas... fechando... parecem pesar como chumbo..." Enquanto as pálpebras se fecham, podemos tocar os punhos da criança e dizer: "Agora suas mãos estão coladas... É impossível separar os dedos... impossível... impossível... e quanto mais força você fizer para separá-las, mais elas se colam... Tente separá-las... É impossível... impossível. Agora lentamente as mãos irão amolecendo para se abrirem, amoleçam mais... o corpo todo amolece e você está com sono... sono... durma... durma gostosamente."

Existe uma outra forma de iniciar uma hipnose. Podemos pedir à criança que nos conte uma história ou um filme a que tenha assistido. Anotamos bem o que ela nos conta, inclusive com as palavras que ela usa, e depois pedimos que feche os olhos e imagine uma grande tela de TV ou cinema e veja o filme passando. Aí nós repetimos a estória, frisando sempre: "Olhe na tela como isso acontece", até que percebemos que entra em sonolência. Então, propomos o sono como acima.

Personagens de filmes ou estórias em quadrinhos podem ser usadas para que a criança se sinta mais segura ao enfrentar uma situação fobígena. Ela pode estar voando com o super-homem e fazer com ele coisas maravilhosas.

Outro dado importante é dizer, em plena hipnose, que "papai e mamãe" ou "irmão" ou "irmã" gostam muito de você, sempre que isto seja real. Claro que não pode ser dito isso a uma criança gravemente espancada por um pai ou com um pai que a rejeitou e se desinteressou por ela. Todavia, sempre que possível, uma frase simples que contenha afeto e carinho deve ser dita.

Medos não razoáveis por figuras irreais podem ser enfrentados a nível lúdico fazendo com que a criança se imagine maior e mais forte, e enfrente situações sentindo-se apoiada por figuras heróicas de estórias ou filmes. Não há qualquer prejuízo no uso de personagens fantásticas ou místicas, porque a criança vive a fase mágica e seus medos têm muitas vezes conteúdo mágico. A própria realidade é vista por esses filtros infantis.

Nos últimos anos tenho ouvido freqüentes críticas às criações mágicas, como Papai Noel, e em todos os meus longos anos de profissão dentro de enfermarias pediátricas e conversando com adultos a respeito de suas próprias vivências infantis, só conheci um único homem que foi lesado pelo mito de Papai Noel. Era um esquizofrênico para o' qual todas as verdades principais da vida haviam sido adulteradas dentro de uma família nitidamente esquizofrenogênica.

Lidar com criança é muito mais arte que ciência, muito mais bom senso e intuição do que preceitos rígidos.

A criança é muito sensível à hipnose, em geral a partir dos 6 anos de idade e às vezes antes.

Sugestões hipnóticas podem também ser transmitidas durante o sono. Aconselha-se que essas sugestões sejam dadas pela mãe ou pelo pai da criança, durante a noite, depois que passa a fase mais profunda do sono e a criança se mexe e está provavelmente em fase R.E.M. (movimento oculares rápidos, ou fase de sonhos). A pessoa sentará ao lado da criança, falando suave e lentamente da seguinte maneira: "Zezinho, ouça... sem acordar... mamãe e papai gostam muito de você... ouça muito bem... sem acordar... mamãe e papai gostam muito de você... não precisa mais fazer xixi na cama..."

Qualquer que seja a sugestão, como essa para enurese noturna, ela deverá ser repetida monotonamente três ou mais vezes, várias noites seguidas, e as palavras, possivelmente, seguindo o ritmo respiratório da criança. Para sabermos se conseguimos transformar o sono fisiológico em sono hipnótico, podemos em certo momento dizer: "Agora... que você me ouviu... respire... duas vezes... lentamente... e profundamente... sem acordar... durma... durma..."

As sugestões deverão ser breves com palavras que a criança esteja acostumada a ouvir. Pode-se propor maior tranqüilidade, diminuir o ciúme por um irmão, confirmando-se que o amor dos pais continua sempre igual, mesmo com o nascimento de outro bebê. Melhorar o comportamento escolar e a atenção no estudo, facilitar a retenção na memória e diminuir a agressividade. Inúmeras outras propostas poderão ser feitas, porém respeitando a realidade e a capacidade de compreensão da criança.

A hipnose infantil, além de ser um método terapêutico em si, pode ser usada durante uma ludoterapia, diminuindo certas fases muito agressivas que surgem na liberação terapêutica, simplesmente através de seu fator relaxante.

Tenho tido com freqüência bom resultado com hipnose na melhora da bronquite asmática, fazendo hipno-relaxamento, ginástica respiratória e, com crianças maiores, ensinando auto-hipnose. Algumas crianças aprendem facilmente a se auto-hipnotizarem.

S.R.B., uma menina de 11 anos matriculada no Instituto da Criança Dr. Pedro de Alcântara, pertencente à Faculdade de Medicina da Universidade de São Paulo, foi-me enviada no dia 9-9-77 com a queixa: medo, a nível de pânico, de consultar o dentista desde os 8 anos de idade, quando, durante um tratamento, outro dentista quebrara um dente ao tentar a extração. Tinha também medo de cães, de ficar sozinha em casa e medo de escuro. A mãe afirmou ser impossível tratar das cáries da filha, pois ao entrar no gabinete dentário a menor começa a falar sem parar, queixa-se de estranhas dores nos membros inferiores e treme convulsivamente. Pertence a uma família organizada, pequeno-burguesa e tem um irmão menor. O relacionamento familiar é bom. O pai sofre de neuroses, queixa-se freqüentemente de dores "no coração" e pernas. Tem medo da morte, sofre de pesadelos que, às vezes, conta à família. Já fez 2 anos de psicoterapia. A mãe é calma e afetiva. Está angustiada pelo fato de a menina sofrer de dores de dente, com muitas cáries, que requerem tratamento urgente.

Foi estudada uma hierarquia de intensidade fóbica em relação ao dentista. Muito fácil a hipnose. Alcança planos alucinatórios. Tem anestesia total hipnoinduzida.

Hierarquia:

*Quanto a tempo*s

Faltam 7 meses para ir ao dentista	Intensidade	0 (zero)
Faltam 6 meses	”	1

Quanto ao tempo:

Estou em outra cidade que não a do dentista	”	0
Estou no bairro da cidade do dentista	”	1
Estou na rua do dentista	”	2
Estou no portão da casa do dentista	”	3
Na sala de espera do dentista	”	4
Na porta do gabinete dentário	”	5
Na cadeira do gabinete dentário	”	6
O dentista está com a seringa na mão		pânico

Imagem ótima de tranqüilidade: Praia de São Vicente.

Indução: pela técnica de levitação da mão. Sessões seguintes com sinal hipnógeno.

Freqüência das sessões: 3 vezes por semana. Em 2 semanas, realiza auto-hipnose com auto-anestesia da gengiva. Na última sessão, vai comigo até a sala do dentista que, na hora, estava vazia. Sem medo, sentou-se na cadeira do dentista onde pedi que imaginasse a presença do dentista com uma seringa na mão. Como não demonstrasse mais medo, foi proposto marcar hora no serviço dentário do hospital e foi dito a ela que não seria necessário fazer anestesia com seringa (que era a maior causadora do medo). Volta à consulta no mês seguinte e a mãe diz que a menor já tinha ido a 10 consultas dentárias. A própria menina avisara o dentista que não necessitava de anestesia pois ela mesma se anestesiaria, e assim o fez, passando o dedo na gengiva, o que deixou o dentista, que não sabia da hipnose, bastante perplexo.

Só uma única vez sentira medo, quando um dentista preparou uma anestesia e tentou fazer a injeção sem avisá-la; a menor pensou que ele ia arrancar-lhe um dente.

Teve alta nessa época, mas voltou em 24-2-78 para tratar de pesadelos e medo de defuntos, que surgiram desde que uma sua vizinha faleceu e ela a viu no caixão.

Nesta época, usamos relaxamento e terapia gestáltica, com bom resultado. Verificou-se, então, que seu medo de cachorro estava relacionado com o fato de ter sido mordida certo dia em que saíra de casa sem ordem da mãe, pouco tempo antes da primeira consulta. O medo de escuro também foi atenuado.

Um caso de dificuldades escolares — V. M., com 11 anos de idade, vem ao consultório, acompanhada pela mãe que conta ter a menina grandes dificuldades na escola em relação ao estudo. As professoras já haviam dito que o ano, sem dúvida, estava perdido. Em setembro, quando temos o primeiro contato com a cliente, ela está sabendo que é quase certo ser reprovada, pois não consegue concentrar-se no estudo e vai mal praticamente em todas as disciplinas. Diz ser nervosa, como a mãe, (*sic*) enquanto o pai é pessoa calma. Com freqüência tem atritos com a mãe por causa do estudo e porque não se entende bem com ela, como também existem problemas de rivalidade com a irmã menor. A família recebe orientação para não interferir nos estudos, e no consultório iniciamos algumas sessões de hipnose ensinando à paciente, que é bem sensível, uma técnica auto-hipnótica, que domina em duas sessões. É então orientada para ler as lições em voz alta gravando tudo que fosse possível em fita magnética, deixando no início da mesma, 2 a 3 minutos livres. A seguir auto-hipnotizar-se, enquanto gira o espaço em branco e depois ouvir, em profunda concentração hipnótica, a lição gravada. Repetir tudo 2 vezes ou mais.

O resultado foi tão bom que, em dezembro, é aprovada em todas as matérias, menos em inglês, porque havia esquecido de estudar os "verbos". Hipnose enfim não é milagre!

Caso da menina ciumenta — P. Z., com 8 anos, inteligente, pouco expansiva, é trazida ao consultório porque agride muito o irmão menor, de 3 anos, provocando contínuos atritos. É filha de um casal de amigos que freqüentava minha casa há tempo e, jamais falava com adultos, nem respondia a perguntas ou saudação.

O pai, pessoa tensa e nervosa. A mãe, às vezes angustiada respondia freqüentemente a certas agressões do marido com sarcasmo indisfarçável. O relacionamento do casal era de atritos freqüentes.

Além da orientação e indicação para ludoterapia fizemos algumas sessões de hipnose tranqüilizante. Durante o relaxamento, repeti algumas vezes que o irmãozinho gostava dela.

Após 4 sessões a mãe relatou que a menina perguntou-lhe: "Mamãe, é verdade que meu irmão gosta de mim?" e após a confirmação da mãe, seu relacionamento com o irmão melhorou sensivelmente.

Seu humor, bastante fechado, e a pouca comunicação, começaram a modificar-se.

É importante anotar que jamais presenciei o aparecimento de sintomas que poderiam ser considerados "de substituição", na infância, a não ser naqueles casos em que, como já dissemos em capítulo anterior, as causas desencadeantes continuassem a incidir. E, nesses casos não chamaria de "substituto" a um novo sintoma mas de uma "nova forma de enfrentar dificuldades permanentes".

Tem razão Richard Asher, que num artigo publicado em 1956, no *British Medical Journal*, falava da *respectable hypnosis* pois mesmo que, até nossos dias, o fenômeno hipnótico não esteja definitivamente esclarecido, sua utilização de forma razoável jamais traz problemas sérios e com freqüência ajuda rapidamente nossos pacientes, sem prejudicá-los.

Lamentamos somente que seu uso na infância seja tão reduzido, apesar de que, tecnicamente, seja tão fácil sua indução e tão inócua sua aplicação.

AUTO-HIPNOSE

Auto-hipnose é uma hipnose auto-induzida. Se bem que algumas pessoas, como certos faquires, tenham aprendido a entrar sozinhos em transe, nós nos referimos aqui a estados hipnóticos que o paciente auto-induz após ter sido inicialmente hipnotizado por outrem, e ensinado durante a hipnose, a reencontrar esse estado por auto-sugestão.

Quando o paciente atinge a melhor profundidade hipnótica, ancoramos o transe com uma sugestão pós-hipnótica, de que ele mesmo será capaz de auto-induzir-se, fechando os olhos, e contando, mentalmente ou com os lábios, de um a dez (ou pouco mais) e que a cada número ele ou ela, irá relaxar uma determinada parte do corpo, a partir da fronte ou dos pés até que entre em completo estado de relaxamento ou hipnose.

Por exemplo:

1) A fronte lisa, sem rugas nem tensões;
2) As pálpebras pesadas... bem pesadas... coladas;
3) As bochechas frouxas e o queixo caído;
4) Os lábios soltos, entreabertos sem tensão entre os dentes;
5) Crânio e nuca, molemente soltos;
6) Ombros frouxos, moles, relaxados;

7) Braços... mãos... dedos... completamente largados;
8) Respiração é lenta e suave... profunda;
9) Coração tranqüilo, rítmico..., lento;
10) Boca do estômago, solta;
11) Abdômen frouxo, mesmo as paredes laterais, bem soltas;
12) Coxas... pernas... pés... pesadamente largados;
13) Coluna solta, desde a nuca até embaixo;
14) Bem-estar... tranqüilidade... sono...

A partir desse momento, o paciente dirá repetidamente suas auto-sugestões de maneira lenta e monótona e, a seguir, se o desejar fará uma contagem rápida e regressiva para voltar à vigília, sem sono... completamente sem sono... 5... 4... 3... 2... 1.

Quando o paciente tiver prática poderá auto-induzir-se mais rapidamente através de uma palavra-chave que passa a funcionar quase como um "mantra" para os estados de meditação transcendental.

Como outros autores já descreveram, muitos pacientes que eu hipnotizei me afirmaram que durante o auto-relaxamento continuaram a ouvir minha voz como se eu lá estivesse, durante muitos meses.

ANÁLISE DAS DIFERENTES MANEIRAS DE ESTUDAR O FENÔMENO HIPNÓTICO NESTE LIVRO

O leitor evidentemente terá notado que, com o evoluir da leitura, mostramos o fenômeno hipnótico de pontos de vista extremamente divergentes. Em certos momentos, tentamos provar a existência de um verdadeiro substrato fisiológico, e, em outros, apresentamos a hipnose como pertencente a um campo complexo e estranhamente assustador onde penetram, com a alteração do estado de consciência, fenômenos rotulados de parapsicológicos. Há ainda capítulos, onde a hipnose é apresentada como um fato que pouco ou quase nada se diferencia da vigília.

Toda a nossa ciência atual tem sido incapaz de definir com objetividade se realmente existe um estado chamado hipnótico e, se ele existir, como diferenciá-lo da vigília que por sua vez apresenta inúmeros níveis de alterações de consciência.

O mais interessante de tudo é que aqueles psiquiatras ou psicólogos psicoterapeutas que afirmam categoricamente não usarem hipnose, parecem muito mais seguros de que esse algo chamado hipnose exista realmente como fenômeno destacado, do que a maioria dos hipnólogos modernos. Estes, apesar de utilizarem amplamente os vários estados de "profundidade" da hipnose, põem em dúvida a existência do estado hipnótico em si.

Se é verdade que praticamente tudo que pode ser obtido em hipnose pode ser também obtido em vigília, qual é então a diferença? Se não há diferença, por que tanta rejeição ao hipnotismo por grande número de terapeutas?

Pessoalmente, posso dizer que creio que algumas técnicas têm por função levar de maneira mais rápida, a um determinado nível de consciência que pode ser atingido mesmo sem ela, porém com mais dificuldade ou através de um esforço maior de autocontrole, ou de sugestões por via racional.

A hipnose é perigosa? Ela é tão perigosa quanto um bisturi. Pode ajudar a salvar alguém, em mãos adequadas, ou ferir em mãos inadequadas.

Na peça teatral "A Raposa e as Uvas" de Guilherme de Figueiredo, Esopo fala sobre a língua mostrando sucessivamente a maravilha que é a língua e o horror que ela é, dependendo de como ela possa ser usada para o bem ou para o mal.

Eu diria que qualquer psicoterapia apresenta esse tipo de perigo, mesmo que se trate de "behaviorterapia", "psicanálise", "bioenergética", "terapia da Gestalt" ou qualquer outra, pois no fim a resultante é sempre atingir uma mudança de compreensão daquilo que era considerado problema, acompanhado de uma mudança emocional perante o mesmo.

Se alguns autores e pesquisadores falam dos perigos da hipnose, outros acreditam que pelo estreitamento do campo da consciência um indivíduo defende mais facilmente sua integridade sob hipnose do que na assim chamada vigília comum, onde uma sugestão penetra por mecanismos racionais.

Como vemos, tudo ficará perenemente confuso até que não cheguemos a definir se hipnose realmente existe e como diferenciá-la de outros estados de consciência.

Granone, em seu *Trattato di Ipnosi*, à p. 281, escreve que os psicanalistas reduziram todos os complexos e importantes fenômenos do hipnotismo a uma questão de *transfert*. Ora, que haja transferência durante a indução hipnótica é certo, mas que isso, por si só, possa produzir hipnose até o ponto de estabelecer-se que *hipnose é igual à transferência*, e somente à transferência, não pode ser considerado exato. Diz ainda o autor que transferência é um fenômeno concomitante da complexa fenomenologia hipnótica, mas não é toda a hipnose.

Acreditamos enfim que, hipnose é um estado de ensimesmamento variável, capaz de facilitar uma série de fenômenos, que vão da hipermnésia à anestesia, da hiper-sugestibilidade a uma série de alterações da senso-percepção. Parece-nos, ainda, que estados especiais de altíssima abertura da consciência ou de planos de intuição profunda, como na meditação transcendental, no Samadhi da Yoga, e na beatitude também são obtidos através de canais hipnóticos, introduzindo-se a consciência mística em contato com Energias Universais.

ÉTICA NO USO DA HIPNOSE

Muitos dos livros e publicações sobre hipnose dedicam uma parte ou um capítulo inteiro a este assunto.

Nos últimos anos, a humanidade tem se preocupado bastante em pesquisar valores éticos relacionados com a utilização das diversas formas de psicoterapia.

Se quase todos os autores, médicos e psicólogos, estão praticamente de acordo com o aforisma *primum non nocere*, bem mais difícil é saber onde estão os limites.

Por exemplo, há poucos anos admitia-se quase universalmente que contatos sexuais em terapia seriam imorais; hoje, o fato está freqüentemente em discussão para decidir-se quando há realmente imoralidade. Nuterapia seria inadmissível há 20 anos. Aconselhar um aborto pode ser crime num país, pecado grave noutro, ou um simples ponto de vista num terceiro.

Liébault, como sabemos, não cobrava consulta se usava hipnose pois sabia que a hipnose era "malvista" no meio médico da época. Já em Paris, com Charcot, a situação era diferente.

Há menos de 10 anos, Osmard Andrade Faria me contou que sofrera pressões e perseguições camufladas por ter escrito o belíssimo livro *Hipnose Médica e Odontológica*. Pelo simples fato de estudar e escrever sobre hipnose, ele era malvisto.

A celeuma sobre quando, e por quem, deva ser utilizada a hipnose vem de longa data.

A Igreja combateu, por muito tempo, o Magnetismo e o Hipnotismo, sendo que a história da própria Igreja, como aliás de todas as religiões, é eivada de fenômenos magnéticos e sugestivos. Somente em 1840, sob o papado de Gregório XVI, a congregação do Santo Ofício admitiu que o magnetismo não é imoral.

Em vários países somente aos médicos é permitido utilizar o Hipnotismo. No Brasil, no tempo em que eu comecei a estudar a hipnose com Morais Passos, lembro-me que o famoso Dr. Flamínio Fávero, ao fechar o curso de Hipnologia na Academia de Medicina, defendeu fortemente essa posição, considerando que não seria legal e moralmente adequado permitir que dentistas e psicólogos a usassem.

Muitos importantes trabalhos sobre o assunto foram realizados nos Estados Unidos por psicólogos, principalmente comportamentalistas, e na Inglaterra pela Escola de Eysenck.

Entre nós, somente os dentistas obtiveram permissão legal (além dos médicos) de induzir hipnose, através da Lei n. 5.081, de 24 de agosto de 1966. Psicólogos jamais se interessaram oficialmente e, até hoje, não obtiveram permissão legal.

Acontece, em troca, que muitos estados de transe místico-religioso têm muito a ver com hipnose auto ou heteroinduzida, e não vejo como isso possa ser legislado.

O medo de que a medicina possa ser exercida por charlatães fez com que homens como Chico Xavier fossem, em certa época, perseguidos. Arigó foi preso.

Flamínio Fávero, muito inteligente, era muito severo quanto à Lei, e, no artigo sobre "Aspectos Legais e Morais da Hipnose", mostra-se frontalmente contrário ao uso do hipnotismo por outras pessoas, se não médicos. Afirma, peremptoriamente, que: "As práticas hipnóticas são experiências *in anima nobili* e, muitas vezes são puramente especulativas. Devem, pois, ser proibidas, porque criminosas e contrárias à ética profissional. Se os médicos as praticarem ficarão estes nas malhas do artigo 57 do Código de Ética dos Conselhos de Medicina. São condenáveis as experiências *in anima nobili* para fins especulativos mesmo quando consentidas..." Note-se que o preceito nem se refere a qualquer dano possível a que fique exposta a vítima, como exige o Código Penal. Para o médico a proibição é absoluta.

O autor fala ainda do perigo que representa o simples fato de um paciente ser fortemente condicionado a um signo-sinal, às vezes por muitos anos, podendo desencadear-se o sono hipnótico a um simples comando em qualquer momento e em qualquer lugar.

Almeida Jr., outro douto médico-legal, dizia ainda: "Sabe-se que as hipnoses reiteradas acentuam a sugestibilidade do paciente e podem fazer dele um abúlico." (?)

Parece-me que tudo isto é um pouco exagerado, pois a excitação hipnótica num estádio de futebol ou em praça pública sob o estímulo da fala de um ditador, é, sem dúvida, muito mais perigosa. Alterar estados de consciência é um fenômeno do quotidiano, não rotulado de hipnose, e, portanto, não sujeito à punição. A chantagem afetiva talvez seja o modelo mais claro de um estado hipnótico do qual é muito difícil liberar-se, pois o "chantageado" não tem clara consciência da mesma.

USO NÃO TERAPÊUTICO DOS FENÔMENOS HIPNÓTICOS

Já vimos na história do Hipnotismo que alguns dos grandes mestres da arte de hipnotizar não eram médicos, como por exemplo Lafontaine, de quem Braid apreendeu o mesmerismo. Entre nós, muitos profissionais iniciaram com Karl Weissmann, artista de palco, e todavia, pesquisador.

Quando a legislação brasileira oportunamente proibiu o espetáculo teatral, o fez perante o desrespeito à pessoa humana que, às vezes, por curiosidade e desconhecimento, submetia-se a situações não somente escabrosas mas perigosas para o psiquismo e mesmo para o físico, como na experiência cataléptica da ponte humana. Nessa um indivíduo permanecia suspenso pela cabeça e pelos pés em dois suportes enquanto uma ou duas pessoas subiam em cima dele para demonstrar o estado de rigidez corporal. Os músculos ficavam tensos mas os ossos poderiam ser quebrados, ou articulações lesadas. Na Inglaterra, a proibição de espetáculos de hipnose teatral data do século passado. Em alguns estados dos E.U.A. não há proibição.

Muitos pesquisadores, tais como Rhine, em nossos dias, ou Richet, desde fins de 1800, realizaram estudos das relações entre percepção extra-sensorial e hipnose.

LeCron diz que os autores modernos dedicam menos tempo ao aprofundamento dos estados de transe, e portanto, encontram com menos freqüência fenômenos extra-sensoriais. Os antigos mesmeristas protraíam seus esforços, às vezes, por 2 a 5 horas.

Já Mesmer havia notado o surgimento de fenômenos que seriam hoje catalogados como extra-sensoriais (E.S.P.).* Puységur observou que seu cliente, Victor Race, demonstrava clarividência com auto-diagnóstico em transe mesmérico. Dr. Azam testou uma paciente histérica que era capaz de reconhecer o sabor de uma substância que ele próprio estava degustando à distância. Transmissão de sensações foi descrita inúmeras vezes.

Ochorovitz, Richet e outros estudaram cuidadosamente casos de hipnose à distância, por telepatia. Pierre Janet, em seu livro *Medita-*

---

* E. S. P. = *Extra Sensorial Perception.*

ções Psicológicas diz que já fora censurado por achar que uns esperavam demais do hipnotismo e que depois o criticavam por acharem que ele abrange muito mais do que a maioria dos médicos supunha. Certo dia, fez com que sua sonâmbula famosa, Léonie, fosse, em transe, fazer uma "viagem" clarividente para Le Havre, a fim de ver o que Richet estava fazendo em seu laboratório, em determinado momento, e ela descreveu que o laboratório estava em chamas, fato posteriormente confirmado por Richet. Rhine, em suas experiências seriamente controladas no laboratório da Universidade de Duke, diz que não há uma conexão necessária entre Hipnotismo e E.S.P., mas que o fato de facilitar os fenômenos extra-sensoriais necessita de mais estudos.

Como este livro no capítulo sobre hipnose dedica-se mais ao seu uso terapêutico, aconselhamos o leitor interessado a ler *Abnormal Hypnotic Phenomena* de E. J. Dingwall e *Experimental Hypnosis* de L. LeCron.

É justamente deste livro que retiramos alguns dados de um capítulo escrito por P. Young sobre o uso anti-social da hipnose, pois, não existindo entre nós um laboratório universitário dedicado à pesquisa controlada de tais fatos, não temos qualquer experiência pessoal a respeito.

Sabemos que em linha geral é muito difícil que um indivíduo realize, sob hipnose, um ato que não realizaria em vigília, pois os valores éticos são gravados profundamente na pessoa, como também os mecanismos de autodefesa encontram-se normalmente perto do "inato" que existe em qualquer organismo vivo.

Ao falarmos então de atos anti-sociais devemos incluir atos que atentam contra a própria integridade física do sujeito, além da integridade física e moral do ambiente social.

Erickson relata um caso de transidentificação. Durante a hipnose foi dito ao Sr. Blank que, ao despertar, ele seria o Dr. D e que o Dr. D seria o Sr. Blank. Foram dadas uma série de sugestões adicionais para completar a transidentificação e, ao acordarem, começou a conversa entre as duas pessoas com identidade trocada. O pseudo Sr. Blank fez umas perguntas sobre como fora o seminário, fingindo considerar que o "paciente' 'era o Dr. D e, este, respondeu com excelentes frases sobre sua experiência no seminário imitando não só a maneira de falar do Dr. D, como também seus maneirismos, na forma de fumar. A seguir, foi-lhe perguntado sobre sua esposa e ele respondeu realmente como se fora o Dr. D e ao ser-lhe perguntado sobre as crianças ele assumiu uma posição meio embaraçada, respondendo "ainda não, mas nunca se pode dizer...". No fim, quando tentou reipnotizá-lo para que voltasse à identidade real, o sujeito desencadeou uma atitude de resistência emocional contra a indução hipnótica que era absolutamente característica do Dr. D. Como pareceu resistente à simples sugestão de ser reipnotizado, foi necessário utilizar uma técnica indireta.

Se, através de ilusões, um indivíduo pode, em determinadas circunstâncias, assumir a identidade de outro que possivelmente admire ou inveje, isto não poderia ser usado com pretexto criminoso?

Se já no tempo de Charcot a tentativa de levantar a saia de uma moça "honesta" provocava o súbito despertar desta como defesa ética, o que aconteceria numa transidentificação com uma prostituta, ou criando a ilusão que ela estaria em seu banheiro, pronta a despir-se e tomar um chuveiro?

Fato semelhante foi comprovado por Estabrook que, durante a segunda guerra mundial, hipnotizou um sujeito dizendo, a seguir, que entraria na sala seu amigo Alfred, mas que esse era um nazista, pois quando lhe oferecesse um cigarro, veria uma suástica gravada na tampa da cigarreira. Alfred era realmente seu melhor amigo, e, no entanto, o rapaz hipnotizado teve que ser segurado por diversas pessoas para não agredi-lo violentamente, pois ele realmente vira a suástica inexistente.

Rowland fez experiências levando indivíduos a tentar pegar com a mão cobras venenosas numa caixa, que todavia estava coberta por um vidro invisível. Várias pessoas tentaram pegar a cobra.

Jogar ácido sulfúrico em cima da platéia protegida por um vidro invisível em alguns casos e, em outros, o ácido era substituído por azul-de-metileno, foi outra das experiências de Rowland que obtiveram alguns resultados positivos. Num caso quase houve grave acidente pois a troca do ácido pelo produto inócuo não havia sido feita e só a imediata intervenção impediu um crime acidental.

Watkins induziu um soldado a agredir e quase estrangular um tenente-coronel médico uniformizado, dizendo durante a hipnose, que esse era um inimigo japonês com uma baioneta na mão e que tentaria matá-lo se não se defendesse, imediatamente, após abrir os olhos.

Também nesse caso só a intervenção imediata de diversos assistentes impediu que o estrangulamento se realizasse. É de se notar que a experiência foi feita no serviço neurológico do exército durante a guerra contra o Japão, e que atacar um superior é crime sujeito à corte marcial.

Se geralmente, é muito difícil obrigar alguém hipnotizado a realizar crimes, uma técnica sofisticada em raros casos poderia fazê-lo, todavia, em situação laboratorial de pesquisa. E então, quem seria o responsável pela ação anti-ética?

Poderia haver transmissão telepática sugerindo ao sujeito que não haveria perigo real?

Tudo isso deve ser considerado. Lembramos, todavia, que por baixo da capa civilizada, cada um de nós tem um selvagem que pode ser liberado em um momento determinado, pela sugestão.

A instigação ao crime pode ser feita em plena vigília, e a aceitação depende do momento, da vivência e da estrutura do indivíduo.

USOS NÃO ÉTICOS DO HIPNOTISMO

Como usos *não éticos* do Hipnotismo, citaremos:

1) Hipnose contra a vontade;
2) Induzir alguém a realizar atos anti-sociais;
3) Incapacitar alguém de realizar atos desejados ou volitivos;
4) Modificar o caráter de alguém;
5) Induzir alguém, mesmo com sua concordância, a realizar esforços excessivos;
6) Dar ordens pós-hipnóticas para auto-acusar-se de crimes não cometidos (e mesmo cometidos);
7) Uso militar ou político da hipnose;
8) Hipnose realizada por leigos despreparados. (Quando falo leigo, não incluo psicólogos que pela lei brasileira não podem realizar hipnose, o que em verdade é um absurdo, devido aos próprios psicólogos que até o momento não se interessaram por defender esse direito legal.)

1) *Hipnose contra a vontade*

Sabemos que em linha geral é quase impossível hipnotizar alguém que não queira submeter-se a um estado hipnótico. Existem todavia *técnicas mascaradas* para hipnotizar, sem verdadeira anuência por parte do sujeito.

Uma, seria iniciar a hipnose durante o sono com uma técnica semelhante àquela usada com crianças, transformando gradualmente o sono fisiológico em "sono hipnótico". Evidentemente não é um serviço seguro nem simples.

Uma segunda técnica poderia ser: durante um exame médico, induzir o paciente a relaxar-se enquanto o hipnotizador conta supostamente o pulso com voz baixa e monótona. Pode-se propor ao paciente que se imagine dormindo profundamente para ver se consegue acalmar seu pulso. Após a indução, sugerir uma amnésia pós--hipnótica.

Lembramos, porém, que um indivíduo previamente condicionado a um sinal hipnógeno só poderia, em certos casos, ser induzido a entrar em transe e ser utilizado para fins escusos, se sua ética profunda não reagisse ao conteúdo daquilo que fosse proposto, pois, caso contrário, tenderia a sair da hipnose.

Watkins relata ter hipnotizado pessoas previamente condicionadas, às quais propusera um prêmio em dinheiro, se resistissem à indução. Fez experiências com 2 soldados e também com uma enfermeira que, para não ouvir sua voz, tapara os ouvidos com as mãos. Começou então propondo, em voz bem alta, que ela sentiria muito mal-estar e uma forte cefaléia até que não cedesse e entrasse em estado hipnótico. Após 6 minutos, ela abriu as mãos, jogou longe o dinheiro que lhe havia sido oferecido, cedendo à "tortura", e deixando-se hipnotizar. Com isso o autor conseguiu provar que algumas pessoas anteriormente condicionadas a um sinal hipnógeno, não conseguem resistir ao mesmo.

2) *Induzir alguém a realizar atos anti-sociais*

Gonzaga, citando o famoso professor de Medicina Legal, Flamínio Fávero, lembra "os casos de estupro por ele citados e aponta o fato que alguns autores confirmam a possibilidade da hipnose permitir essa prática imoral e ilegal". Entre tais autores estão Pitres, Ladame, Aubane Roux, Brouardel e Afrânio Peixoto. A literatura a esse respeito relata casos de assalto a banco que teriam sido realizados por indução hipnótica. Reestudos posteriores puseram em dúvida o fato, em que houve ainda dois homicídios: trata-se do "Caso Hardrup-Nielsen" na Dinamarca em 1949. O primeiro, preso após assalto e homicídio relatara ter realizado o crime, inconsciente, contravontade, mas sob efeito de compulsão hipnótica. Conhecera Nielsen enquanto estivera preso por atos ilegais durante a ocupação nazista e que havia sido hipnotizado várias vezes pelo mesmo. O comando criminoso dever-se-ia então a Nielsen. Tal possibilidade foi admitida durante o processo pelo conhecido Dr. Reiter que, acreditava que mesmo pessoas moralmente sãs poderiam ser levadas ao delito, por influência hipnótica. Hardrup conseguiu ser considerado irresponsável e internado em manicômio judiciário. Dois anos depois, todavia, desmentiu tudo afirmando ter fantasiado a respeito. O caso ficou sem uma clara solução pois provavelmente o criminoso não era somente um mentiroso mas também uma personalidade psicopática.

Existem ainda na literatura casos de "relações sexuais" em que moças teriam se entregado a determinado homem sob compulsão hipnótica, mas, evidentemente numa época de forte repressão sexual e com alta incidência de histeria é muito difícil um estudo científico de tal casuística.

3) *Incapacitar alguém de realizar atos desejados ou volitivos*

Já vimos anteriormente que podemos provocar em um paciente uma paralisia de um ou diversos membros, provocar desequilíbrio ou uma cegueira específica, por tempo determinado, incapacitando portanto uma pessoa de realizar determinadas ações.

Certa vez, durante um curso, propus a um estudante bem sensível, que ao voltar à vigília não veria a porta da sala e portanto não conseguiria sair. A porta estava na frente dele e completamente aberta. Ao "acordar" o aluno despediu-se de mim e a seguir começou a ficar agitado e angustiado dizendo que alguém havia retirado a porta durante a nossa entrevista e que ele não conseguia sair. Depois de reinduzido, foi tranqüilizado, além de ter sido proposta amnésia para a experiência perturbadora.

4) *Modificar o caráter de alguém*

Caráter é uma estrutura muito complexa, que abrange o psiquismo e o físico do indivíduo. Não é portanto possível produzir uma mudança caracterial permanente, a não ser nos casos em que a hipnose venha a se tornar parte de um complicado mecanismo de tortura, como já tem sido realizado por aparelhos repressores de países ditatoriais e por polícias incompetentes e sádicas. Todavia, uma verdadeira "lavagem cerebral" raramente é conseguida mesmo com torturas psicofísicas múltiplas e por tempo prolongado. Sabemos que o idealismo fortemente enraizado tem sido capaz de criar heróis que souberam manter sua saúde mental mesmo nas condições mais adversas.

Por outro lado na Holanda existe um hospital especializado no tratamento de pessoas que, física e mentalmente torturadas, chegaram ao ponto da desestruturação psíquica.

5) *Induzir alguém, mesmo com sua concordância, a realizar esforços excessivos*

A hipnose já tem sido utilizada no esporte. Frezza, na Itália, obteve bom resultado na natação e no esqui. Entre nós já foi usada na natação para melhorar a coordenação psicomotora e para tirar o medo da "virada" nas competições. Alguns admitem que a regressão poderia ter utilidade para recondicionamento melhor do esportista. Como já dissemos, a hipnose jamais deve ser usada com o fito de exagerar a resistência ao cansaço ou à dor, realizando um *dopping* psicológico.

6) *Dar ordens pós-hipnóticas para auto-acusar-se de crimes não cometidos*

Indivíduos masoquistas ou débeis mentais e, portadores de complexos de culpa, ou ainda aqueles que acreditam obter admiração de outros, surgem com freqüência nas delegacias de polícia, no mundo inteiro, para auto-acusarem-se de crimes cometidos por outros ou inexistentes. É claro que esses tipos de sujeitos poderiam ser ainda manipulados por hipnose.

7) *Uso militar ou político da hipnose*

Não é preciso recordar as verdadeiras hipnoses de massa realizadas no tempo do nazismo para lembrar que lamentavelmente a manipulação hipnótica para fins políticos existe. O famoso massacre das Guianas por um fanático religioso é mais uma prova disso. Inúmeras experiências têm sido realizadas por serviços médicos militares dos Estados Unidos. Watkins para confirmar a idéia de Du Prel de que um indivíduo hipnotizado poderia revelar um segredo militar, relata a seguinte experiência, realizada com uma mulher do *Women's Army Corps*, que trabalhava no serviço militar de informações: Hipnotizou-a e disse: "Seu comandante lhe deu uma mensagem. Você trabalha num departamento do serviço de informações e sabe que é muito grave não manter uma informação secreta que lhe foi revelada. Além disso conhece as conseqüências que acarreta a desobediência a uma ordem militar de um oficial superior. Sem embargo, apesar de tudo isso você me revelará essa mensagem. Agora ela surge do mais profundo do seu peito, e você é incapaz de mantê-la guardada. Sobe cada vez mais e ainda mais. Agora está na raiz de sua língua. Agora já no meio dela. Enfim está na ponta de sua língua. Agora ela lhe escapa entre os dentes. Você sentirá ondas de sofrimento até que a revele. Até que diga a mensagem. Fale! Diga!" (Enquanto ele dizia isso a ansiedade da mulher fora se acentuando constantemente. O rosto da 'paciente' havia adquirido uma cor violácea e lívida, todo o corpo demonstrava comoção e ela retorcia suas mãos. Seu rosto estava contorcido reproduzindo uma *facies* de sofrimento até que, pode-se dizer, vomitou a mensagem. Imediatamente depois emitiu um suspiro e desmoronou na cadeira.) Quando saiu do transe exclamou: "Por Deus, não devia ter-me forçado desta maneira!"

Outra vez ele, após hipnotizar um cabo que havia recebido informes secretos de seu capitão, e, que se considerava capaz de manter normalmente o mais absoluto segredo, disse-lhe: "Eu sou o capitão X que acabou de lhe transmitir uma informação que você não deverá revelar a ninguém. Quero confirmar que você a lembra integralmente. De que se trata?" O cabo S. repetiu a informação e a seguir foi induzida amnésia de ter revelado o segredo. Após tais fatos o exército passou a eliminar indivíduos muito hipnotizáveis dos departamentos mais secretos. O livro *Hypnosis y Psicologia Dinámica* da Psique de Buenos Aires, relata uma série de experiências sobre hipnose e conduta anti-social.

8) *Hipnose feita por leigos despreparados*

Qualquer arma médica ou psíquica só deve ser usada por pessoa adequadamente preparada e com algum conhecimento de dinâmica psíquica. Além disso, deve ter noção de responsabilidade e ser capaz de manter segredos sobre problemas de seus pacientes que mesmo num relato científico jamais deverão ser identificados.

Mesmo os estados de transe obtidos para uma finalidade mística são geralmente utilizados respeitosamente.

Podemos legislar sobre a palavra hipnose mas é inadmissível acreditar que se possa impedir que estados de transe sejam induzidos por quem quer que seja, em outrem.

Ao terminar este trabalho acabo de receber a notícia de que os psicólogos, pela primeira vez, começaram a se interessar pelo direito de utilizar a hipnose e está tramitando na Câmara um projeto relativo ao assunto (PL 011391/8 (CD) através do deputado Siqueira Campos, da Comissão de Saúde da Câmara dos Deputados, tendo como relator José Maria Magalhães.

Há muitos anos em minhas aulas nas várias faculdades de Medicina e Psicologia venho dizendo que considero lógico que os psicólogos usem adequadamente os estados hipnóticos e para tanto deveria ser obrigatório um bom treinamento a respeito, fato quase inexistente mesmo nas faculdades de Medicina onde só existem cursos livres sem treinamento terapêutico adequado.

BIBLIOGRAFIA

1. Akstein, D., *Hipnologia*. Rio de Janeiro, Hypnos, 1973.
2. Akstein, D., "Los Trances Cinéticos en el Tratamiento y Profilaxis de Psiconeurosis y Enfermidades Psicosomáticas". *Revista Íbero-Americana de Sofrologia*. (Buenos Aires), 4, 243-255.
3. Ambrose, G., *Hypnotherapy With Children*. Rochester, Staples, 1956.
4. Bandler, R. & Grinder, J., *A Estrutura da Magia*. Zahar, Rio de Janeiro, 1977.
5. Bandler, R. & Grinder, J., *Sapos em Príncipes*. São Paulo, Summus Editorial, 1982.
6. Bernheim, *Hypnotisme, Suggestion, Psychotherapie*. Paris, Octave Doin, 1891.
7. Binet, A. & Féré Ch., *Le Magnetisme Animal*. Paris, Felix Alcan, 1887.
8. Campos J. de Sousa, Sonoterapia e Hipnose. *J. Bras. Med.*, 13 (3): 232-240, 1957.
9. Cheek, D. B. & LeCron, L.. M., *Clinical Hypnotherapy*. Nova York, Grune Stratton, 1968.
10. Coué, E., *O Domínio de Si Mesmo pela Auto-Sugestão Consciente*, 6.ª ed., Rio de Janeiro, Minerva.
11. Dingwall, E. J., *Abnormal Hypnotic Phenomena*. Nova York, Grune & Stratton, 1968.
12. Faria, O. A., *Manual de Hipnose Médica e Odontológica*. 3.ª ed., Rio de Janeiro, Atheneu, 1961.
13. Gonzaga, J., *Hipnose na Medicina e na Odontologia*. 3.ª ed., Linográfica, 1970.
14. Granone, F., *Trattato di Ipnosi* (Sofrologia). 2.ª ed., Torino, Boringhieri, 1972.
15. Grasset, *L'Hypnotisme e la Suggestion*. Paris, Octave Doin, 1904.
16. Grinder, J. & Bandler, R., *Trance-Formations. Neuro-Linguistic Programming and the Structure of Hypnosis*. Moab, Connirae Andreas, 1981. (Edição brasileira: *Atravessando. Passagens em Psicoterapia*. São Paulo, Summus Editorial, 1984.)
17. Koralek, J. M., "Hipnose Instrumental". *Revista Brasileira Clin. Terap.* (São Paulo), 3, 13-16, 1974.
18. LeCron, L., *Experimental Hypnosis: A Symposium of articles on research by many of the world's leading authorities*. Nova York, The Citadel, 1968.
19. Lyra, A., *A Magia no Século XX*. 2.ª ed., São Paulo, IBRASA, 1983.
20. Lyra, A., *Mente ou Alma. Ensaios de Psicologia Moderna e Parapsicologia*. São Paulo, Reis, Cardoso, Botelho, 1961.
21. Marcuse, F. L., *La Hypnosis. Análisis de sus teorias y técnicas*. Buenos Aires, Fabril, 1964.
22. Medeiros, E. A., *Hipnotismo*. 7.ª ed., Rio de Janeiro, Conquista, 1956.
23. Passos, A. C. de M., "Contribuição para o estudo da técnica de dessensilização mediante a visualização cênica hipnótica". São Paulo, (tese), Fac. Med. São Paulo, 1974.
24. Passos, A. C. de M., *Hipniatria: técnicas e aplicações em fobias*. São Paulo, Cairu, 1975.
25. Passos, A. C. de M. & Farina, O., *Aspectos Atuais da Hipnologia*. São Paulo, Linográfica, 1961.

26. Pincherle, L. T., "Hipnose: Possibilidades Atuais e Futuras". *Pediatria Atual*, 44-48, 1973.
27. Pincherle, L. T., "Noções sobre Análise Transacional". *Pediatria Moderna*, 283-292, 1976.
28. Pincherle, L. T. & Coura, R. M., "Fobias: Etiopatogenia sob o ponto de vista reflexológico e tratamento em base comportamental por Inibição Recíproca". Apresentação de três casos. *R. B. C. T. A.*, 3: 121-124, 1974.
29. Pincherle, L. T. & Coura, R. M., "Dessensibilização sistemática (Inibição Recíproca de Wolpe) no tratamento das fobias". Apresentação de sete casos. *Folha Med.*, 71 (4): 453-458, 1975.
30. Schultz, J. H., *Técnica da Hipnose*, São Paulo, Mestre Jou, 1966.
31. Schwarz, B. E., Bickford, R. G., Rasmussen, W. C., "Hypnotic Phenomena, including Hypnotically activated seizures, studies with the Electroencephalogram". *The Journal of Nervous and Mental Diseases.* 122: 564-574, 1965.
32. Stokvis, B. Montserrat — Esteve, S., — Guyonnaud, J. P., *Introduction à l'Hypnose et à la Sophrologie.* Paris, Maloine, 1972.
33. Sumner, J. W. — Cameron, R. R. — Peterson, D. B., "Hypnosis in Diferentiation of Epileptic from Convulsive-like Seizures". *Neurology*, 395-402, 1951.
34. Ulett, G. A. — Akpinar, S. — Itil, T. M., "Hypnosis: Physiological, Pharmacological Reality". *Amer. J. Psychiat.* 128 (7): 799-805, 1972.
35. Wambach, H., *Recordando Vidas Passadas. Depoimentos de pessoas hipnotizadas.* São Paulo, Pensamento, 1978.
36. Weissmann, K., *O Hipnotismo.* Belo Horizonte, Itatiaia, 1978.
37. Whitlow, J. E., "A Rapid Method for the Induction of Hypnosis". *In* LeCron (org.), *Experimental Hypnosis.* 2.ª ed., Nova York, The Citadel, 1952, pp. 58-63.
38. Wolpe, J. & Lazarus, A. A., *Behavior Therapy Techniques. A guide to the treatment of neuroses.* Oxford, Pergamon, 1967.

APÊNDICE

O EFEITO KIRLIAN *

HISTÓRICO

Oficialmente sabemos que o efeito Kirlian foi observado em primeiro lugar na União Soviética, por Semyon Davidovitch Kirlian, um eletrotécnico ao qual se deve o nome do efeito, em 1939 na cidade de Krasnodar, por intermédio de uma máquina de eletroterapia.

Um fato interessante que devemos mencionar é que um brasileiro, o Padre Landell de Moura, no ano de 1904 (35 anos antes), já observara o efeito, através de um de seus potentes *transmissores de ondas curtas*.

Na época, o fenômeno básico observado por ambos, foram irradiações ou descargas luminosas que saltavam entre a mão de uma pessoa e o eletrodo de um gerador de alta freqüência e alta voltagem colocado a certa distância. O mesmo fenômeno acontecia com vegetais.

Posteriormente Semyon pensou em fotografar o fenômeno e colocou um filme entre o objeto a ser "kirliangrafado" e o eletrodo do gerador.

As análises das fotos revelaram que os corpos fotografados eram totalmente envolvidos por uma capa luminosa e sua superfície era coberta de pontos brilhantes, relâmpagos e jatos de luz.

Logo perceberam que a situação apresentada, mudava de acordo com o estado fisiológico ou psicológico do indivíduo.

---

* Este texto foi escrito por Edson Salgueiro e David Costa Spadaro que pertencem à equipe de Psicotrônica do "Centro de Ciências Avançadas Hilarion".

O princípio do processo de kirliangrafias admite várias interpretações, porém achamos ser esta a mais correta:

"Parte-se da hipótese de que tal efeito consiste na obtenção do espectro de determinada estrutura energética de um corpo, mediante a excitação provocada por um campo eletromagnético de alta freqüência."

O campo elétrico deslocará íons através daquelas estruturas projetando-as sobre uma película sensível (filme fotográfico), onde formar-se-á a imagem espectral do objeto.

A distribuição das cargas sobre a placa fotográfica dependerá em parte das características físico-químicas do corpo exposto.

Poderá indicar de forma eficiente, as alterações íntimas sofridas pelo objeto em decorrência de fatores internos e externos.

As pesquisas comprovam que em campos elétricos de alta freqüência, todos os objetos inclusive organismos vivos, emitem auto-radiações.

Os soviéticos chamam estas radiações de *campos bioplásmicos*.

O processo de kirliangrafias nos dá a possibilidade de avaliar as variações existentes em determinados pacientes do ponto de vista psicofísico, como também em vegetais nos é possível detectar com antecipação os estados mórbidos iniciais.

EXPERIÊNCIAS COMPROVADAS

1.ª) *Efeito fantasma* — São kirliangrafias em que se evidencia a existência de um campo energético modelador. Em folhas vegetais previamente cortadas (em menos que 1/3 do total das mesmas), notou-se que a parte cortada continua projetada nas películas fotográficas.

2.ª) Pesquisadores soviéticos descobriram uma relação entre certos pontos evidenciados nas kirliangrafias e os pontos indicados pela acupuntura.

3.ª) Pessoas com dotes magnéticos elevados (paranormais) mostram uma notável variação nas kirliangrafias nos momentos em que empregam suas energias.

4.ª) Certas alterações psíquicas e físicas, em determinados pacientes, foram predeterminadas através das kirliangrafias.

CONTROVÉRSIAS SOBRE O EFEITO KIRLIAN

Muitas controvérsias sobre o efeito Kirlian foram levantadas, como por exemplo, um artigo francês que no ano de 1976 dizia:

Os segredos do efeito Kirlian: este halo luminoso que aparece sobre as fotos, não mede a "força vital" dos seres vivos, mas simplesmente o teor em água dos objetos fotografados!

As fotografias Kirlian são simplesmente um efeito de corona! Este efeito acontecia semelhantemente no topo dos mastros dos navios em dias de tempestade, "O Fogo de Santelmo".

Nós sabemos da existência do efeito corona, entretanto é preciso explicar as variações deste efeito, como por exemplo:

O "efeito fantasma" observado em folhas que foram previamente cortadas, e os eflúvios da região que foi retirada, continuam aparecendo;

As variações observadas que sugerem transferência de energias de um paciente humano sadio, a outro·doente;

E as alterações de colorido de natureza topológica, descritas pelos soviéticos; onde a cor é função de variações da forma e localização do objeto;

Pesquisas mais sofisticadas feitas em Alma-Ata, com sistemas de registro estereobioenergéticos, que conseguiram registrar o efeito Kirlian em três dimensões, ao invés do plano de uma foto;

Enfim, estes fenômenos vêm corroborar com a teoria da existência de alguma forma de energia oriunda de uma estrutura mais íntima do objeto exposto, ou seja, um processo de organização biológica.

De posse destes esclarecimentos iniciais, descrevemos a seguir o circuito gerador básico que acreditamos poderá ser montado facilmente por todos aqueles que têm interesse em comprovar as pesquisas já efetuadas como também abrir novos horizontes a este vasto campo de pesquisas, e que também possuam conhecimentos mínimos de montagem de circuitos eletrônicos simples.

Aconselhamos que a montagem seja efetuada em uma chapa de circuito impresso.

Deve-se tomar precauções necessárias para isolação elétrica da bobina de ignição, sendo que o fio de conexão entre o terminal de saída da bobina e o eletrodo deve ser fio de alta isolação, do tipo usado para conexões de transformadores *fly-back* usados em televisores.

Durante a operação tome o máximo cuidado para não encostar nas partes do circuito que contêm alta tensão.

Circuito esquemático de um simples Gerador de Efeito Kirlian para pesquisas básicas.

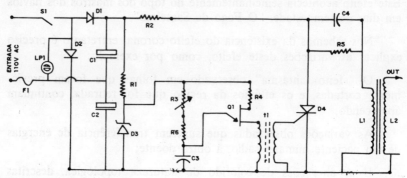

Componentes

LPI	—	Neon com olho-de-boi para 110 volts.
F_1	—	Fusível lento de 3 A.
D_1, D_2	—	Diodos retificadores de silício tipo 1N4007.
C_1, C_2	—	Capacitores eletrolíticos 100 μ F/350 V Siemens.
D_3	—	Diodo Zener 12 volts / 5 watts.
Q_1	—	Transístor de unijunção 2N4870 motorola.
D_4	—	SCR 2N4444 motorola.
T_1	—	Transformador de pulso para SCR 1:1.
R_1	—	Resístor de fio 30 K 15 watts.
R_2	—	Resístor de fio 2500 Ω 25 watts.
C_4, C_3	—	Capacitor de poliéster 1 μ F/600 V.
R_5	—	Resístor de carvão 150 K 1 w 10%.
R_4	—	Resístor de carvão 470 Ω 1/2 w 5%.
R_6	—	Resístor de carvão 5600 Ω 1/2 w 5%.
R_3	—	Potenciômetro linear 47000 Ω, ajuste do período T_1 até 30 mseg.
L_1 e L_2	—	São o primário do secundário de uma bobina de ignição para automóveis.
S_1	—	Chave interruptora simples.

Como eletrodo, recomendamos dois tipos, ou seja; o primeiro será usado apenas para observação visual do efeito Kirlian, e o segundo para trabalhar com filme fotográfico.

Eletrodo simples para observação visual do Efeito Kirlian.

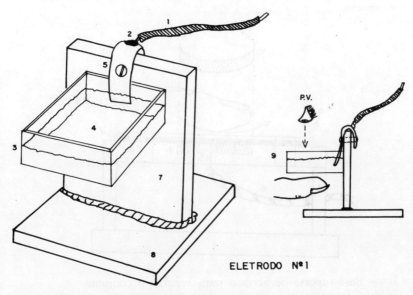

ELETRODO Nº 1

1 — Fio para conexão de *fly-back* de televisores ligado à saída de alta tensão da bobina.
2 — Solda.
3 — Cuba de plástico transparente que servirá de eletrodo visual, deverá ter de 3 a 5 mm de espessura e suas dimensões: 6 cm x 6 cm de comprimento e largura e uma profundidade de 3 cm aproximadamente.
4 — A cuba deve ser cheia de água até a metade de sua profundidade.
5 — Contato elétrico para a água feito de chapinha retangular de cobre fino que chegue dentro da cuba até a metade de água.
6 — Parafuso ou grampo que servirá para prender a chapa de cobre no suporte vertical.
7 — Suporte vertical de acrílico com cerca de 10 cm aprox. de altura, por 8 cm de largura, firmemente colocado à cuba plástica.
8 — Suporte horizontal de acrílico de dimensões adequadas para segurar o conjunto.
9 — Detalhe lateral do conjunto mostrando a posição do dedo a ser observado.

Para observação do efeito mostramos o eletrodo n.º 1, mas para aqueles que quiserem obter kirliangrafias indicamos a seguir o eletrodo n.º 2:

Eletrodo n.º 2 — Usado para simples kirliangrafias das pontas dos dedos, ou outros pequenos objetos que nesse caso devem estar ligados à terra através de um condutor.

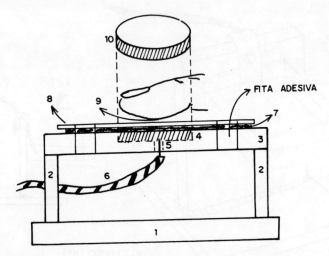

1 — Base-suporte de acrílico para segurar o conjunto.

2 — Suportes verticais.

3 — Matriz de acrílico para o eletrodo, deverá ser escavada na medida exata do eletrodo de cobre.

4 — Eletrodo de cobre.

5 — Orifício de passagem do condutor elétrico aberto na matriz.

6 — Condutor (fio de alta voltagem).

7 — Filme fotográfico, com o lado da película sensível virada para cima.

8 — Pedaço de plástico transparente (acrílico), que servirá de dielétrico, com 5 mm de espessura.

9 — Contato com o filme, com um mínimo espaço de ar, ou seja encostando levemente à película.

10 — Detalhe do eletrodo que deverá ser circular, de cobre, e com as faces bem polidas e planas, as bordas bem arredondadas, para evitar dispersão pelas pontas. (5 cm de diâmetro x 4 mm de espessura.)

Para obter-se kirliangrafias, usa-se filmes do tipo Kodak 6127, ou outros que possuam uma boa sensibilidade.

Também se faz necessário trabalhar em uma sala completamente escura, ou com uma lâmpada vermelha bem fraca, como as utilizadas nas revelações fotográficas.

Deve haver também uma ventilação suficiente, por causa do efeito criado pelo gerador sobre o ar (ozona), um gás que se respirado em demasia pode ser maléfico à saúde.

ASPECTOS PARTICULARES DO QUADRO APRESENTADO PELAS FOTOGRAFIAS DO EFEITO KIRLIAN

Se fizermos um grande número de observações de fotografias Kirlian, começaremos a notar que todas elas respeitam determinados caracteres particulares. Alguns deles já foram estudados, e uma boa parte já pode ser razoavelmente explicada em termos de fenômenos eletrostáticos clássicos, e o seu conhecimento auxilia o pesquisador no sentido de ao *esbarrar* com eles durante o curso de suas pesquisas, poder contorná-los, indo em direção ao que é realmente interessante na pesquisa Kirlian.

Grandes pesquisadores como o Professor Willian Tiller, alicerçados em trabalhos anteriores sobre descargas elétricas em condições especiais, levadas a efeito em trabalhos anteriores por pesquisadores como Nasser e Loeb, forneceram valiosas contribuições no sentido de um maior esclarecimento acerca de boa parte desse fenômeno.

Entretanto, para maior simplicidade, resolvemos fazer uma representação esquemática de uma fotografia Kirlian típica, decomposta em seus elementos fundamentais que poderão ser facilmente reconhecidos pelo leitor em qualquer fotografia Kirlian, por mais complexa e colorida que seja.

1 — *Streamer* (ou canal) negativo ou caminho de *streamers* positivos e negativos propagando-se na mesma trilha. Apresentam-se como pontos brancos ou azulados, em geral com cerca de 0.007 cm de diâmetro.

2 — Grande zona escura, aparece às vezes nas fotos, geralmente no centro do objeto.

3 — *Streamer* positivo periférico, apresenta-se como jatos ou chuveiros de luzes geralmente circundando toda a periferia do objeto.

Diagrama esquemático de uma foto Kirlian típica, onde aparecem todos os caracteres particulares comuns a todas as fotos do gênero.

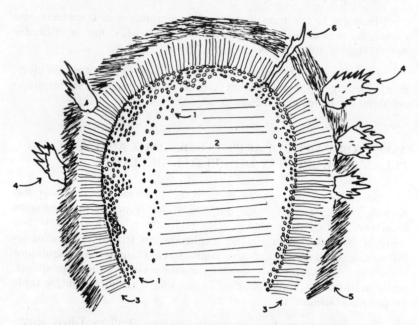

4 — Figuras de Lichtemberg (físico, que estudou fenômenos de descarga elétrica em gases); apresentam-se como pequenas chamas, ou estrelas, ou relâmpagos isolados.

5 — Corona.

6 — Grande *streamer* autopropagante ou figura de Lichtemberg.

Resta-nos dizer que o efeito Kirlian não se reduz em suas aplicações aos arranjos de eletrodos já citados.

Se se conseguir diferentes acoplamentos elétricos com a amostra biológica à aplicação de pulsos de radiofreqüência, isto poderá ativar a amostra e a leitura ser feita por outros meios, do que a ionização do ar.

Assim, o estudo do efeito Kirlian e de flutuações de campo eletrostático, nos forneceriam informações sobre aceleramento de partículas ou comportamento de radiações que indicam dispersão negativa. Deve ficar claro, porém, que dispersão negativa, pode ser interpretada de outros modos além de um sistema de partículas de massa negativa por detrás do quadro físico mais imediato. Os conceitos de dispersão negativa e massa negativa são oriundos da Termodinâmica Avançada e indicam estados comuns aos *lasers* e *masers*.

O estudo do bioplasma seria fundamental para uma compreensão maior de fenômenos como a Telecinesia. Alguns fenômenos ao menos nesse campo se encaixam muito bem dentro do conceito de Bioplasma e suas previsões, uma vez que a telecinesia a curto alcance poderia ser explicada como ação de uma extensão do bioplasma do paranormal sobre o objeto que se move, e essas extensões poderiam vir a ser observadas sob a ação do efeito Kirlian.

BIBLIOGRAFIA COMENTADA

1. Herman W. Bandel, "Point-to-plane Corona in dry Air", *Physical Review*, vol. 84, n.º 1, 1951.

   Bandel é um renomado físico que à época deste trabalho estava no Departamento de Física da Universidade da Califórnia em Berkeley. Neste trabalho Bandel pesquisou algumas das características do efeito corona, notadamente os fatores envolvidos em seu disparo (*trigger*). Apesar do trabalho não ter diretamente nada a ver com o efeito Kirlian algumas das idéias expostas podem ajudar o interessado a compreender melhor o mecanismo de formação do efeito corona.

2. Essam Nasser e Leonard B. Loeb, "Impulse Streamer Branching from Lichtemberg figure studies", *Journal of Applied Physics*, vol. 34, n.º 11, 1963.

   Nasser e Loeb são também físicos de envergadura que vêm se dedicando há muito tempo ao estudo de descargas elétricas em gases. Assim como o anterior, este trabalho também foi realizado na UCLA em Berkeley, e nele são esclarecidos os mecanismos de formação dos "relâmpagos" observados nas fotos Kirlian, e conhecidos como figuras de Lichtemberg em homenagem ao pesquisador que as observou pela primeira vez. Cumpre notar, que este é mais um trabalho sem relação direta alguma com o efeito Kirlian, mas que serve perfeitamente para esclarecer alguns de seus detalhes mostrando que o espírito da pesquisa científica é de consultar-se todas as fontes possíveis de dados, mesmo que pertençam a áreas distintas daquelas com as quais trabalhamos, visto a unicidade analógica existente do micro ao macrocosmo.

3. John O. Pehek, Harry J. Kyler, David L. Faust, "Image Modulation in Corona Discharge Photography", *Science*, n.º 4.262, vol. 194, 1976.

   Os autores procuram demonstrar a correlação entre as características de forma e cor das fotos Kirlian, e a quantidade de água e outros resíduos presentes no objeto exposto. É artigo de leitura obrigatória a todos que pesquisam o efeito Kirlian a nível mais profundo, pois mostra o que já se sabe sobre o fenômeno, ajudando a dirigir-se em direção ao que ainda há para ser investigado.

4. David G. Boyers e William A. Tiller, "Corona Discharge Photography", *Journal of Applied Physics*, vol. 44, n.º 7, 1973.

   Os autores, também físicos, desenvolveram este interessante estudo na Universidade de Stanford, Califórnia. Consideramos outro trabalho de leitura obrigatória, uma vez que esclarece grande parte dos mecanismos de emissão de luz nas fotos Kirlian e comenta também o efeito de fatores tais como material do eletrodo, espaçamento e colocação do filme nas características da foto obtida. Todos esses trabalhos podem ser obtidos sem grandes dificuldades sob a forma de cópias-xerox nas bibliotecas das grandes Faculdades de Física.

Em termos de recomendações bibliográficas editadas temos:

5. Roberto Volterri, *Psicotrónica*, Ediciones Martinez Roca.
6. Sheila Ostrander e Lynn Schroeder, *Experiências Psíquicas Além da Cortina de Ferro*, Editora Cultrix.

Recomendamos abaixo alguma bibliografia soviética sobre o assunto, apenas a título de referência, uma vez que sua obtenção no Ocidente é bastante difícil:

7. V. M. Inyushin, três artigos sobre pesquisa básica em biologia: Questões de Biologia Teórica e Aplicada. Alma-Ata, Publicação Científica, República Socialista Soviética do Casaquistão, 1967.
8. V. M. Inyushin, "Possibilidades de estudar tecidos em descargas de alta freqüência" (Efeito Kirlian). Influência biológica da luz vermelha monocromática. Alma-Ata, Universidade Kirov, 1967.
9. V. M. Inyushin, V. S. Grishchenko e outros, "Sobre a Essência Biológica do Efeito Kirlian". (Conceito do plasma biológico). Alma-Ata, Universidade Estatal do Casaquistão em Kirov, 1968.

2
MESMERISMO (MAGNETISMO ANIMAL)

ALBERTO LYRA

AS RADIAÇÕES CURATIVAS

Alguns anos antes da Revolução Francesa, no século XVIII, instalou-se em Paris, um médico austríaco, Franz Anton Mesmer (1754-1815), o qual, por meio de passes (tipo especial de imposição de mãos), conseguiu sucesso retumbante, obtendo curas sensacionais, produção de convulsões, alterações do metabolismo e diversos outros efeitos fisiológicos.

Ele comparou o seu processo ao do jesuíta Hell, que obtinha curas pelo emprego do ímã e achou que em ambos os casos havia o efeito de um fluido magnético (de *magnés*, ímã em grego).

Denominou, então, o seu processo, de "magnetismo animal" e, inspirando-se em Paracelso, procurou explicar o mecanismo das curas, em 27 aforismos, afirmando fundamentalmente a existência de um fluido universal, o fluido magnético, que penetrava o corpo humano, canalizava-se pelos nervos e era influído pelos astros.

Emanado diretamente pelo homem ou pelos animais, tratava-se do magnetismo animal.

As perturbações na quantidade ou na distribuição desse fluido, ocasionavam doenças, as quais poderiam ser curadas pela restituição ou redistribuição do mesmo. Para isso, indivíduos dotados de qualidades especiais, restabeleciam o equilíbrio "magnético" do organismo doente, pela aplicação de passes, dirigida pela sua vontade.

Pelo mesmo mecanismo, o "magnetizador" poderia acumular o fluido na água, em diversos objetos inanimados, em plantas etc., e daí ser ele retransmitido.

Posteriormente, outros experimentadores afirmaram que o algodão, a lã, o vidro, os líquidos, os metais, absorvem o fluido magnético. A sede é isolante (Montandon) (15).

Devido a confusões que se estabelecem entre o **magnetismo físico** e o **magnetismo animal**, preferimos denominar a este de *mesmerismo* e ao que dele emana, ou parece emanar, denominamos *radiação* ou *emanação mesmérica*.

O fenômeno mesmérico já era conhecido desde a mais alta antiguidade, tendo o processo sido empregado pelos sacerdotes egípcios, nos templos hindus, gregos etc., e por homens audaciosos, como Paracelso, no século XV, Van Helmont e Valentin, no século XVI, Greatrakes, no século XVII, o charlatão Cagliostro, no século XVIII e, depois de Mesmer, por muitos outros.

Cabe a Mesmer o mérito de ter sido o primeiro a tentar dar uma explicação científica aos fenômenos mesméricos, embora os tenha aplicado e estudado de maneira empírica e rudimentar. Porque, antes, esses fenômenos pertenciam ao âmbito da Religião.

Mesmer não foi aceito pela Academia de Ciências, da França, suas conclusões foram tidas como sem valor e acabou morrendo repudiado e obscuramente, em 1815, na Alemanha.

Teve alguns seguidores, apesar disso: o marquês de Puységur, o abade Faria, Deleuze, o barão Du Potet, Lafontaine, que continuaram a desafiar a ciência oficial.

Os médicos Elliotson e Esdaile conseguiram efetuar grandes intervenções cirúrgicas, sob o sono mesmérico, mas foram obrigados a suspender as suas práticas, por terem sido condenados pelas Universidades.

O barão Carlos de Reichenbach, descobridor do creosoto e da parafina, proprietário de grandes usinas de ferro, falecido em 1869, publicou extensa obra, de mais de 2.800 páginas, pela qual procurou demonstrar a existência do fluido *ódico* (de *od*, termo sânscrito, que significa: que penetra tudo, segundo Montandon(15), ou de uma palavra hebraica, que significa: brasa inflamada, segundo Lancelin(11), porque esse fluido mostrava-se, muitas vezes, luminoso).

Reichenbach baseou-se, principalmente, em observações de videntes, o que deu margem a muitas controvérsias.

Numerosos pacientes de Gaston Durville viram o fluido sair de seus dedos, embora ele mesmo não o visse. Ao procurar ser observado por uma dezena de doentes, apenas dois não viram esse fluido sair de suas mãos, em contraste com a luz e a sombra. A vidência, nesses casos, seria conseqüência de sugestibilidade? Ou de percepção extra-

-sensorial? Fenômeno semelhante foi verificado por Bouvier, de Lyon (Montandon) (15).

Segundo Montandon(15), Rochas, Ohlhaver(18), esse fluido é alaranjado do lado esquerdo e azulado do lado direito. Lancelin(11) e Lawrence(13), com não menos experiência, invertem a posição das cores.

O *od*, de Reichenbach, é equiparável à radiação mesmérica, ao Prana, dos hindus, ao maná, dos Kahunas, à força ou energia vital dos antigos, à energia orgônica, de Wilhelm Reich(24).

Assim como Mesmer, Reichenbach não foi aceito, apesar de ter realizado experiências até em hospitais de Viena, ter feito mais de 13.000 testes em 600 pessoas de ambos os sexos e ter apresentado uma relação de 160 pessoas, que atestavam serem capazes de perceber essa substância luminosa, conforme o relata Hinrich Ohlhaver(18).

Até hoje, a maioria dos cientistas atribui o fato à sugestão, ou à ilusão de ótica, ou à observação defeituosa e interpretação tendenciosa dos experimentadores. E também à fraude dos pacientes.

De fato, manobras fraudulentas e até caricatas têm acontecido, como com Boirac, cujos discípulos fingiam sofrer os efeitos mesméricos, abusando da boa-fé do velho mestre, segundo o relata Tocquet(26) citando Grillet, que foi testemunha do fato.

Embora suscetível de refutação, porque a prova absoluta é muito difícil, a radiação mesmérica tem sido objeto de numerosas experiências e, apesar de Charles Richet, em seu *Tratado de Metapsíquica*, negar que se tivesse demonstrado a existência dessa radiação, Raoul Montandon(15) no Primeiro Congresso da Federação Espírita Internacional, realizado em 1925, procurou demonstrar, de maneira por ele julgada irrefutável, a existência da radiação mesmérica, bem como de uma "aura" ou atmosfera mesmérica ou ódica humana.

Além do corpo físico, o corpo humano teria matéria extrafísica, ou suprafísica, denominada *duplo etérico, corpo astral*, sendo que aquele corresponderia ao corpo ódico e ao *od* de Reichenbach e ao *duplo,* dos egípcios, e os dois corresponderiam ao *perispírito*, dos espíritas. A sua irradiação, vista pelos percepientes, seria a *aura*.

Em sua notável obra *Les Radiations Humaines*(15), Montandon termina afirmando, à luz de suas observações e experiências, que:

"Pôr em dúvida a existência da radiação humana — e notadamente a radiação magnética — é negar a evidência."

O assunto é objeto de grande controvérsia e tão difícil de ser discernido ou compreendido, que Robert Tocquet(27), mesmo com mais de 30 anos de observação, não encontrou nada capaz de permitir-lhe afirmar a existência de uma radiação mesmérica e que os resultados poderiam ser atribuídos a outras coisas: calor, eletromagnetismo, sugestão etc.

Entretanto, em obra mais recente(28), acabou por reconhecer que certos indivíduos são capazes de exteriorizar uma energia, cuja natureza exata ainda era desconhecida, uma *energia X*, que não tem relação alguma com nenhuma das energias físicas atualmente catalogadas.

Um curador notável do século passado, Phineas Quimby, depois de ter exercido a prática mesmérica durante 20 anos, acabou concluindo que não havia nenhuma ação magnética em si, mas meramente uma ação mental. Ao abolir os passes e utilizar-se exclusivamente de mentalizações, continuou a obter curas, como anteriormente as obtinha com os passes. O "Père" Antoine continuou a curar, ao substituir as passes por orações.

Seja como for, a prática mesmérica nos põe diante de fenômenos variados: cura de doenças, ação sobre plantas, sobre animais, sobre micróbios, efeitos em aparelhos adrede construídos, fotografias de emanações ou de pretensas emanações do corpo humano ou animal, efeitos luminosos que dão a impressão de haver uma emanação que sai do corpo humano, produzida por ele mesmo, proveniente de algo suprafísico, que o penetra todo e ainda forma um halo ao seu redor: a aura mesmérica, ou ódica, ou etérica, emanação essa que tem sido, por vezes, fotografada.

Os fenômenos existem e os seus efeitos dificilmente podem ser negados. A sua causa e o seu mecanismo é que estão sujeitos a enorme controvérsia.

Mesmer queria atribuí-los à radiação mesmérica. Pois bem, esses fenômenos podem ser, quanto à sua causa e ao seu mecanismo, interpretados de outra maneira.

Entretanto, mesmo que se admita a existência dessa radiação, ainda restam as perguntas:

"O que é essa radiação? Qual é o seu comprimento de onda? Ela é física, ou suprafísica? Ela é uma radiação simples, ou é resultante de efeitos complexos de diversas radiações? E qual o papel que o pensamento ou a vontade exercem sobre essas radiações, cujo efeito tem sido observado algumas vezes, por experimentadores?"

E haveria outras perguntas:

"Serão os efeitos, provenientes de radiações, ou de alguma ação mental ainda não bem elucidada? Seria por uma pretensa ação direta do pensamento sobre a matéria, denominada *psicocinesia*, pela Parapsicologia? A auto ou a heterossugestão não seriam suficientes para explicar todos os efeitos? E qual o papel do inconsciente? E em casos complexos, de mesmerismo associado a práticas religiosas ou mágicas, haveria a intervenção de inteligências ou entidades suprafísicas humanas ou não humanas?"

O assunto, para ser até certo ponto esclarecido, demandaria um livro e não um artigo.

Não pretendemos responder a todas as perguntas acima. Não estamos, nem a Parapsicologia está, em condições de responder a todas elas. Além do mais, o mesmerismo, alvo de observação e de experimentação de uns poucos parapsicólogos, está longe de ter atingido a aceitação ou a validez universal, requisito indispensável para que um fato ou um estudo possa ser qualificado de científico.

Em todo caso, vamos fazer o possível para focalizar alguns fatos de máxima importância e de levantar algumas hipóteses de trabalho.

Façamos, primeiramente, um inventário de fatos importantes, conhecidos até agora, a maioria dos quais tiramos do excelente livro de Montandon(15), já citado.

1a) Picard conseguiu maior florescimento de roseiras e pessegueiros, por meio de passes mesméricos.

b) Lafontaine fez o mesmo com um gerânio, o qual não somente ficou revigorado, como ultrapassou os demais, em crescimento.

c) Gravier mesmerizou ervilhas pequenas, uma pereira, agrião mastruço, com resultados positivos.

d) Gaston Durville conseguiu o mesmo, com o agrião mastruço.

e) Favre, Bué, Fabius de Champville, empregaram também o mesmerismo em plantas.

f) Magnin fez uma planta mesmerizada crescer três vezes mais do que a testemunha (Lancelin)(11).

g) O Dr. Edouard Bertholet comparou o efeito do calor e do mesmerismo, nas plantas, tendo obtido grande aceleração do crescimento com o último processo, demonstrando que *não existe somente a ação do calor, como pensam muitos* (em Montandon)(15).

2) Charles Lancelin(11) viu Mme. X. conservar em suas mãos, grãos de trigo convenientemente marcados. Em 20 minutos crescia

uma haste ae 20 mm. Mme. X. ficava em transe, com as mãos amarradas.

3) Favre, através de experiências muito cuidadosas e minuciosas, mesmerizou *Bacilus subtilis* com a mão esquerda. Obteve crescimento mais lento, o qual era acelerado com a mesmerização com a mão direita (Montandon)(15). Henri Durville fez experiências semelhantes.

4) Jean Barry quis que cogumelos crescessem, pela ação da vontade. Eles tiveram o crescimento inibido, donde se vê a complexidade dos mecanismos em ação. Além de uma possível ação mesmérica, há uma ação mental, não mensurável e não previsível, que pode ser agente único, ou associado. Recordemos Quimby.

5) Lafontaine conseguiu curar uma lebre, de cegueira. Produziu sono e insensibilidade em leões, esquilos, cães, lagartos e a morte de sapos e cobras pelo olhar. Tocquet(27) e outros contraditores citam, então, experiências negativas. Um cidadão gabava-se de mesmerizar até ao sono mesmérico, o seu cão, à distância de 1,50 m, por meio de passes. Quando se interpôs um biombo, de maneira que o animal não pudesse enxergá-lo, ele não dormia. Bastava, entretanto, que o animal visse o seu dono dando-lhe passes, para cair imediatamente em sono.

6) O Dr. Edouard Bertholet curou cães e gatos, pelo mesmerismo.

7) Até substâncias inertes parecem sofrer o efeito do mesmerismo. Hinrich Ohlhaver(18) conta experiências feitas com a senhorita Tambke. Ele mesmerizou quatro copos durante 20, 15, 10 e 5 minutos, respectivamente, e deixou dois, sem mesmerizar. Pôs esses copos no escuro e a senhorita Tambke, pela sua capacidade de enxergar a luminosidade mesmérica (ou ódica, de Reichenbach), pôs os copos em ordem de concentração mesmérica.

8) Ante os efeitos da prática mesmérica em microrganismos, plantas, animais, substâncias não vivas, não é de admirar que se obtenham efeitos em crianças pequenas. Foi a mesmerização de uma criança pequena, levando-a à cura rápida de uma infecção rebelde, que levou Liébault a aceitar, após muita resistência, a efetividade da radiação mesmérica (Ochorowicz)(17).

9) Há os casos de fotografia da radiação ou pretensa radiação mesmérica, denominada especificamente, efluviografia. O comandante Darget experimentou-a por mais de 30 anos, desde 1882 e, a partir de 1894, associado a Baraduc (Montandon)(15). Mas não foi somente ele. Houve também, Luys, Chaigneau, Majewski, Delanne, Lancelin, Markewiecz e outros, que seria fastidioso enumerar.

Essas experiências sofreram refutações de Fontenay (ação do calor, do suor etc. segundo ele), de Saint Albin e Warcollier, de Adrien Guebhard e outros.

Então, Chaigneau, Colomés, Adrien Majewsky, procuraram eliminar a ação do calor, na transpiração etc. e obtiveram efluviografias impressionantes, cujas reproduções constam do magnífico livro de Montandon(15). Delanne conduziu minuciosas experiências, nas quais, além do calor e da umidade, procurou eliminar os efeitos da eletricidade cutânea, obtendo, também, resultados positivos. Assinalou, entretanto, que se não obtém efluviografias à vontade e que os pacientes positivos podem falhar, o que explica os resultados contraditórios dos experimentadores.

10) Mme. Isaeff, que produziu belas efluviografias, tiradas com as mãos geladas para se eliminar os efeitos do calor e da transpiração, tinha emissão tão forte, que seus pacientes sentiam-na. Bertholet sentiu-a como uma corrente quente (Montandon)(15). A modalidade de resposta sensorial à radiação mesmérica pode variar com a pessoa.

11) Baraduc fotografou o vórtex de força nêurica, ou de *força curva cósmica*, ou *força vital*, em animais, no momento da morte (Lancelin)(11).

12) Eu vi, com a mesmerizadora argentina Mme. M. B. como que uma faísca elétrica saindo de um de seus dedos, radiografados enquanto ela mantinha a intenção de efetuar a emissão mesmérica.

13) Há vasta experimentação com aparelhos construídos para demonstrar a existência de uma radiação mesmérica, procurando-se eliminar os efeitos do calor, da umidade, da transpiração, das radiações elétricas e eletromagnéticas comumente manipuladas pelos físicos.

Apesar do ceticismo de Creuzé(8), Raul Montandon(15) apresenta tal acúmulo de fatos, que se tem de chegar à conclusão de que, embora possa haver, em certos casos, a ação do calor ou da eletricidade, esta não é a única.

O *estenômetro* de Joire, que elimina o calor, e o aparelho de Fayol, mais aperfeiçoado, que elimina o calor, a eletricidade e o magnetismo físico, permitem a execução de experiências impressionantes.

Clement Martin, Warcollier e Archat, tentaram anular os resultados de Fayol, no que foram contra-refutados muito minuciosamente por Montandon(15).

Pode-se, por tudo isso, verificar como o fenômeno mesmerismo, ainda hoje, está sujeito a enormes controvérsias, dada a sua complexidade.

14) O efeito Kirlian, cujos estudos foram iniciados na URSS em 1939, pelo casal Semyon e Valentina Kirlian(21 e 22) mostra-nos as dificuldades da pesquisa científica, apesar de manejar dados rigorosamente objetivos. É que pode haver falhas de técnica ou interpretações erradas do pesquisador. Por meio de dispositivos eletrônicos especiais, conseguiram fotografar irradiações ou pretensas irradiações de corpos vivos e não vivos.

Nos Estados Unidos, Thelma Moss e Ken Johnson(22), utilizando-se de outro tipo de dispositivos eletrônicos, obtiveram fotografias coloridas das radiações de seres vivos, com resultados semelhantes aos do casal Kirlian. E mostraram que há uma diferença entre a bioluminescência do efeito Kirlian, e o *efeito corona*, da matéria mineral, pois nestes casos, conseqüentes às descargas elétricas, o halo era invariável.

Já no efeito Kirlian, o halo obtido mostrava variações impressionantes, conforme o estado fisiológico, emocional e psíquico dos pacientes examinados.

A curadora Ethel Delbach mostrava, em repouso, emanações azuis. Quando disposta a curar, aparecia um campo alaranjado brilhante.

Efeitos semelhantes foram encontrados pelo IBPP (Instituto Brasileiro de Pesquisas Psicobiofísicas). O Dr. Jarbas Marinho, em conferência no II Colóquio Brasileiro de Parapsicologia, em 26-5-74 e o Dr. Hernani Guimarães Andrade, em Conferência na Biblioteca Municipal, em 30-6-74, mostraram como os dedos de um mesmerizador apresentavam tonalidades róseas, ficando mais rosadas quanto ele manifestava a intenção de mesmerizar uma paciente. Ora, à medida que ele ia efetuando a mesmerização, os seus dedos iam perdendo a tonalidade rósea e ficando azulados, enquanto os dedos da paciente iam adquirindo a tonalidade rósea e algum tempo depois ainda conservavam as tonalidades róseas. E, no mesmerizador, algumas horas depois, os dedos que haviam mostrado tonalidade azul, começavam a mostrar tonalidades róseas.

Um outro mesmerizador, solicitado a concentrar-se para mesmerizar, não apresentou nenhuma variação na tonalidade rósea. Mas depois declarou que, efetivamente, procurou não pensar em nada.

O Dr. Hernani emprega filmes Kodacolor para *slides*. A voltagem do aparelho oscila entre 50.000 a 120.000 volts e a alta freqüência variável até 250 megaciclos. O importante é a tensão empregada e o tempo de exposição, o que somente a prática pode demonstrar. Já, em comunicação pessoal, o Dr. Hernani havia me relatado que apesar de experiências aparentemente tão concludentes, havia algo que não o deixava plenamente satisfeito.

Pois bem, na revista *Psychic*, dezembro de 1974, Carolyn Dobervich, publicou um artigo em que cita contra-experiências de David Boyers e William Tiller. Eles concluíram que o uso do método de Kirlian não é efetivo para mostrar variações fisiológicas. Que as variações de cor estavam dependendo, não de variações fisiológicas e sim da distância e da direção dos dedos e viram que mantendo constantes as posições e exposições dos dedos, não havia a menor variação de cor e de halo, com diferentes estados fisiológicos e psicológicos.

Já alguns investigadores acham não adequada a evidência apresentada pelas pesquisas de Tiller e Boyers... Persistem, então, as dúvidas e controvérsias em torno deste assunto. Então pergunta-se: e as pesquisas de V. I. Inyushin, do Departamento de Biologia da Universidade de Kazach, em Alma-Atma, no Casaquistão, na Baixa Sibéria e seu colega Victor Adamenko?

E as efluviografias obtidas pelo casal Kirlian, que mostraram aumento das radiações no mesmerizador Alexei Krivorotov, quando ele praticava o mesmerismo? A coincidência entre os pontos bioluminescentes de Kirlian e os pontos luminosos verificados por Inyushin e seu colega Nicolai Shuisky, com o *tobiscópio* de Adamenko, que por sua vez, coincidiam com os pontos clássicos da acupuntura chinesa?

E a questão de folhas cortadas, que mesmo assim, apresentavam o halo bioluminescente, como o Dr. Hernani Guimarães Andrade o mostrou, em seu IBPP(2). Seriam radiações eletromagnéticas, impressionando a chapa fotográfica?

Entretanto esse halo, que parece demonstrar a existência de algo suprafísico, que os soviéticos chamam de *bioplasma* e os norte-americanos, de *psiplasma*, não é assim aceito por outros, que acham nele não haver algo de especificamente mesmérico ou suprafísico e sim radiação física, que nada tem a ver com a aura percebida pelos clarividentes. Desta opinião são Adamenko, Tiller e Boyers e nossa tendência é para estar de acordo com esta última opinião.

Veja-se com que lentidão a ciência avança...

15) De fato, Bouvier, de Lyon(15) conseguiu já há anos, fotografias de algo que parecia suprafísico (o duplo etérico? o *od*?), em membros amputados(15). Essas fotografias, entretanto, não são fáceis de serem obtidas. Lefranc, com Durville, conseguiram fotografar o *aerossoma* (duplo etérico) exteriorizado, somente após a 49.ª tentativa(11).

16) E Richerand e Durville contam casos de soldados com membros amputados, que chegaram a dar passos com o membro recém-amputado!!!(15). Isto na guerra de 1914-1918.

Pesquisas mais recentes, em torno do mesmerismo, não parecem acrescentar algo novo, a não ser em pormenores técnicos. O coronel Oskar Estebany fez pesquisas rigorosamente controladas em camundongos, plantas e enzimas, com resultados concludentes. (George W. Meek, 1984, pp. 155-159 e 170.)

O casal Ambrose e Olga Worrall, sob controle de aparelhos aperfeiçoadíssimos, provocou o crescimento de plantas a 600 milhas de distância, por meio de preces. A Senhorita Worrall e Ingo Swan fizeram surgir ondas que mudavam de direção, pela irradiação mesmérica, na câmara de condensação modelo 71850, dos laboratórios atômicos, com o Dr. Robert N. Miller, de Atlanta, Geórgia, USA. (George W. Meek, *As Curas Paranormais*, São Paulo, Editora Pensamento, 1984, pp. 160-163.)

Não apenas o mesmerismo cura. Existem também:

Autocura pela fé

Myrtle Fillmore, aos 45 anos, aceitou as idéias do Dr. Weeks, segundo o qual: "Eu sou uma filha de Deus e portanto não posso herdar uma doença." Isto mudou radicalmente suas idéias a respeito da tuberculose pulmonar que surgira na adolescência e que ela acreditava ser de origem hereditária. Começou a apresentar rápidas melhoras e um ano depois estava em estado de excelente saúde. Por esta ocasião, os médicos tinham prognosticado uma sobrevida de seis meses. Faleceu quase aos 90 anos, em 1931. Seu marido, Charles Fillmore, ainda criança, após uma queda no gelo, contraiu uma tuberculose óssea do quadril, com formação de abscessos, que se estenderam aos ossos e ligamentos relacionados com a articulação do quadril. Sua perna direita ficou algumas polegadas mais curta.

Ele e sua mulher fundaram o movimento denominado *Unidade*, dedicado à cura pela fé, segundo a qual Deus é Espírito ou Mente e na Mente Divina há infinitas idéias de Amor, Substância, Inteligência etc. O homem, entrando em contato com essa Mente Divina, curar-se-á pela fé. Aos 85 anos, inválido crônico e incurável, Charles Fillmore aplicou em si mesmo os princípios de sua fé. As dores cessaram, foi sentindo-se cada vez com mais saúde e a sua perna direita começou a crescer a ponto dele dispensar o dispositivo ortopédico que usava desde a infância. Ele dedicava várias horas por dia concentrando sua atenção na parte doente. (Israel Regardie, *The Romance of Metaphysics*, Chicago, The Aries Press Publishers, 1942, pp. 183-189.)

Cura pela força de vontade tenaz

Em *Anatomy of an Illness* (Nova York. W. W. Norton & Co. 1979) Norman Cousins, conta como se curou de gravíssima doença do colágeno, a qual, pelos prognósticos médicos tinha uma probabilidade em 500, de se restabelecer. Ele mesmo se medicou, com doses altas de ácido ascórbico e risoterapia (recorria aos mais diversos expedientes para dar gostosas gargalhadas durante o dia todo). Não houve nenhum apelo à fé, a Deus ou a entidades milagrosas. O seu caso, praticamente considerado perdido, o mantinha totalmente imobilizado.

FUNDAMENTOS TEÓRICOS

O empirismo que tem cercado o fenômeno mesmérico, reflete-se até nas denominações a ele ligadas, ainda impróprias ou obsoletas, como: fluido, vibração, força, energia.

Com efeito, fluido pode ser definido como um elemento muito sutil, quintessenciado, imponderável, existente na Natureza (25, 1.º vol., p. 149, 1.ª edição), denominação nebulosa, remanescência alquímica, portanto, inadequada ou imperfeita.

Força é denominação que tem sua aplicação exata em Mecânica, na Estática e na Dinâmica. Quando a radiação mesmérica é capaz de atuar no aparelho de Fayol e produzir movimento, podemos empregar a denominação: força mesmérica. O nome *radiação* é mais preciso, mais amplo e mais de conformidade com os conhecimentos modernos da Física.

Energia pode caber na Mecânica, na Hidráulica, na Termodinâmica, na Eletricidade, porém com uma significação especial, quando ela produz trabalho, movimento, alteração térmica, elétrica ou eletromagnética.

Ora, a radiação mesmérica, admitindo-se que exista, pode produzir tudo isso e mais alguma coisa, inclusive curas, sendo portanto, a denominação força mesmérica, parcial e incompleta e a expressão energia, sendo levada para o campo da Biologia, torna-se objeto de controvérsia e de perplexidade, porque os biologistas ainda não sabem caracterizar o que seja vida, ou energia vital, ou energia cósmica...

Ao empregarmos o termo radiação, retiramo-lo de um esquema de referências válido, prático, ligado à teoria ondulatória, cuja base é o movimento oscilatório ou pendular, o qual, no movimento de vaivém (ou vibração), produz a ondulação, ou emanação ou radiação e no fenômeno mesmérico há algo que sugere fortemente a existência de uma radiação. *Vibração* aplica-se de preferência ao movimento de vaivém, na oscilação.

Onda é o intervalo de oscilação ou vibração e esta produz uma ondulação, ou emanação ou radiação, que tem o comprimento de onda igual à da velocidade da propagação da ondulação, dividida pela freqüência da oscilação ou vibração.

Esse comprimento pode ser medido em metros, milímetros, mícrons, milimícrons, Angström (este é igual a 1 mm dividido por 10.000.000, denominação criada pelo físico sueco de mesmo nome).

A figura I, esquema de Sears e Zemansky, além de nos esclarecer isto dá-nos uma visão de conjunto do Cosmos, a qual, embora mecanicista, e, portanto, simplista, pode servir-nos de esquema básico de referências.

Esse esquema apresenta uma escala quantitativa de comprimentos de onda e, concomitantemente, uma escala qualitativa de efeitos correspondentes àqueles comprimentos de onda, no corpo humano ou em aparelhos.

Esta última escala é progressiva e dialética, com saltos qualitativos, em que um fenômeno é seguido de outro, de propriedades novas e imprevisíveis.

Nesse mesmo esquema eletromagnético, podemos conceber o Cosmos formado por um *continuum*, no qual as ondas eletromagnéticas, em sua progressão e evolução dialéticas, estão em constante interação, dando margem a fenômenos complexos, físicos, químicos, biológicos e, pode inferir-se, também mentais.

No quadro original de Sears e Zemanski, que vai até ao comprimento de onda de 10^{-6}, toma-se a liberdade de acrescentar, por extrapolação, os comprimentos convencionais de 10^{-10} e 10^{-30}, hipoteticamente correspondentes ao bioplasma e ao pensamento, pois o esquema de Sears e Zemanski é exclusivamente físico.

Na progressão dialética vemos por exemplo, que as radiações caloríficas ou melhor, infravermelhas, de 10^{-5}, têm propriedades completamente diferentes das radiações luminosas visíveis, de 10^{-3} e que nunca poderíamos deduzir tais propriedades se não tivéssemos à mão as observações e experimentações científicas.

Continuando nessa mesma linha de raciocínio, podemos afirmar que existe um *continuum* espaço-tempo, einsteniano, que vai até às radiações de comprimento de onda 10^{-6}.

Nesse *continuum*, podemos distinguir uma zona que constitui o terreno da Física Clássica ou Macrofísica e uma outra, muito mais complexa, da Física Eletrônica ou Microfísica, de propriedades totalmente diversas e às vezes como que contrariando as da Macrofísica.

Continuando, poderíamos inferir que ultrapassando-se as radiações 10^{-6} e chegando às radiações 10^{-30}, entraríamos no terreno da "metafísica" cujas leis ultrapassariam as leis por nós já conhecidas, sujeitas às categorias de tempo, espaço, matéria e causalidade.

Seriam as leis do mundo mental ou do mundo parapsicológico.

Teríamos, então, de aceitar, além do *continuum* espaço-tempo, do universo newtoniano e einsteniano, um *continuum* espaço-consciência, como o sugere James Perkins(19), ou *continuum* movimento-consciência, que ultrapassaria o *continuum* espaço-tempo, nele contido.

Ainda, segundo Perkins(19):

"A teoria do campo unificado, que os cientistas estão estudando tão empenhadamente, aguarda uma cosmogonia que conceba a criação total como uma unidade de consciência, numa diversidade de espaço e formas."

Campo unificado é um campo unitário, no qual estariam expressas todas as relações de energia e todos os campos, identificando, para isto, a gravitação e a inércia. Einstein buscou, em vão, a sua fórmula.

Isto abre novas perspectivas para se tomar em consideração os fenômenos mentais e os fenômenos psi, que fogem aos padrões newtonianos de espaço, tempo, matéria e causalidade.

Em seu trabalho *A Matéria-Psi*(1), o Dr. Hernani Guimarães Andrade, igualmente sugere como provisoriamente válida a existência de um campo psi (*psi-Field*) e de uma matéria-psi, participando de uma realidade mais ampla, da qual o campo eletromagnético e a matéria física seriam casos particulares. Estruturas autônomas, oriundas do campo e da matéria-psi, poderiam existir, por tempo indeterminado, fora do âmbito do nosso espaço e em outras dimensões, além das três, registradas pela nossa experiência direta. E haveria também a possibilidade de interação entre a matéria-psi e a matéria física.

Os fenômenos psi vêm confirmar que na matéria existem outras propriedades além das físicas. Processar-se-iam, em parte no *continuum* espaço-tempo (mundo físico, segundo o Dr. Hernani), e em parte, no *continuum* espaço-movimento (mundo psi, segundo o Dr. Hernani), sendo fenômenos intermediários ou de ligação. O suprafísico não age sem um suporte físico e deve haver um ponto de encontro entre ambos.

Viktor Inyushin, que trabalhou muitos anos com o casal Kirlian, acha que o bioplasma é um estado da matéria ainda não percebido e que consiste em elétrons e outras partículas subatômicas, associadas a objetos vivos. Ele interage com sólidos, líquidos e gases e deve estar associado aos fenômenos PK, à acupuntura e outros fenômenos psi. (*Journal of Paraphysics*, vol. 7, n.º 2, 1973, Brooklin, USA). Ele acha também que as partículas altamente ionizadas do corpo bioplásmico, diferem dos átomos, moléculas e compostos do corpo físico. Na mesma publicação, Adamenko, mostra, com Ala Vinogradova, que a mão de outra pessoa "ativada" pela sensitiva psicocinética, acende uma lâmpada elétrica, o que é uma das muitas indicações de que nos fenômenos PK produz-se um campo eletrostático e que aqueles fenômenos podem ser uma extensão dos campos eletrostáticos. Os fenômenos mesméricos e os ectoplásmicos não seriam senão uma variante dos fenômenos bioplásmicos.

O bioplasma pode adquirir propriedades inesperadas. Montandon(15) relata que Guy de Bozas verificou que o ectoplasma não visível e não palpável, atravessava uma placa de chumbo de 54 mm de espessura (penetração superior aos raios X) e que o ectoplasma visível e palpável não tinha tanta penetração (de fato, está mais "materializado").

Aliás, esses resultados são individuais. O ectoplasma de Kluiski penetrava, no máximo, até 5 mm de chumbo; o ectoplasma dos médiuns de Crawford não atravessava o estofo espesso, a certa distância.

Há uma radiação de condensação variável, que pode tomar a aparência ectoplásmica, visível ou invisível, palpável ou não palpável (assim como as radiações mesméricas podem ou não ser sentidas), de efeitos radioativos e condutora de eletricidade (Montandon)(15).

O ectoplasma pode ser resultante de campos organizadores que agem sobre ele próprio, modelando-o. Esses campos organizadores estariam ligados aos processos biológicos, mas constituiriam estruturas de campo, pertencentes ao *continuum* consciência-movimento, ou ao mundo psi, ou, como diriam outros, a uma quarta dimensão, fora do espaço físico, conforme o procura demonstrar, com muita proficiência, o Dr. Hernani Guimarães Andrade(1).

Os mecanismos de interação desses campos, ainda nos são desconhecidos. Tocquet(27) acha até que, tais fenômenos, se dão num ciclo fechado, no qual a energia total gasta, seria também nula, ou praticamente muito fraca.

As observações do casal Kirlian e de outros, fazem supor a existência de algo que escapa às leis da Física e que tem propriedades suprafísicas. Seria a matéria hiperfísica, ou matéria-psi, bioplasma, psiplasma, duplo etérico, *od*, que seria intermediária entre a matéria física e a "matéria" mental.

Num sistema aberto, a energia seria enorme. Assim, para a materialização de um homem de 70 quilos, a energia despendida seria na ordem de 1,75 x 2 kwh(1).

A microfísica conduz à derrogação de leis da macrofísica, como por exemplo, a inversão do tempo. Com efeito, sabemos que num sistema uniforme, à medida que a velocidade aumenta, o tempo diminui. O sistema einsteniano mostra-nos a dependência estreita do espaço e do tempo, em relação ao movimento dos objetos e o mesmo podemos inferir em relação à energia e à massa ($E - mc^2$).

Temos as concepções do espaço geométrico, de Euclides, retilíneo, com sólidos invariáveis; o espaço matematizado de Einstein, curvo, constituído de um cilindro infinito em que o eixo é o tempo.

No espaço motor, de Poincaré, tributário do movimento, o qual pressupõe energia, o movimento é mensurável e provoca modificações igualmente mensuráveis das massas e pode-se ligar, por fórmulas, o movimento, a aceleração, as massas e referi-las à invariância fundamental da velocidade da luz.

Assim, no *continuum* espaço-tempo, em que as três coordenadas espaciais, X, Y e Z, estão em correlação com a 4.ª coordenada, que é o tempo, poderemos transformar matematicamente o tempo em distância, de conformidade com as fórmulas clássicas: $E = hf$. E = Energia; n = constante de Planck; f = freqüência; c = ic; $\sqrt{1}$ c T = ic T; $D^2 = X^2 + Y^2 + Z^2 + icT$, em que c é a velocidade da luz, T é o tempo e D é a distância espaço-tempo.

Continuum é uma série inumerável de pontos, que constitui uma magnitude ao mesmo tempo extensiva e divisível ao infinito e nele passa-se sem salto, a transição, de um ponto a outro, em distâncias infinitesimais.

Apenas assinalamos, de passagem que a representação matemática de uma extensão qualquer, não corresponde mais do que à autentificação de uma realidade espacial limitada a seus elementos transformáveis e não a um conhecimento exaustivo da realidade. Estamos diante de problemas epistemológicos e deixamos aos filósofos, como Poirier, perguntarem se tempo e espaço são coisas, relações, ou unidades de percepção e de discurso...

No sistema progressivo de Sears e Zemansky chegaremos a um impasse, quando o comprimento de onda ou a oscilação, chegar ao mesmo tamanho que o elemento oscilante: o elétron ou o fóton.

Teríamos então que, ou buscar partículas ainda menores, ou velocidades superiores à da luz ou a ambos e estaria rompido o princípio da invariância fundamental da velocidade da luz. Isto não é possível se estivermos a lidar com a Física clássica. Poderemos postular matéria não física, *matéria psi* e um *campo psi*, que derrogariam, então, as leis da matéria física e do campo físico, têmporo-espacial. As suas manifestações não estariam adstritas ao espaço, nem ao tempo e as propriedades da matéria psi, seriam inteiramente diferentes da matéria física, isto é, com penetrabilidade, sólidos variáveis, manejabilidade pelo pensamento etc.

Perkins(19) dá-nos uma bela exposição do assunto, de conformidade com a doutrina teosófica. Na União Soviética estão sendo intensificados estudos nesse sentido(21).

Radiações ou emanações do corpo humano

("ondas", "emanações", "vibrações", "eflúvios", "fluidos", "forças", "energias").

1. *Biocorrentes*, de Sauerbruch e Schuman, compostas de campo elétricos de baixa freqüência, criadas ao redor dos músculos em ação. (Vassiliev: "La Suggestion à Distance".)
2. *Radiações de Cazzamali* (Milão, 1925). Radioondas cerebrais de 100 a 20 metros (curtas) e de 10 a 4 metros (muito curtas).
3. *Radiações de Roracher*, de Viena, na ordem de milésimos de milímetro e no ritmo de 10 por segundo, diferentes de outras provenientes do solo.
4. *Radiações de alta freqüência* (até 150.000 Herz), de V. K. Volkers e V. Candir. São de fraca intensidade, na ordem de alguns microvolts, emitidas pelos músculos ao se contraírem (Vassiliev).
5. *Radiações mitogenéticas de Gurvitsch,* de 0,2 mícron, as quais, à distância de alguns milímetros aumentam o número de células da levedura em ponto de divisão. Experiências do geofísico G. M. Frack e do físico-químico E. E. Goldenberg (Vassiliev).
6. *Radiações caloríficas* (calor até ao infravermelho).
7. *Radiações luminosas* (visíveis e radiações ultravioleta, que impressionam as chapas fotográficas).
8. *Radiações eletromagnéticas cerebrais* (EEG) *e cardíacas* (ECG).
9. *Antropoflux R*, de Müller, aparentadas com a radioatividade.
10. *Radioatividade.*
11. *Radiações bioplásmicas, de efeito Kirlian* (psiplásmicas, ódicas (Reichenbach), "magnéticas" ou mesméricas?). Variam com

o estado de saúde e até com o estado de ânimo e desaparecem paulatinamente após a morte.
12. *Radiações orgônicas*, de Wilhelm Reich. São pré-materiais.
13. *Emanações ectoplásmicas*, de Melle Tomczyc e outros médiuns.
14. *Radiações sonoras*, de Collonques, captadas pelo biocóspio.
15. *Manifestações eletrostáticas*.
16. *Manifestações de magnetismo físico*. O magnetismo físico não é radiação e sim, uma propriedade de atrair os corpos ferromagnéticos. Há o magnetismo natural (objetos ferromagnéticos); terrestre (que age sobre a agulha magnética); magnetismo físico do corpo humano; magnetismo artificial: pelo ímã, pela eletricidade (eletromagnetismo).
17. *Descargas elétricas*, semelhantes às dos peixes elétricos e encontradas em certas pessoas.

O quadro não está esgotado. Onde colocaríamos os eflúvios de De Rochas, os raios corpóreos de Maxwell, o fluido vital de Gasparin, a força nêurica de Barety, a força fluídica vital de Baraduc, a força central irradiante de Lombroso, as ondas biorradiantes de Racanelli, as vibrações corticais de Patrizi, os raios N de Blondlot de Nancy, os raios X^x de Ochorowicz, os raios rígidos observados por Ochorowicz em Stanislawa Tomczyc, os raios de Yurievitch e Du Bourg De Bozas, os campos de Harold Saxton Burr, os campos M de Masserman, o campo biológico de Genady Sergeyev, a energia X de Tocquet?...

Na realidade, o que significariam, em linguagem científica moderna, *Telesma*, de Hermes Trimegisto, o *Alkaest*, de Paracelso, o *Foco Gerador*, de Heráclito, o *Foco Vivo*, de Zoroastro, a *Força Vital*, de São Tomás de Aquino, o *Espírito de Vida*, dos ocultistas, a *Luz Astral*, de Abbalah?...

Como se vê, há numerosos estudos sobre radiações do corpo humano e será preciso um trabalho longo e minucioso, para se reestudar e repetir as diversas experiências efetuadas pelos numerosos pesquisadores. Somente assim, alcançaríamos a validez universal, dentro do critério científico e estabeleceríamos o que há de correspondências, similaridades ou identidades, entre as numerosas radiações encontradas.

Praticamente, estamos no marco zero nos estudos sobre radiações mesméricas e demais radiações do corpo humano.

No quadro de radiações do corpo humano, não podemos dar os comprimentos exatos de todas as ondas. Entretanto, o mesmo é suficiente para mostrar que o corpo humano pode emitir as mais diferentes radiações, as quais se ajustam ao espectro eletromagnético de Sears e Zemanski.

A comparação dos dois quadros mostra-nos claramente que existe no corpo humano, o que existe na natureza que o cerca. O corpo humano produz radiações infravermelhas, luminosas, elétricas, radioativas etc.

Por outro lado, pelo emprego de aparelhos o homem pode produzir essas mesmas radiações. Dessa forma, seja por mecanismos naturais, biológicos, seja artificialmente, por meio de aparelhos, pode-se produzir eletricidade, calor, ondas curtas, longas etc. Como também, por meios naturais ou artificiais, pode derivar-se eletricidade do calor e vice-versa, podendo haver inter-relação de reações complexas que levam à produção das mais variadas radiações eletromagnéticas e à produção, também das mais variadas reações químicas, biológicas etc.

No organismo humano, mecanismos mentais, conscientes ou inconscientes interferem nessas complexas reações, assim como vimos, no mesmerismo, a vontade estar ligada a alguns desses fenômenos.

Dispositivos especiais registram essas radiações, assim como nosso organismo pode captá-las e traduzi-las pelas manifestações sensoriais delas derivadas (captação da emanação mesmérica sob a forma de sopro, calor, vento frio, formigamento etc.), e também reações psicofisiológicas: bem-estar, sensação de vigor, angústia, medo etc., conforme a sensibilidade de cada percepiente.

Há estreita correlação entre manifestações biológicas e fenômenos eletromagnéticos, correlações essas ou de paralelismo, ou de inter-relação.

Georges Lakhovsky(12) acha que as células são pequenos ressoadores vivos, com determinada amplitude de oscilação. Ele construiu um "rádio-célulo-oscilador" para restabelecer o equilíbrio rompido. Acha também que há *radiações atmosféricas penetrantes*, que podem ser aproveitadas. Seriam estas, correspondentes ou análogas ao "fluido universal magnético", de Mesmer?

O Dr. Hernani Guimarães Andrade(2), de IBPP, planejou e construiu com sua equipe, uma aparelho, o Tensionador Espacial Eletromagnético, o TEEM. Este aparelho destina-se a criar um *campo biomagnético* (note-se que não é eletromagnético, nem magnético, nem mesmérico...), empregando meios físicos eletromagnéticos. Este campo irá agir sobre o crescimento de bactérias. Os resultados obtidos foram animadores e poderão abrir novo campo de pesquisas.

Em outro enfoque, o Dr. Harold Saxton Burr (em Russel)(23), com 30 anos de pesquisas, confirmou a existência de *Campos L*, em todas as formas de vida. Há modificações de voltagem dos *Campos L*, conforme estados emocionais, doenças etc. Os gradientes de voltagem são de corrente direta e bastante diferentes dos impulsos elétricos medidos no cérebro e no coração. Há necessidade de voltômetros muito delicados, para medir milivolts. Estamos aqui em terreno da eletricidade e não do mesmerismo.

Parece que os *Campos L*, de Burr, correspondem aos *Campos M*, de D. Wassermann(23).

O Dr. Genady Sergeiev mostrou ao Dr. Montague Ullman, um aparelho para detectar o "campo biológico".

E Robert Pavlita fabricou "geradores psicotrônicos" que acumulam energia biológica e reativados, a restituem de maneira física.

Sheila Ostrander e Lynn Schroeder(21) relatam que a médium psicocinética Nina Kulagina apresenta aumento da radiação de bioluminescência dos olhos, durante os fenômenos psicocinéticos.

A bioluminescência é fenômeno verificado e estudado pelo casal Kirlian.

Estaríamos voltando, sob novas formas, às antigas idéias dos mesmerizadores, de emanação mesmérica pelos olhos(14).

É possível que nos pretensos fenômenos de mesmerização pelo olhar, haja três tipos de fenômenos:

a) Emanação mesmérica.

b) Fenômenos de "irradiação mental", denominados sugestão mental, sugestão ou telepatia à distância, independente de conhecimento do paciente.

c) Inibições reativas, reflexos psíquicos de defesa, reações de defesa ecológica, que produzem imobilização, catalepsia, sono, morte aparente etc. em criaturas humanas e animais, ante um perigo súbito ou ante algo que o animal não compreende.

São fenômenos reflexos de inibição cerebral, produtores das hipnoses de animais, realizadas pelo Abade Faria, general Noizet, Bertrand, Lafontaine etc. Nada têm que ver com mesmerismo, "força" do olhar, ou "irradiação" mental(31).

Por estes mecanismos Lafontaine produzia sono e insensibilidade em leões, esquilos, lagartos; e mortes de sapos e cobras, pelo olhar.

O Padre Rousseau, no tempo de Luís XIV, fazia a mesma coisa e matou 20 sapos, com o olhar. Mas ao tentar fascinar o 21.º, foi ele quem caiu desmaiado e quase morreu, segundo relata Lafontaine. Este último autor, ao tentar fascinar uma víbora de 15 polegadas de comprimento, posta num recipiente de vidro, empenhou-se em verdadeira luta "mental", por 19 minutos, findos os quais o réptil caiu morto e o mesmerizador ficou com violenta cefaléia e os olhos congestionados(14).

A pretensa fascinação pela força do olhar pode ser simplesmente um fenômeno de defesa, encontrado em toda a série animal e que nada tem com a emissão de alguma radiação dominadora.

Entretanto, modificações no desenvolvimento de culturas microbianas, pela focalização do olhar, fazem pelo menos pensar como hipótese de trabalho, a existência de uma emissão de tipo mesmérico.

Dr. Albert Leprince (*Energia Psíquica e Mágicos Modernos*, Livraria Editora Eldorado Tijuca Ltda, Rio) conta que examinou uma jovem camponesa de 18 anos, que lhe foi trazida pela mãe, pois era portadora de mau-olhado. Peixes, frangos, morriam ao seu olhar e flores murchavam. Efetivamente ele viu-a fazer murchar uma rosa entreaberta, em alguns minutos. Veio-lhe a idéia de aplicar-lhe óculos anti-X, utilizados em exames fluoroscópicos e o mau-olhado desapareceu. Ao retirar-lhe os óculos, novamente as rosas murchavam ante o seu olhar.

Notou que a consulente tinha acuidade visual muito superior ao normal, podendo ler as menores letras do quadro ótico a uma distância de oito metros e no exame de fundo de olho revelava pigmentação retiniana exagerada. Leprince preferiu não tirar nenhuma conclusão definitiva sobre o caso, porque achou que se não poderia excluir influência da sugestão ou da auto-sugestão, mas recomendou que casos como estes fossem levados em consideração e devidamente estudados.

Em outra linha de pesquisas, Wilhelm Reich(24), além de medir o potencial elétrico de zonas do corpo, acabou por distinguir uma radiação que se transmitia lentamente e em movimento ondulatório, em vez da radiação elétrica, que se propaga em linha reta e com a velocidade da luz. Àquelas radiações, denominou-as energia bioelétrica e mais tarde chegou à concepção da *radiação orgônica*, que seria pré-material.

As conclusões de Reich têm sido sistematicamente repelidas pela ciência acadêmica, mas achamos oportuno consigná-las, porque Reich foi um gênio e como tal, incompreendido em seu tempo.

MESMERISMO CURADOR

Sobre os efeitos terapêuticos do mesmerismo há todo um capítulo a ser reestudado e reescrito.

Com efeito, em todos os tempos têm sido relatadas curas devidas a passes mesméricos, como até hoje não se conhece exatamente a natureza da radiação mesmérica, todos os casos se escudam em observações meramente empíricas.

Além do mais, devido à complexidade dos mecanismos em causa, na cura não se conseguiu, até hoje, determinar até que ponto estão se processando mecanismos puramente sugestivos.

A sugestão sempre está em causa e não parece que se tenha meios capazes de eliminá-la, na prática mesmérica.

Para conveniente observação científica, seria preciso, em primeiro lugar, provar e dosar a capacidade mesmérica do aplicador de passes e o que se tem feito neste sentido, até o momento, ou é insatisfatório, ou é controverso.

Em segundo lugar, ter-se-ia que fazer a aplicação da radiação mesmérica, de maneira que o paciente não soubesse que estava sendo submetido à mesma. E assim mesmo, não poderíamos eliminar a influência de algo que pode ser chamado psicocinesia, ou radiação mental, ou sugestão mental, ou a *psicobolia* de A. Tanagras.

Os grandes mesmerizadores do passado afirmam, parece que com razão, que a potência volitiva do mesmerizador unifica a ação radiadora e a conduz com segurança ao paciente, de face, de lado, pelas costas, de perto ou de longe e, às vezes, mesmo de um compartimento para outro, através das paredes, sem estar vendo o paciente[14].

Assim, Du Potet, no Hotel Dieu, de Paris, na presença do Dr. Husson e do professor Recamier, ficou num gabinete fechado à chave e, na sala contígua, a sonâmbula Srta. Sanson, que ignorava a presença do mesmerizador. Este, sem saber onde e a que distância estava a paciente, iniciou a mesmerização. Três minutos depois, esta caiu em sonambulismo ordinário[14].

Em livro anterior (*Parapsicologia, Psiquiatria, Religião*), citamos as experiências de Janet e Gibert, os quais com a sonâmbula Leonil fizeram numerosas provas de transmissão mental à distância, testadas por Myers, Ochorowicz e Marillier.

Experiências deste tipo são excepcionais e, o mais freqüente são os casos negativos, dos quais se aproveitam os contestadores dos fenômenos psi.

Ervin Wolffenbuttel[35] conta a experiência do Dr. Hans Rehder, com o curador Trampler. Este dizia-se veículo do poder onipresente, onipotente e todo bondade de Deus, que conduzia as curas. Sentia uma força que fluía dele e dirigia-se para o doente, isto até independentemente da distância.

O Dr. Rehder pediu-lhe que emitisse as suas emanações, de Graefeling para Altona, onde estavam três doentes em estado gravíssimo.

Em 29 de abril e depois nos dias 2, 3 e 4 de maio de 1953, o curador enviou as suas radiações, com resultado totalmente negativo.

Então, o Dr. Rehder fez uma contraprova. A cada paciente, em separado instruiu sobre as "curas pelo espírito", preparou-as emocionalmente e deixou-lhes em mãos, o livrinho de Trampler: *A Cura pelo Espírito*.

Em 17 de maio, preparadas para a fé, as pacientes aguardavam ardentemente e isoladas umas das outras, a intervenção à distância, de Trampler.

O Dr. Rehder avisou-as que nos dias 18, 19 e 20 de maio, Trampler iria iniciar as emissões, às 9 horas da manhã de cada dia.

As melhoras foram rápidas, espetaculares, logo seguidas de alta clínica. Acontece que Trampler não fora avisado de nada e não procedera a nenhuma emissão de fluidos curativos divinos!...

Como se vê, o assunto é sobremaneira complexo. Tudo o que tem sido escrito sobre distribuição da radiação mesmérica no corpo humano, é observação pessoal, empírica, sem validade científica.

Ao lado de delicadas observações, os mesmerizadores clássicos acumulavam uma série de idéias preconcebidas ou preconceituosas.

Assim, por exemplo, J. Lawrence(13) apresentava quadros de distribuição de "fluido magnético" no corpo humano, com zonas e lados positivos e negativos e discorria sobre a influência dos passes longitudinais que seriam calmantes quando lentos, e estimulantes, quando rápidos; os passes transversais seriam "desmagnetizantes" e despertariam os sonâmbulos e os passes rotatórios antiinflamatórios etc.

A mão direita sobre o lado direito do paciente (lados *isômeros*) teria efeito excitante, enquanto a mão esquerda posta no mesmo lado direito (lados *heterônomos*) exerceria efeito calmante(15).

Ora, tudo isto é incerto, discutível, tanto mais que os meios utilizados para determinar tais polaridades eram, muitas vezes, primitivo e criticáveis. Assim, Tiphaine e Joire, com uma agulha de aço, suspensa horizontalmente por um fio, era repelida pela extremidade do dedo direito e atraída pela extremidade do dedo esquerdo.

Durville, grande mesmerizador, era "polarista"(14) enquanto Du Potet, Deleuze, Bué, Lafontaine, Binet e Feré não o eram e cada um apresentava o seu processo para concentrar e dirigir a radiação mesmérica. Michaelus(14), em excelente livro ressalta que o essencial é agir de acordo com os princípios, sem ficar preso aos métodos prescritos.

E o caso é que o mesmerismo age diferentemente sobre os indivíduos, determinando, por vezes, fenômenos completamente opostos, conforme observa Michaelus(14).

As próprias sensações dos operadores são individuais, uns sentem calor seco e abrasante, outros calor brando e úmido, formigamentos, câimbras, cansaço, sensação de esgotamento, abalos rápidos e fugitivos, etc.

Há também a aplicação de sopros, insuflações frias e quentes, ministração de água mesmerizada etc.

Seja como for, os mesmerizadores amontoam os seus sucessos, para gáudio dos doentes e de suas famílias, enquanto os cientistas continuam a negá-los, ou esfalfam-se em encontrar quais os mecanismos em ação. E temos de levar em consideração os seguintes fatos:

1) O poder curador é um fenômeno universal, arquetípico, faz parte dos característicos humanos, assim como há musicistas incomparáveis, matemáticos magníficos, ao lado de executantes, compositores ou matemáticos medíocres.

2) Esse poder de cura pode ser atribuído a um ou mais fatores, como sejam: a) Uma personalidade dominadora ou atraente, capaz de induzir espontaneamente a sugestão em seus semelhantes; b) Capacidade psicocinética; c) Emissão ectoplásmica ou de alguma radiação conhecida ou por conhecer (bioplasma?); d) "Atuação arquetípica" ou seja, derivada de algo provindo do inconsciente coletivo.

3) À ciência interessa saber qual ou quais as fontes realmente curadoras. A grande dificuldade nesse estudo é que a sugestão deve estar quase sempre em causa. Os seus limites, mesmo, estão por ser determinados, sobretudo para se saber se ela só é o fator de curas extraordinárias com imediata *restitutio ad integra*.

4) Há pessoas capazes de emitir radiações eletromagnéticas, radioativas, atuações eletrostáticas etc. Estarão aqui os curadores mesméricos, ou neles existe maior quantidade de "bioplasma"?

5) O fato de Quimby e de "Père" Antoine continuarem a curar ao suprimirem os passes, não impede que continuassem, por força do automatismo, a emitir radiações. Ou então, continuavam as atuações arquetípicas.

6) No curador, não entra em ação um só mecanismo de cura. Cristo ora mandava o doente levantar-se e ir apresentar-se ao rabino, ora fazia manipulações com saliva e barro, ora impunha as mãos.

7) A emissão de radiações tem sido vista em curadores, pelos clarividentes. Esta observação é sujeita a críticas. Mas hoje há experiências objetivas de Krivorotov e outros curadores, pelo processo Kirlian.

8) O curador surge espontaneamente. Ele se descobre imposto pelas circunstâncias. É o que se deu com Alalouf e tem se dado com outros. A sugestão é também fator universal e onipresente, não menos universal que o homem com poder de cura. Por que, na massa de seres humanos, há alguns que se destacam com esse poder? A existência de um elemento não invalida a do outro. Existe o doente que se sugestiona e existe o homem com poder de cura, que pode até desaparecer em determinado momento.

9) Não conhecemos argumentação que invalide a ação de seres humanos em plantas e em colônias microbianas. Já em crianças e em animais, muitos casos podem ser explicados como efeito de condicionamento.

10) E há muita coisa a ser elucidada ainda. Haja vista a capacidade de pessoas que, pela imposição de mãos, fazem a água ferver ou tornar-se leitosa, perfumada etc. Embora isto seja incriminado de meramente anedótico e, muitas vezes, suspeito de fraude, tomaria a liberdade de convidar os céticos para que procurassem verificar esse fenômeno. Não peço que o aceitem, mas que não o neguem, dogmaticamente, o que não passa de atitude anticientífica.

Acontece, também, que os mesmerizadores clássicos, dedicando muito mais tempo aos seus doentes, com muita paciência e grande poder de observação aguçada pelo treinamento, verificavam muitos fenômenos que hoje não são vistos, dada a prática rápida e superficial da hipnose terapêutica.

Entre o mesmerismo e o hipnotismo há, basicamente, uma diferença de método. Aquele aplica, fundamentalmente passes, enquanto este usa, ou processos de cansaço visual (método original de Braid) ou processos diversos de adormecimento, sobretudo a voz baixa e monótona, ou métodos combinados.

O hipnotismo teve melhor aceitação, pela ciência oficial, do que o mesmerismo, porque este atribuía os fenômenos observados a algo que não pode ser facilmente detectado, enquanto Braid, ao atribuir os fenômenos ao cansaço visual, apresentando uma causa mais simples e cabível no terreno da fisiologia, impressionou as mentes científicas.

Posteriormente, apareceram diversas teorias, sendo que a de Pavlov, com os mecanismos de reflexos condicionados e zonas de inibição e excitação cortical é uma das mais compreensíveis e aceitáveis.

Bem antes dele e com genial lucidez, Ochorowicz(17) procurara explicar os fenômenos encontrados no magnetismo e no hipnotismo.

A progressiva inibição do córtex cerebral, pelas técnicas mesméricas ou hipnóticas, vai toldando a consciência vigílica, dando margem a fenômenos de automatismo mental, movimentos espasmódicos, catalépticos etc.

Diz Ochorowicz:

"É preciso não esquecer que o cérebro não é o único centro nervoso do organismo: há o cerebelo, o bulbo, medula e os gânglios (simpáticos) e há o antagonismo fisiológico entre a ação do cérebro e a destes centros inferiores, que são automáticos.

Além desses antagonismos primordiais, poderão produzir-se antagonismos parciais, característicos do indivíduo ou do momento, que dão a extrema complexidade dos fenômenos de sonambulismo. Suponhamos que a ação do cérebro esteja momentaneamente abolida (estado aidêico, ou seja, de letargia, de sono profundo). Os centros automáticos estarão exaltados e haverá exaltação dos reflexos, como na rã decapitada. Mas poderá haver partes do cérebro que estarão em funcionamento, apesar dessa inibição, que é aparentemente total. Se a ligação for feita com o cerebelo ou a medula, poderemos ver uma série de movimentos automáticos coordenados, mais ou menos inteligentes, conforme o maior ou menor concurso do cérebro. (Sonambulismo exteriormente ativo.)

Se for a medula, a melhor coordenada com o cérebro, poderemos ter uma exaltação das contrações (a idéia letárgica, ou letargia, de Charcot), com excitabilidade neuromuscular profunda e mecânica, que poderá tomar a forma mais persistente de contratura geral (a idéia tetânica). (...) Todo o sistema nervoso, cada gânglio, cada feixe, cada célula, podem ser excitados ou paralisados momentaneamente, sem nenhuma ordem rigorosa.

Daí todos os estados de sonambulismo, que agora pode-se compreender como são produzidos, poderão aparecer em qualquer fase da hipnose (ou do mesmerismo) e mesmo no estado de vigília: anestesia, hiperestesia, catalepsia, contratura, excitabilidade neuromuscular. E como as fases de inibição ou de sono mais ou menos profundo sucedem-se ora num sentido, ora noutro, teremos polidéia (sonambulismo com sono, ou seja, polidéia passiva e sonambulismo lúcido ou polidéia ativa), monoidéia (uma só idéia dominante, concentrada, podendo ser alucinatória) e a idéia (letargia, sono profundo), aparecendo em qualquer momento.

As fases hipnóticas (ou mesméricas) pois, mudam em seguida a uma excitação qualquer, que pode adormecer melhor ou acordar, e tudo isto de acordo com a associação ideoorgânica obtida pela sugestão (sopro, passes, sugestão verbal, telepatia à distância) (...)."

O estado de vigília é polidêico. No sonambulismo lúcido há um estado polidêico ativo, porém com retraimento do campo de consciência, ou com intervalos polidêicos, e com outros fenômenos variados, inclusive parapsicológicos. E tudo isto pode surgir ou se suceder, ou se misturar, com rapidez muito grande, conforme o acentua o mestre Ochorowicz.

Os antigos mesmerizadores, entretanto, ao observarem fenômenos tão complexos, deixavam-se levar por idéias pessoais e atribuíam a ações mesméricas o que era devido a sugestões conscientes ou inconscientes produzidas por eles mesmos.

Além da complexidade do fenômeno em si, há a complexidade da relação interpessoal: operador-paciente e ainda mais, das relações intrapessoais, inconscientes e ainda obscuras.

Então, as tabelas comparativas entre ações mesméricas e hipnóticas, de Bué(6), Lawrence(13), Lancelin(11) parecem-nos arbitrárias e necessitadas de verificação e revisão.

Mais complexo se nos apresenta o problema, quando deparamos com fenômenos estranhos e insólitos, vistos pelos antigos mesmerizadores, aos quais poderemos atribuir mecanismos vago-simpáticos, diencefálicos ou outros mecanismos neurofisiológicos, que necessitam ser elucidados.

Uma paciente do Dr. Barety(3) soltava gritos agudos, quando ele passava a mão ligeiramente pelo couro cabeludo e pelo oco epigástrico. Bastava tocar a extremidade de um fio de cabelo, para ela soltar um gemido significativo e afastar a cabeça, mesmo que isto fosse executado sem que ela o visse.

Isto é classificado como hiperestesia sensorial, apenas um rótulo científico que nada explica...

Suspeitando que tal hiperestesia fosse conseqüente ao deslocamento do ar, o Dr. Barety pôs-se a três metros da paciente. Ao levantar lentamente as mãos, com os dedos em direção do couro cabeludo da paciente, ela soltou um gemido e fugiu. O fato repetia-se, quando ele reproduzia a manobra.

O Dr. Barety fez um estudo profundo e minucioso da irradiação e das propriedades do que ele denominou a *força nêurica*, verificando até as cores que se deixavam atravessar por ela (*dianêuricas*), como o vermelho, o preto, o verde, o branco, o rosa, cada uma com sua gradação dianêurica; e viu as cores *anêuricas*, que a interceptam: o amarelo, o violeta claro.

Em que pese toda a dedicação do Dr. Barety, tudo isto tem que ser repetido, para poder ser aceito generalizadamente.

Lancelin(11), após oito anos de experiências (1920-1928) com uma paciente especialmente dotada, Mme. Lambert, deparou-se com fenômenos estranhos. Ao pôr as mãos, heteronomamente nas regiões temporais de Mme. Lambert, esta, após dois segundos exclamou: "Você me mata" e ambos ficaram terrivelmente prostrados, apesar de logo a seguir Lancelin ter aplicado a técnica de "transfusão vital", mão-a-mão.

No dia seguinte, ela sentia a vida escoando-se pelo alto da cabeça, como uma fumaça de locomotiva e passou dois anos tendo fenômenos relacionados com esse incidente.

A paciente dirigiu a "fumaça vital" para um copo de paredes espessas. Depois, "virou" o conteúdo do copo em seu crânio, recuperando quase toda a "substância" (seria algo viscoso, mais pesado do que o ar? Algo de natureza ectoplásmica, ou bioplásmica?...). Posteriormente, Mme. Lambert sentia que havia algo dela em Lancelin, quando este pegava o copo, com o qual não tinha contato há mais de três meses. Tudo o que se fazia com o copo repercutia fortemente na paciente.

É preciso notar que Mme. Lambert, além de paciente excepcional, havia sido anteriormente trabalhada longamente pelo Coronel De Rochas.

Fenômenos semelhantes a estes, mas não tão intensos, têm sido relacionados por mesmerizadores.

Como se pode vislumbrar, estamos ante fenomenologia tão vasta e tão complexa e ainda com tantas incógnitas, que mal podemos mencionar ligeiramente as dificuldades a serem enfrentadas.

Compreende-se, também, que ante tamanho empirismo e tanta imprecisão, a ciência acadêmica não queira aceitar o mesmerismo(14, 27) e que tal prática caia sob a sanção de nossos legisladores, a ponto de nosso Código Penal em seu artigo 284, item II, proibir o emprego até de gestos, para curar, visando, naturalmente com isto, entre outras coisas, à prática mesmérica.

Achamos que no ponto em que estão nossos conhecimentos e em face dos estudos soviéticos e norte-americanos, a atitude mais conveniente e equilibrada é a da legislação italiana, que permite a atividade de curandeiros, quando realizada com o concurso e a supervisão de médico habilitado. Quer a proibição absoluta, quer a tolerância ilimitada, como a existente na Inglaterra, têm seus inconvenientes, mas achamos que aquela impede ou dificulta o progresso de matéria que merece ser estudada e elucidada.

Em torno do assunto, há um estudo muito lúcido de Djalma Barreto: *Parapsicologia, Curandeirismo e Lei*(4).

Se passarmos do terreno da psicofisiologia, de per si complicado, para o da parapsicologia e procurarmos buscar, na ação mesmérica, associada a práticas e crenças religiosas ou de tipo mágico, a intervenção de inteligências humanas ou não humanas (elementais etc.), cairemos num cipoal do qual não poderíamos sair. Wolffenbuttel(32), fala num taumaturgo emissor e num doente receptor. A cura se dá quando o emissor é bastante poderoso e o receptor bastante sensível. E haveria ondas longas (físicas), curtas (mentais, intelectuais) e ultracurtas ("espirituais").

Pedimos ao leitor que se dirija a obras nossas anteriores (*Parapsicologia, Psiquiatria, Religião* e *A Magia e o Diabo no Século XX*).

FIGURA I
Espectro eletromagnético (Sears e Zemansky).

Seqüência (ciclos/segundo)			Comprimentos de onda (milimícrons)	
Campo psi	10^{50}?	Pensamento?	10^{-30}?	
	10^{30}?	Bioplasma?	10^{-10}?	
	10^{23}	Raios gama (cósmicos)	10^{-6}	
	10^{22}		10^{-5}	
	10^{21}	Raios X	10^{-4}	1 unidade Qui
	10^{20}		10^{-3}	
	10^{19}	Raios ultravioleta	10^{-2}	
	10^{18}		10^{-1}	ängstrom
	10^{17}	Luz visível	1	milimícron
	10^{16}	(0,8-0 mícron)	10	
	10^{15}		10^2	
	10^{14}	Infravermelho	10^3	1 mícron
	10^{13}		10^4	
	10^{12}	Ondas curtas de rádio.	10^5	
	10^{11}		10^6	
	10^{10}		10^7	1 centímetro
	10^9	Ondas médias de rádio.	10^8	
	10^8		10^9	1 metro
	10^7		10^{10}	
1 megaciclo —	10^6	Broadcast	10^{11}	
	10^5		10^{12}	1 quilômetro
	10^4	Ondas longas de rádio.	10^{13}	
1 quilociclo —	10^3		10^{14}	
	10^2		10^{15}	
	10^1		10^{16}	

(Francis Weston Sears e Mark W. Zemansky, *Física*. Sedegra, 1959, Rio, figs. 39-1, p. 857.)

O espectro de Sears e Zemansky inspira-nos algumas reflexões filosóficas.

No *continuum* consciência-movimento, percebemos uma progressão de baixo para cima, de vibrações (ondas muito rápidas), que por sua vez são expressão de movimento.

Ao que hoje a ciência dá expressão física, ou eletromagnética, os sábios e místicos da antiguidade exprimiam-no filosófica ou religiosamente, captando intuitivamente o que nos mostram os aparelhos modernos.

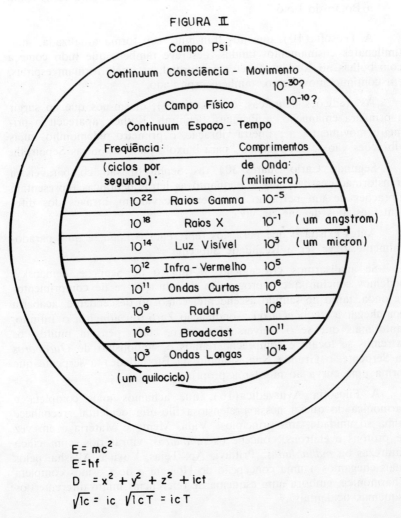

FIGURA II

$E = mc^2$
$E = hf$
$D = x^2 + y^2 + z^2 + ict$
$\sqrt{1c} = ic \sqrt{1cT} = icT$

167

A Filosofia hermética, no Kaibalion(7) enunciava o seu terceiro princípio:

"Tudo está em movimento; tudo vibra; nada está parado."

No versículo 6, da Estância II, das Estâncias de Dzyan(5) e no versículo 1 da Estância III, lê-se:

"O Universo estava ainda oculto no Pensamento divino e no Divino Seio."

"A última vibração da Sétima Eternidade palpita através do Infinito. A Mãe se incha e se alarga de dentro para fora, como o Botão do Loto."

A Teosofia(10), que nos transmite, sob forma atualizada, multimilenares ensinamentos hindus, descreve também que tudo começa com bolhas no Koilon, ou éter primordial, as quais formam espirais, em contínuo movimento, também espiralado.

As tradições hebraicas, cabalísticas(9), dizem-nos que ao surgir a primeira emanação, a Primeira Sephirah, Kether, apareceu o primeiro movimento, a primeira vibração, o primeiro redemoinho, cujas vibrações vão se propagando "para baixo", para as outras Sephiroth.

Segundo Carlo Suarés(30), as Sephiroth são comparáveis a transformadores de energia, enquanto as letras hebraicas representam vibrações de um perpétuo movimento de vaivém, através dos diferentes estados de energia viva.

Antes existia o que para nós representa o *nada*, e que, paradoxalmente, deve ser a Realidade Suprema.

Se analisarmos criticamente o quadro de Sears e Zemansky, podemos concluir que a progressão de vibrações e de comprimentos de onda, tanto no sentido ascendente, como no descendente, acabaria por chegar à freqüência ou à ondulação Zero, ou atingiria o Infinito, tanto mais que se o Universo for curvo, como pensam muitos, os extremos se tocam e compreenderíamos o simbolismo do *Ouroboros* (a Serpente, o Grande Nag, símbolo da Eternidade) a serpente que forma uma curva ao morder a própria cauda.

A Filosofia Avurvédica(16), que achamos mais completa e harmônica do que a nossa pretensiosa filosofia ocidental, reconhece numa só unidade, três princípios: Vida, Mente e Matéria e em vez de prótons e elétrons, concebe os *tanmatras,* vibratórios, com cinco naturezas ou *mahabhutas*: Prithivi, Ap, Tejas, Vayu e Akasha, pelos quais chegamos a uma concepção do Homem e do Cosmos completa e harmônica, embora num esquema de referências muito diferente dos esquemas ocidentais.

BIBLIOGRAFIA

1. Andrade, Hernani Guimarães, *A Matéria Psi*. Matão, Ed. O Clarim, 1972.
2. Andrade, Hernani Guimarães, "Parapsicologia e suas Áreas de Pesquisa". São Paulo, 1972. Tese não publicada.
3. Barety, Dr. A., *Le Magnetisme Animal*. Paris, Octave Doin Ed., 1887.
4. Barreto, Djalma, *Parapsicologia, Curandeirismo e Lei*. Petrópolis, Editora Vozes, 1972.
5. Blavastsky, H. P., *La Doctrina Secreta*, I Vol. Buenos Aires, Editora Kier, 1943.
6. Bué, Alfonse, *Magnetismo e Hipnotismo Curador*. Rio de Janeiro, FEB.
7. Camaysar, Rosabis, *O Kaibalion*. São Paulo, Ed. O Pensamento, 1941.
8. Creusé, Dr., *Rayonnements Humains*. Paris, Ed. Chiron.
9. Fortune, Dion, *La Cábala Mística*. Buenos Aires, Ed. Kier, 1944.
10. Jinarajadasa, C., *Fundamentos da Teosofia*. São Paulo, 1970.
11. Lancelin, Charles, *L'Occultisme et la Vie*. Paris, Ed. Adyar, 1926.
12. Lakhovsky, Georges, *L'Origine de La Vie*. Paris, 1925.
13. Lawrence, Dr. J., *1.º e 2.º livro das Influências Maravilhosas*. Rio de Janeiro, Lawrence & Cia., 1913.
14. Michaelus, *Magnetismo Espiritual*. Rio de Janeiro, FEB, 1959.
15. Montandon, Raoul, *Les Radiations Humaines*. Paris, Alcan Ed., 1927.
16. Murti, G. Srinivasa, *The Science and the Art of Indian Medicine*. Paris, The Theosophical Publishing House, M. Adyar, 1948.
17. Ochorowicz, J., *De La Suggestion Mentale*. Paris, Doin Ed., 1889.
18. Ohlhaver, Hinrich, *Os Mortos Vivem*. Matão, Ed. O Clarim, 1971.
19. Parkins, James S., "Uma Continuidade Espaço-consciência em Sete Dimensões". Porto Alegre, FEEU — Curso de Universalismo.
20. *Psychic*, P. O. Box 26289 — Custon House, San Francisco, Cal. abril, 1971.
21. *Psychic, idem*, junho, 1971.
22. *Psychic, idem*, julho, 1972.
23. Russel, Edward W., *Reencarnação: O Mistério do Homem*. Rio de Janeiro, Artenova.
24. Reich, Wilhelm, *The Cancer Biopathy*. Nova York, Orgone Institute Press, 1948.
25. Teixeira de Paula, João, *Dicionário de Parapsicologia, Metapsíquica e Espiritismo*. São Paulo, Banco Cultural Brasileiro Ed., 1970.
26. Tocquet, Robert, *Revelación del Ocultismo*. Buenos Aires, Ed. La Isla, 1955.
27. Tocquet, Robert, *Quand la Médecine se Tait*. Paris, Éditions Dancel, 1954.
28. Tocquet, Robert, *La Guérison par la Pensée*. Paris, 1970.
29. Saint Savin, Charles, *Guérisseurs et Médecins*. Paris, Ed. L'Ermite, 1950.
30. Suarés, Carlo, *Le Sepher Yetsira*. Genebra, Éditions Montblanc, 1968.
31. Volgyesi, Ferenk A., *Hypnosis of Man and Animals*. Londres, Baillière, Tyndall & Cassell, 1963.
32. Wolffenbuttel, Ervin, *Revista Brasileira de Medicina*. Rio de Janeiro, jan./dez. de 1957.
33. Wolffenbuttel, Ervin, *Revista Brasileira de Medicina*. Rio de Janeiro, abril de 1958.
34. Zemansky, Mark W., Sears, Francis Weston, *Física*. Rio de Janeiro, Sedegra, 1959.

3

PSICOLOGIA TRANSPESSOAL

ALBERTO LYRA

A história da Psicologia Transpessoal é curiosa. Ela começou pelas drogas.

Em 1954, ao escrever *As Portas da Percepção*, Aldous Huxley despertou o interesse pelas drogas alucinógenas como fonte de pesquisa profunda da mente humana. Em 1963, ele ministrou LSD à sua esposa, no leito de morte.

Timothy Leary, seu admirador, doutor em Filosofia pela Harvard, começou nessa década, a utilizar-se de cogumelos e, mais tarde, de LSD. O erro de Leary foi querer mudar o sistema social, em vez de modificá-lo. Ele e seus companheiros não eram comunistas, nem anarquistas, mas estavam ocupados em projetar uma sociedade diversa, baseada no uso dos psicodélicos e mostravam-se fortemente contrários ao sistema político vigente. Leary apoiava os "Panteras Negras". Jovens e adolescentes, nessa época, foram atraídos como poucos movimentos políticos o souberam fazer (Cavanna, 1973). A reação não se fez demorar. Leary foi pego em flagrante e condenado a 30 anos de prisão (indultado posteriormente) e na sentença condenatória figurava que ele havia induzido seu filho e sua filha a usarem "sacerdotalmente" o alucinógeno e isto escandalizou o Júri e a Igreja (Wellesley, 1973).

De fato, ele promovia sessões em grupo, em que o sexo era associado ao LSD, visando a profundas experiências religiosas. Afinal de contas, nada mais atraente para jovens (e mesmo para idosos...) do que sentir Deus e ao mesmo tempo entrar em orgasmo em cada célula do corpo, conforme relatou Leary à revista *Playboy*!...

Não queremos nos alongar com outros movimentos análogos. Citamos apenas de passagem o guru Bhagwan Rajneesh (Manchete n.º 1646, Ano 32, 5-11-83), primeiramente em Poona e agora em Raj-

171

neeshpuram, no condado de Altona, no Oregon (USA), que comanda milhares de discípulos dando-lhes o máximo de permissão em matéria de sexo e violência, proscrevendo, entretanto, as drogas. Não se chega a Deus, apenas pela droga, mas por numerosas técnicas que vão desde o relaxamento de Schultz, grupos de encontros, *selfremembering* de Gurdjieff e terminam nas meditações Zen e nas danças dos derviches do Sufismo.

A droga usada com discernimento, como método de pesquisa e sob devido controle, é válida. Infelizmente, a inexperiência e a desorientação ante o mundo moderno, têm levado os jovens a excessos, contra os quais têm falhado todas as medidas tomadas até agora.

Vale a pena citar dois companheiros de Leary.

Richard Alpert (1978) que depois adotou o nome de *Baba Ram Dass*, começou, também, com amigos, a constituir um culto, ou seja, um sistema de crenças compartilhado por um grupo e acabou também sendo expulso da universidade.

Alpert vivia em grande tensão, bebia muito e estava na iminência de operar-se do estômago. No quinto ano da psicanálise, abandonou o seu psicanalista, o qual o reprovou por deixar a análise estando, como estava, muito doente. Alpert desafiou-o, mostrando-lhe previamente o que ele iria interpretar. Ficou descrente de todas as psicoterapias, caiu em orgias alcoólicas e sexuais e cada vez mais ávido de posições e conhecimentos.

A história se repete. Grof (1980 pg. 356) conta de um paciente cujo analista não entendia o que ele relatava sobre as experiências com LSD e procurava dar uma interpretação freudiana. O paciente perdeu o respeito para com o analista, considerou-o ignorante e não pôde manter uma relação terapêutica.

Muitos anos antes, Eileen Garrett (1948) desiludira-se também com os médicos, porque estes eram incapazes de compreender os fenômenos ESP (de percepção extra-sensorial) que se passavam com ela. Ela só foi encontrar a explicação e a solução para os mesmos, com o leigo Edward Carpenter, que lhe fez antever a consciência cósmica e com o fundador do British College of Psychic Science, Hewat McKenzie, que a ensinou a lidar com as suas qualidades *psi*.

Alpert entrou nos psicodélicos e, com psilocibina, experimentou sensações que toda a sua psicologia não explicava. Concluiu que, *para quem tem a experiência psicodélica, nenhuma explicação era necessária e para quem nunca a teve, nenhuma explicação era possível.*

Deu a droga para juízes, filósofos, ministros, estudantes graduados, cientistas sociais e concluiu, após 200 protocolos, que era preciso um ambiente especial e em função das expectativas do que iria acontecer. E que havia uma hierarquia de experiências (confirmado isto por diversos experimentadores).

Alpert teve diálogos telepáticos e via as pessoas como uma estrutura celular, ou como padrões de energia, até alcançar a Luz Branca, em que cessavam as formas e só restava pura energia.

Depois. passou para o LSD, com 400 microgramas ao dia, até chegar a 2400, tomou também haxixe. Aí foi a Katmandu, a cidade das drogas, no Nepal e lá encontrou um *hippie-saddhu* * de 23 anos, Bhagwan Dass, vindo de Laguna Beach, na Califórnia. Com ele, percorreu a Índia, descalço, a pé, vestido à indiana. Afinal encontrou-se com o seu guru Maharaji. Este mostrou-lhe dons telepáticos incomuns e, coisa ainda mais importante, a vivência da união profunda de duas criaturas, com fusão total, indescritível e convincente para quem a passa.

De volta aos EUA, tem se dedicado a propagar as suas novas idéias.

Ralph Metzner (1971), de Oxford, depois em Harvard, passou pela psicanálise, pela Gestalt de Fritz Perls e foi desembocar no alucinógeno, em 1961. Percorreu a ioga, a bioenergética, a psicossíntese de Roberto Assagioli, grupos de encontro, psicodrama, Gurdjieff, Bookminster Fuller, Teilhard de Chardin, Anagarika Govinda, o Yi King para em 1968 topar com Russell Paul Schofield, tornando-se seu discípulo, estudante de Agni Yoga, na escola denominada *Actualismo*.

A trajetória é quase sempre a mesma. O início é o alucinógeno e o fim, a religião e o misticismo.

Os céticos explicam isto a seu modo: os drogados caem na ilusão e na alucinação e depois racionalizam as suas experiências. Achamos que se *non é vero, é ben trovato*...

Com efeito, Nevill Drury (1979) em 1968 teve uma experiência mística com o LSD, junto com amigos. Sentiu-se numa caverna e viu estranhas criaturas subumanas, umas parecendo gnomos. Uma corrente "tântrica" o levou em direção à lua, onde se viu frente a criaturas disformes e estúpidas. Sentia-se sugado para cima sem a consciência do corpo. Sem ser cristão, apareceu-lhe Cristo, dentro de uma cruz iluminada. Passou vários dias sem poder pensar de modo racional e, naturalmente, essa experiência mudou-lhe a cosmovisão.

Experiências como essas, podem surgir espontaneamente. O pai de Nevill Drury, em 1973 passou pela experiência de iniciação de

---

* *Saddhu* = homem santo.

renascimento. Apresentou sintomas paranóides; olhou o sol fixamente levado por uma Voz que lhe garantia que nada iria lhe acontecer. Depois passou a enxergar a aura (círculo luminoso e ou colorido em torno do corpo) de toda a família. A Voz foi identificada com a voz do Senhor do Mundo. Via adversários vestidos de cores "hostis" e gaivotas voando em grupo formando números simbólicos. Teve visões de Siva. Após isto, sentiu uma paz nunca sentida e grande integração e harmonia.

Como se vê, há uma linha brumosa entre a psicose e a iluminação. Os junguianos interpretarão tudo isso, como fenômenos que antecedem a individuação, a integração com o Selbst. Os psicanalistas poderão dizer que é a luta contra o pai castrador, ou outras explicações deste tipo. Os ocultistas falarão em confrontação com o guardião do Umbral, e cada escola dará a sua interpretação.

Dentre os numerosos pesquisadores, selecionamos dois, que muito contribuíram para elucidar os efeitos dos alucinógenos.

Andrija Puharich (1974), médico norte-americano, fazia pesquisas sobre ESP (percepção extra-sensorial) patrocinado pelo Pentágono, segundo o relata à p. 13 de seu livro. Convém lembrar que tanto nos USA como na URSS, os governos, muito discretamente, estão muito interessados no estudo desses fenômenos e, ao que parece, não por amor à ciência ou por finalidades altruístas...

Puharich, em 1954, teve a sua atenção despertada para um rapaz, Harry Stone, o qual, em transe espontâneo, desenhara figuras que depois foram identificadas como hieróglifos do antigo Egito e outras, como sendo do cogumelo *Amanita Muscária*, de qualidades tóxicas e alucinógenas. Puharich, que acompanhou o caso durante três anos, chegou a conclusões curiosas. Havia uma personalidade comunicante, que foi identificada, pela pesquisa histórica, como sendo Ha-Oh-Tep, sacerdote e vidente de Heliópolis, filho do faraó Snefru (chamado por Heródoto, Rhampsinitis, da III.ª dinastia, 2700 anos antes de Cristo).

Havia mais, Puharich verificou que o cogumelo acima referido, era utilizado na cerimônia sagrada do Heb-Sed, a qual deixou de ser praticada exatamente a partir dessa época, a qual coincide com o triunfo dos sacerdotes de Ra, que o estabeleceram como o deus supremo do país, em lugar de Amon, o deus cornudo de Tebas, erigido em deus nacional.

Note-se que Puharich e Harry Stone desconheciam tudo o que se referisse ao Egito da III.ª Dinastia, ao egípcio arcaico e à existência de Ha-Oh-Tep e do cogumelo *Amanita Muscária*.

Casos desta natureza podem ter diversas explicações, a começar que se pode dizer tratar-se de ilusões, ou de estória fabricada por

Harry Stone, em combinação com Puharich, que assim se mostram ótimos escritores de ficção. Pode-se também alegar fraude de Harry Stone, que consultara previamente dados a respeito e simulara comunicá-los através de falsos transes.

Eliminando-se essas objeções dos céticos, teremos as explicações aceitáveis dentro da teoria da ESP:

1) *Criptomnésia*, esquecimento total de fatos conhecidos e que parecem novos quando vêm à tona. Stone sabia de tudo isto, mas se esquecera totalmente; 2) Comunicação telepática inconsciente com algum egiptólogo; 3) Comunicação mediúnica com o "espírito" de Ha-Oh-Tep; 4) Harry Stone, sendo Ha-Oh-Tep reencarnado; 5) Possessão temporária da mente de Harry Stone, pelo "espírito" de Ha-Oh-Tep; 6) Memórias captadas no inconsciente coletivo, de Jung; 7) Ou, o que seria equivalente, captação de Harry Stone, do Akasha, a memória cósmica que tudo guarda.

Aqui não é lugar para nos estendermos sobre essas hipóteses.

O que temos em mira é mostrar que fatos como estes, têm contribuído para que se possa admitir a possível existência de estados alterados de consciência (EAC). Estes, então podem ser, como o são na maioria das vezes, psicopatológicos, de conteúdo ilusório ou alucinatório. Podem, entretanto, significar muito mais do que isto: podem significar "expansão da consciência do Ego, no tempo e no espaço", que se manifesta sob a forma de telepatia, clarividência, premonição, autoscopia ("desdobramento astral", *out of the body experience*), sobre o que voltaremos mais tarde. Desejamos acentuar no momento é que a pressão dos fatos tem levado os cientistas a pesquisar e a aceitar, a contragosto, fenômenos como os acima citados, que eram antes tidos como puro produto de fraude, ilusão, alucinação etc., nada havendo digno de ser observado.

Por vias travessas, os pesquisadores foram compelidos a fazer uma comparação entre as experiências alucinógenas e outras, com as multimilenares observações hindus, tibetanas e outras.

Stanislav Grof (1980 a), tchecoslovaco, professor-assistente de psiquiatria na Johns Hopkins University, é um dos mais respeitáveis observadores do uso do LSD em Psicoterapia. Pouco antes, ou mesmo concomitantemente, Harold A. Abramson (1960) e outros abordaram o uso do LSD em psicoterapia, sobretudo em alcoólicos.

Grof, durante 17 anos, a partir de 1956, pesquisou os efeitos do LSD, em 2600 sessões, conduzidas individualmente e 800, junto com colegas. A maioria dos sujeitos era composta de neuróticos graves, fronteiriços esquizofrênicos e outros e uma ampla categoria de voluntários "normais": artistas, filósofos, cientistas, teólogos e uma pequena parcela de cancerosos terminais (Werl, 1978). Empregou doses de 15 a 80 microgramas visando a um enfoque psicolítico; doses de 100 a 250 microgramas, em sessões orientadas psicanaliticamente e doses de 300 a 500 microgramas, para fins de tratamento psicodélico e visando facilitar a experiência mística.

Na terapia psicolítica (relaxamento mental) obteve efeitos estéticos (como os de Huxley) como também psicodinâmicos. Os efeitos estéticos são resultantes de simples excitação dos órgãos sensoriais; os psicodinâmicos manifestam memórias da infância ou de outras idades, agradáveis ou não e há mistura complexa de fantasia e realidade, simbolizações e dramatizações, enfim, todas as manifestações do inconsciente.

Nas doses de 100 a 250 microgramas, em sessões orientadas psicanaliticamente, Grof concluiu que os fenômenos observados podem constituir prova laboratorial das premissas básicas da psicanálise. Os fenômenos podem ser predizíveis, constituindo-se uma constelação de memórias específicas, que forma o que Grof denomina: sistemas COEX (sistema de experiências condensadas), ou seja, constelação de memórias que consistem em experiências e/ou fantasias condensadas, de diferentes períodos da vida do indivíduo.

Há sistemas COEX positivos, de memórias agradáveis e sistemas COEX negativos, de memórias desagradáveis. Estes se manifestam por sintomas sádicos, masoquistas, obsessivo-compulsivos, tensões, ansiedades, tendências suicidas. Foram verificadas revelações de traumas do nascimento, em apoio de Otto Rank.

Grof, entretanto, chegou a experiências para as quais ele não pôde encontrar explicação dentro do arcabouço da teoria freudiana. Nessas "experiências perinatais", o paciente tem crises de intenso sofrimento e perturbações físicas (que fazem lembrar o choque insulínico). Grof verificou surpreendente semelhança entre o nascimento e a morte, tirando disto a maior conclusão filosófica resultante dessas observações.

Outro fato, entretanto, veio abrir para Grof, outras perspectivas. Esses impactos emocionais ligados à morte e ao renascimento, fizeram surgir uma abertura de dimensões espirituais e religiosas. Estas parecem intrínsecas à personalidade humana, com *insights* para altas realizações psíquicas, que são encontradas nos místicos de todos os tempos e nos mais diversos lugares do mundo. Essas experiências vieram mostrar a unidade cósmica, o mergulho no infinito, a luta morte-renascimento e a experiência morte-nascimento.

De passagem lembremos os indizíveis sofrimentos passados por Santa Teresa de Ávila, (Fülóp Miller, 1950), comparáveis, até certo ponto, aos de Gopi Krishna (19..), até alcançarem a liberação final. O primeiro, onde uma moça fútil de sociedade, tornou-se fundadora de conventos, escritora e respeitada em sua época; e o segundo, de um modesto funcionário que tornou-se filósofo reconhecido em todo o mundo e paradigma de serenidade e elevação espiritual. A ciência acadêmica pode rotular esses fenômenos como resultantes de reações histéricas ou esquizofrênicas. Pelo que se sabe da mística oriental, são produtos do desenvolvimento de centros energéticos internos, os *chakras,* cujo centro básico é o denominado Muladhara, fonte da Kundalini, a energia psíquica.

Voltando a Grof, ele catalogou as suas experiências como:

a) Matriz perinatal I (união com a mãe);

b) Matriz perinatal II (antagonismo com a mãe);

c) Matriz perinatal III (sinergismo com a mãe);

d) Matriz perinatal IV (separação da mãe).

Ele mostra que as experiências perinatais pertencem a um nível mais profundo do inconsciente, que seria o nível do inconsciente de Rank.

As *matrizes perinatais são um fato clínico* e representam marcas ancestrais, estruturas filogenéticas ou matrizes arquetípicas, no sentido junguiano. O estudo delas está profundamente ligado às síndromes psicopatológicas de ansiedade, depressão, tendência incoercível ao suicídio, de agressão e outras.

Nos 17 anos de pesquisa, Grof chegou a tal requinte de observação, que traçou uma cartografia dos diferentes tipos de experiência e "mapas de consciência", que indicam uma estratificação vertical das camadas do inconsciente, correspondendo cada uma, a um tipo de experiência.

Não sabemos até que ponto isso é uma construção mental do pesquisador, tendo em vista que os fenômenos observados são extremamente variados e complexos e freqüentemente manifestam-se em ordem não cronológica. Há uma tendência do investigador — a de ver aquilo que ele procura, e do paciente — a de mostrar o que o seu terapeuta deseja...

Seja como for, as experiências de Grof levaram-no a resultados práticos: inversão da homo para a heterossexualidade, cura de casos graves de alcoolismo, de tendências suicidas, de casos de sadomasoquismo, de doenças psicossomáticas, tais como a asma e a psoríase. As curas de psicóticos foram em número pequeno, não permitindo chegar-se a generalizações.

Houve ainda, algo mais espetacular do que o mencionado acima: as chamadas "experiências transpessoais" pelo LSD.

Grof concluiu após muitos anos de experimentação, que elas representam fenômenos *sui generis*, originados de camadas ainda mais profundas do inconsciente, que não foram percebidos, nem reconhecidos nas sessões psicanalíticas clássicas. Não são explicáveis em termos freudianos e não podem ser reduzidos a qualquer outra categoria de elementos psicodinâmicos. De fato, os psicanalistas e outros terapeutas não percebem o fenômeno, mesmo que ele tivesse aparecido, porque ignoram certas características experienciais e fenomenológicas e o contexto em que as experiências ocorrem.

Temos visto clientes que apresentam nítida fenomenologia *psi* (extra-sensorial) que não foi percebida pelos colegas que os examinaram anteriormente e quando a viram, catalogaram-na como sintomatologia esquizofrênica, ou histérica.

Grof define a "experiência transpessoal" como "a expansão ou a extensão, da consciência além das limitações usuais do ego e das limitações de tempo e espaço".

O estado de consciência usual do ego está em correlação com o chamado mundo fenomênico, ou seja, a "realidade objetiva". Ora, as experiências transpessoais não estão baseadas na "realidade objetiva", no mundo fenomênico habitual. Elas estão abertas para uma outra concepção do universo, para uma outra cosmovisão.

Grof viu confirmados pela mãe ou por outras pessoas relacionadas com o paciente, vivências fetais e embrionárias e até de aparente memória de encarnações passadas. São "experiências de extensão do tempo". A extensão das dimensões espaciais são as de transcendência do ego, com identificação com outras pessoas (como a que Alpert teve com o seu guru); com animais e até plantas; as de autoscopia externa (conhecida precariamente pela psiquiatria clássica), denominada também: *out of the body experience*, "desdobramento astral" e outras denominações. O indivíduo se vê transportado à distância e vê lugares, pessoas e cenas que são identificadas posteriormente.

Telepatia e outras manifestações foram vistas por Grof, inclusive casos que fazem pensar em encontro com entidades supra-humanas e com deidades bem-aventuradas ou coléricas!... E estados de consciência de união com a Mente Universal ou do Vácuo Supra e Metacósmico...

Para muitos, isto tudo deve parecer extravagante. Aqui também, há as conseqüências práticas. As experiências de Grof têm contribuído para uma nova compreensão da esquizofrenia. Ajudam também a compreender a tradição mística, os mistérios religiosos, os ritos de passagem, a cosmologia e a religião das culturas primitivas. Grof, Alpert, e outros experimentadores ficaram impressionados com a semelhança entre as suas vivências e descrições do *Livro Tibetano dos Mortos* e de outros livros religiosos orientais.

Grof acentua que as suas experiências estão mais relacionadas com a filosofia hindu, do que com os conceitos freudianos e que as fronteiras da mente humana coincidem com as fronteiras do universo.

Aqui reportamo-nos a Perls, Hefferline e Goodman (1951), que entre outras coisas, afirmavam:

"Não há 'mente' operando sobre um 'corpo', num 'mundo exterior'. Isto que se sente comumente é o resultado da educação. A dicotomia 'objetivo-subjetivo' é artificial. Se se conseguir aquela unidade, *a 'mente' se alargará e se estenderá*. O 'mundo externo' não é senão a contraparte de um 'mundo interno'."

Alan Watts (1972) diz também que "o mundo fora de nossa pele é tão você mesmo, como o que está dentro" e preconiza para saltar a barreira da pele, em igualdade de condições (p. 118), a meditação ioga (...) o uso de substâncias químicas que alteram a consciência, como o LSD e a mescalina (...), as técnicas de alerta sensorial, o quaquerismo, os exercícios de Gurdjieff, as terapias de relaxamento, o método de Alexander, o treinamento autógeno.

Mostremos o problema sob outra forma.

O estado ordinário de consciência caracteriza-se pelo fato de eu ter consciência de meu Eu, que é um todo unitário, fundamentalmente o mesmo (identidade) e em constante movimento (atividade). Tenho a consciência de meu Eu, com seus pensamentos, sentimentos, sensações etc. E tenho também consciência do Objeto, ou seja, de tudo o que é exterior a mim. Há oposição Eu-Objeto, porque os objetos representados em minha consciência não são o meu Eu e sim atributos do meu Eu. Há um mundo objetivo, composto pelos objetos dispersos, tangíveis e visíveis, e um mundo subjetivo, constituído pelo meu Eu, minha consciência.

Em geral, apreciamos o objetivo, o real (para nós) e temos muita desconfiança para com nosso mundo subjetivo, que não é "real".

Jung veio subverter isto, quando afirmou: "O psíquico é tão real quanto o corporal, embora não visível nem tangível" (Jolan Jacobi, 1947, p. 29). Parodiando Jung, dizemos que as fantasias também são "reais", são "coisas", em outro sentido. Elas existem.

Pois bem, um indivíduo num EAC, seja pelo LSD, seja pelo Za-Zen, ou mesmo espontaneamente, percebe o cosmos como uma rede unificada e infinitamente complexa de relações e acontecimentos na consciência e que a matéria é composta de "partículas--radiações" energéticas. Nesses estados, a unidade do eu, a sua identidade e seus atributos comuns desapareçam, porque ele pode sentir-se fundido com outros eus, não há limites de tempo e espaço etc. O indivíduo não se percebe como uma identidade e unidade isolada.

Utilizando a comparação de Tart (1978, p. 44), um sujeito toma LSD e declara ao pesquisador que: "Você e eu somos um, não há eus separados". Isto é uma vivência, uma experiência profunda, que se torna para ele e para muitas pessoas que passaram pela mesma situação, uma "realidade" tão "sólida", como o é o mundo "real" ou objetivo, que está em torno do pesquisador. Este diz que o sujeito está apresentando um estado confusional, com distorções do pensamento. Isto é tão óbvio para o psiquiatra acadêmico, quanto é óbvia a vivência do lisergizado. Aquele tem uma visão objetiva e este, uma visão subjetiva. Somente que esta é suspeita para o observador científico.

Comparemos dois indivíduos que pegam um pedaço de madeira. O primeiro diz que está vendo um objeto sólido, visível e tangível. O outro, leva o pedaço de madeira ao ultramicroscópio. Ele não está vendo um objeto sólido e tangível e sim uma porção de partículas sob o constante movimento browniano.

Temos duas visões totalmente diferentes do universo, que conduzem a dois paradigmas aparentemente opostos, os quais, na realidade, são complementares.

Paradigma, para Thomas Kuhn (1962) é uma espécie de "superteoria" sobre a natureza da realidade, a qual abrange e explica a maioria ou a totalidade dos fenômenos maiores em seu campo. Ela implica num conjunto de valores, técnicas etc. que são compartilhadas pelos membros da comunidade científica. Isto se aplica a qualquer campo: científico, religioso, filosófico etc. O paradigma do budista é totalmente diferente do do católico.

Podemos entrever aqui, o desafio da Psicologia Transpessoal ao paradigma da Ciência Acadêmica. Esta tem os seus conceitos rígidos quanto às limitações da consciência do ego, com a unidade, a identidade e a continuidade deste, além das limitações de tempo e espaço. A Psicologia Transpessoal mostra fenômenos que estão em formal contradição com tudo isto.

Uma paciente de Björkhem (Lyra, 1983, p. 228), vê seus pais e é vista por eles, que estão a quilômetros de distância. Grof (1980, p. 95) ouve o relato de um seu paciente, que conta minúcias do que se passou no momento de seu nascimento, inclusive o ambiente, pessoas presentes, incidentes etc. Ian Stevenson (1966, p. 247 e segs.) leva um menino de seis anos a uma cidade distante, que ele descreveu anteriormente sem nunca ter ido lá e contou incidentes de uma vida anterior, com pormenores, sobre seus pais, sua vida, a causa de sua morte, etc. Tudo isso é confirmado.

Desapareceram aqui as barreiras de tempo e espaço e os limites usuais da consciência do Eu. Começamos, então, a perceber que há dois mundos, duas realidades. Uma a olho nu, outra sob o ultramicroscópio. Estes dois mundos podem se encontrar e se justapor e um não desmente o outro. Apenas as perspectivas são diferentes.

Podemos juntar as duas perspectivas, quando as vivências internas, percebidas na análise transpessoal, forem posteriormente trabalhadas e elaboradas pelo Eu empírico, com seu pensamento lógico.

Um dos pesquisadores que mais contribuíram para o estabelecimento e o avanço da Psicologia Transpessoal, é Charles Tart (1969-1975), professor de Psicologia na Universidade de Califórnia, em Davis.

Ele foi o primeiro a fazer uma pesquisa experimental, em laboratório, da autoscopia externa (*out of the body experience*, "desdobramento astral", autoprojeção), sob vigilância e controle instrumental (*The Journal of the American Society for Psychical Research*, janeiro, 1968, vol. 62, n.º 1, pp. 8 a 28). Posteriormente continuou com sucesso, essas mesmas experiências (Newsletter of the Parapsychological Foundation, Inc., julho-agosto, 1969, n.º 4).

Em 1969 ele chamava a atenção para o que havia de impreciso e de contraditório sobre o conceito de *transe*. Citava Frederick Spielberg, o qual anotou que o sânscrito tem cerca de 20 nomes para conceituar consciência e mente. E que este assunto é velho no Oriente. No "Abhidhamma", livro pali-budista, são tratados extensamente os estados de consciência normal e alterada.

A psicologia formal deste século, somente agora está dando a devida consideração aos EAC. Como já vimos, foi a generalização do emprego dos psicodélicos que despertou o interesse dos pesquisadores ocidentais. Com efeito, os EAC eram, até então, considerados exclusivamente patológicos ou não dignos de serem levados a sério. Os estudos posteriores a 1969 conduziram a se admitir que não são apenas patológicos, mas que podem representar altas e autênticas realizações humanas, observadas nos mais variados lugares e em todos os tempos. O conhecimento deles leva a uma compreensão lógica e favorável dos chamados fenômenos místicos. A este respeito, em 1962 (Lyra, 1968) havíamos concluído que:

"Há alterações dos estados de consciência (sobretudo da consciência do Eu, da somato, auto e alopsíquica) que sobrevêm em indivíduos francamente doentes e podem ser consideradas como aberrações da mente normal. Mas há alterações dos estados de consciência que podem ser vistas em indivíduos normais e sem que elas alterem a vida pragmática e lógica destes indivíduos."

"Há alterações dos estados de consciência que significam redução ou deformação do eu ou do mundo exterior e há alterações que mostram haver, pelo contrário, 'ampliação ou expansão do Eu', sem que haja perda da noção de identidade e de unidade do Eu."

E fazíamos uma análise dos fenômenos místicos à luz da Psiquiatria. Posteriormente, em outros trabalhos (Lyra, 1970, 1976 e 1983) abordamos outros assuntos que fazem parte da hoje chamada Psicologia Transpessoal.

Tart (1975) mostrou que a ciência ocidental tem seus pressupostos baseados numa filosofia materialista ("fisicalista"), em que tudo é dividido em departamentos estanques, ao contrário da psicologia oriental, com uma visão global, em que não há separação nítida entre ciência, filosofia e religião.

A psicologia ocidental repeliu o lado chamado espiritual da criatura humana, ou o tem considerado patológico.

Isto tem bloqueado o conhecimento e a compreensão do que chamaremos lado transcendental, transpessoal ou espiritual do homem.

Por isto mesmo, a ciência acadêmica continua a repelir quase totalmente as experiências no campo do EAC. Ora, é preciso ter em vista que na classificação elementar das ciências em exatas e humanas, estas não podem ser sempre submetidas à experimentação laboratorial e controladas por métodos quantitativos e experimentais.

É preciso, como diz Tart, dar lugar ao "experienciável", que nem sempre é experimentável. São observações subjetivas e introspectivas, que não se prestam à experimentação quantitativa e mensurável.

Tart chama a atenção para a "validação consensual e clínica", ou seja, dois experimentadores fazem o mesmo tipo de experiência, sob condições específicas e obtêm resultados semelhantes (Tart, 1975, pp. 14 e 25). Isto, embora não forneça a mesma segurança da experimentação laboratorial e quantitativa, controlada estatisticamente, não deixa de fornecer informações extremamente valiosas.

Ele exemplificou com as experiências sobre a maconha, em colaboração com Erma Kvetensky e comparou os resultados obtidos com um grupo que havia sido pesquisado anteriormente.

A pesquisa é delicada e difícil, porque os indivíduos sensíveis são raros e também raros os observadores qualificados, pois estes precisam de quatro a dez anos de treinamento intensivo (Tart, 1975, p. 27).

Podem surgir controvérsias sobre o que é observado: se patológico, ilusório, alucinatório, ou não. Ora, o que tem acontecido com o acervo de experiências destes últimos anos, é que esses estados de consciência podem ser submetidos a certo tipo de observação que leva a conclusões heurísticas e a resultados práticos valiosos (vide Grof). Além do mais, os EAC são observados em casos patológicos, mas também em grande número de pessoas genericamente tidas como normais, quer em laboratório, quer espontaneamente.

E há a semelhança com o observado milenarmente no Oriente, somente que aí as observações são introspectivas, subjetivas, enquanto o Ocidente tem recorrido a vias experimentais ou experienciais, "de fora para dentro".

Não é preciso recorrer às drogas. Arthur Deikman e Charles Tart (1969) citam técnicas meditativas que podem conduzir a EAC positivos: a técnica própria de Deikman e Tart, as técnicas de Schultz, Carl Happish, Desoille, Walter Frederking, Frederico Mauz (Capítulo XIV).

Em Boorstein (1980) são expostas a meditação transcendental, a Satipatthana (meditação budista), técnicas derivadas do Abhidhamma, a resposta de relaxamento e Benson (TM), a meditação estandardizada clinicamente (SSM).

Oscar Ichazo, em Arica, além das técnicas psicodélicas, aplica o Zen, técnicas dos samurais, artes marciais, de Gurdjieff (Tart, 1975).

Os estudos e as técnicas são cada vez mais apurados. Akira Kasamatsu e Tomiro Hirai.

Tomio Hirai (Pierre Weil, 1978, vol. III) fizeram um estudo eletroencefalográfico sobre a meditação budista Za-Zen, em 48 discípulos ou sacerdotes. Houve correlação entre a profundidade da meditação e as ondas alpha e o aparecimento de ondas theta.

Pierre Weil, dirigente do Departamento de Psicologia e Instituto de Ciências Exatas, da Universidade Federal de Minas Gerais (Belo Horizonte), tem valiosos estudos e publicações para as quais chamamos a atenção do leitor, mencionadas na bibliografia.

Segundo ele (1978, p. 13), é possível que haja alguma zona cerebral em conexão com a fenomenologia ESP, a qual interferiria nos fenômenos psi e EAC. Ele lembra que "recente simpósio sobre a glândula pineal, destacou a existência de células fotossensíveis e fonossensíveis e de um hormônio inibidor das glândulas sexuais." Mencionamos isto muito ligeiramente, porque estamos apenas levantando um problema.

Cremos que não há necessidade de insistir. Em todo caso, lembramos que outros experimentadores têm seguido linhas paralelas às de Grof. Masters e Houston (1967) também com o LSD, encontraram as fases: sensorial, recoletiva-analítica, simbólica e integral.

Leary (Nevill Drury, 1979) procurou estruturar os estados alterados de consciência.

Pelo que acabamos de expor, a Psicologia Transpessoal é um ramo da psicologia especializada no estudo dos estados de consciência; ela lida mais especialmente com a "experiência cósmica" ou estados ditos "superiores" ou "ampliados" da consciência. (Weil, 1978, p. 9).

O nome "transpessoal" popularizado por Anthony J. Sutich, foi lançado anteriormente por outros (Dane Rudyar, Eric Neumann e Ira Progoff) (Boorstein, 1980, p. 2).

Anthony Sutich (em Boorstein, 1980, p. 9) propõe a *terapia orientada transpessoalmente*, a qual diz respeito, direta ou indiretamente, ao reconhecimento, aceitação e realização dos estados últimos. Estes estados últimos se traduzem como "iluminação", "união mística", "transcendência", unidade cósmica, todos com muitos sinônimos.

Ela se utiliza das mais variadas técnicas: de relaxamento, de meditação, visualização, treinamento da conscientização, bioenergética, hipnose etc., mas há todo um contexto e uma atitude toda peculiar do terapeuta.

Em 1969 foi criada a primeira Associação de Psicologia Transpessoal, por Sutich, Michael Murphy, James Fadiman, Charlotte Bühler, Abraham Maslow, Alan Watts, Arthur Koestler e Viktor Frankl.

BIBLIOGRAFIA

1. Abramson, Harold A., "Psychoanalitic Psychotherapy with LSD", "in": *The Use of LSD in Psychotherapy*. Nova York, Josiah May Foundation, 1960.
2. Alpert, Richard (Baba Ram Dass), *Remember Here Now*. Nova York, Crown Publ., 1978.
3. Cavann, Roberto, *Aspecti Scientifici della Parapsicologia*. Torino, Editore Boringhieri, 1973.
4. Drury, Nevill, *Kabbalah, Tarot, Mescalito, Castañeda y la Magia Moderna*. Madrid, Altalena Editores, 1979.
5. Garrett, Eileen, *Vita di Medium*. Roma, Astrolabio, 1948.
6. Grof, Stanislav, "Theoretical and Empirical Basis of Transpersonal Psychotherapy", *in* Seymour Boorstein, *Transpersonal Psychotherapy*. Palo Alto, Califórnia, Science and Behavior Books Inc., 1980, (a).
7. Grof, Stanislav, "Realms of the Human Unconscious: Observations from LSD Research", *in* Frances N. Walsh and Frances Vaughan, *Beyond Ego*. Los Angeles, J. P. Tarcher Inc., 1980 (b).

8. Huxley, Aldous, *As Portas da Percepção*. Rio, Civiliz. Bras., 1973.
9. Jacobi, Jolan, *La Psicologia di C. G. Jung*. Madrid. Espasa-Calpe, 1947.
10. Krishna, Gopi, *Kundalini*. Rio, Editora Record. 19..
11. Kuhn, Thomas, *The Structure of Scientific Revolution*. Chicago, Chicago University Press, 1962.
12. Lyra, Alberto, *Parapsiquiatria e Religião*. São Paulo, Pensamento, 1968.
13. Lyra, Alberto, *Parapsicologia e Inconsciente Coletivo*, Pensamento, 1970.
14. Lyra, Alberto, "Parapsicologia: Teoria Geral e Fenomenologia. E Precognição. Um enfoque psicológico e filosófico", *in*: Darcy de Mendonça Uchoa, *Psicologia Médica*. São Paulo, Sarvier, 1976.
15. Lyra, Alberto, *A Magia e o Diabo no Século XX*. São Paulo, Ibrasa, 1983.
16. Masters R., e Houston. *The Varieties of Psychodelic Experience*. Nova York, Delta, 1967.
17. Metzner, Ralph, *Maps of Consciousness*. Nova York, Collier Books, 1971.
18. Miller, René Fülöp, *Os Santos que Abalaram o Mundo*. Rio de Janeiro, Livraria José Olympio, 1950.
19. Perls, Frederick S., Hefferline, Ralph F., Goodman, Paul, *Gestalt Therapy*. Nova York, The Julian Press Inc., 1951.
20. Puharich, Andrija, *The Sacred Mushroom*. Nova York, Doubleday, 1974.
21. Stevenson, Ian, *Twenty Cases Suggestive of Reincarnation*. Nova York, American Society for Psychical Research, 1966.
22. Tart, Charles, *Altered States of Consciousness*. Nova York, Londres, Sydney, Toronto. John Wiley & Sons Inc., 1969.
23. Tart, Charles, *Transpersonal Psychologies*. Londres, Routledge & Kegan Paul, 1975.
24. Tart, Charles, "Fundamentos Científicos para o Estudo dos EAC", *in*: Pierre Weil, *Mística e Ciência*. Petrópolis, Editora Vozes, 1978.
25. Watts, Alan, *El Libro del Tabu*. Barcelona, Editorial Kairos, 1972.
26. Wellsley, Gordon, *Sex and the Occult*. Bristol, Souvenir Press, 1973.
27. Weil, Pierre, *A Consciência Cósmica*. Petrópolis, Vozes, 1978 (a).
28. Weil, Pierre, *Pequeno Tratado de Psicologia Transpessoal*. 5 vols., Petrópolis, Vozes, 1978 (I, II, III, IV, V).

4

TERAPIA DAS VIDAS PASSADAS
Reencarnação e Ciência

DIRCE BARSOTTINI TEODORO DA SILVA

"Não posso acreditar que Deus jogue dados com o mundo."
Einstein (5)

INTRODUÇÃO

Reencarnação. O que significa a presença desse assunto num livro escrito por psicoterapeutas?

Quem esteja acompanhando, mesmo superficialmente, os caminhos que as hipóteses e pesquisas científicas vêm tomando de uns anos para cá, não ignora a imensa quantidade de trabalhos publicados sobre assuntos que, até recentemente, eram encarados como apenas do interesse de filósofos e místicos.

Para o leitor fazer uma avaliação mais precisa do que assinalamos, transcrevemos dois trechos elaborados por cientistas de renome. Jean Charon ao explicar o que se passava no mundo da Física, por volta de 1925, diz o seguinte:

"A propósito, os teóricos quânticos vão introduzir, em Física, um elemento extremamente novo, totalmente desconhecido até então: proporão uma onda puramente *subjetiva* (a famosa onda *psi*), que não será mais representante do próprio objetivo físico estudado, mas *serão as informações* do que se é capaz de conhecer, a todo instante, sobre este objeto físico...

"Dizíamos, e é necessário insistir, que esta onda *psi*, portadora das informações "probabilísticas" que temos sobre o fenômeno estudado, é *subjetiva*, no sentido de que ela não pode e não deve, em nenhum momento, ser considerada um fenômeno "objetivo" que ocupa lugar no espaço e no tempo onde se movimenta o que chamamos a Matéria... Em outros termos, se a onda *psi* com característica probabilística dos físicos devesse ter um caráter "objetivo" qualquer, certamente isto não poderia ser, em todo caso, no espaço-tempo onde evolui a Matéria (...), mas em um espaço-tempo *diferente*, que poderíamos chamar de espaço-tempo das informações probabilísticas, ou melhor ainda, de *espaço-tempo do Espírito*"(7)

Gustaf Stromberg, um dos mais famosos astrônomos do mundo contemporâneo, em seu livro *The Soul of the Universe* (19), onde esboça sua tese sobre "um mundo não-físico", comenta sobre a vida após a morte:

"Homens sábios de todos os séculos têm aprendido intuitivamente essas idéias fundamentais sobre o sentido de nossas vidas. Isso não é surpreendente, posto que o raciocínio é uma característica fundamental do mundo não-físico, e que as nossas idéias estão alicerçadas sobre esse mundo não-físico, de onde todos viemos, e para o qual retornaremos, por ocasião da morte."

Se a Física chegou a cogitar do Espírito, por que a Psicologia não voltar sua atenção para a reencarnação? Esse tema, mais que milenar, está intimamente ligado, de uma ou de outra forma, ao comportamento de milhões de pessoas, em todos os continentes, e não só na Índia, como se poderia imaginar.

As obras que tratam desse assunto são em grande número e, ao menos no Brasil, aparecem com muita freqüência no terreno das religiões, das filosofias esotéricas e do Espiritismo (que não é uma doutrina esotérica) porém, de alguns anos para cá, relatos de caráter científico, têm apresentado pesquisas desenvolvidas tanto nos Estados Unidos como na Europa e também no Brasil.

Este nosso trabalho visa principalmente a dois objetivos: O primeiro é dar uma visão panorâmica, condensada, do que se vem fazendo internacionalmente no campo da pesquisa sobre reencarnação e da sua utilização em psicoterapia. O outro, é o de colocar certos temas para reflexão.

UM MÍNIMO DE HISTÓRICO

"Estamos começando a conceber a relação entre a ciência e a religião de um modo totalmente diferente da concepção clássica." Einstein (8)

Num dos vários livros que tratam da reencarnação há a seguinte citação sobre os ensinamentos egípcios:

"Antes de nascer a criança já viveu, e a morte nada termina. A vida é um porvir, Kheprau; ela passa como os dias solares recomeçam." (Os Egípcios 3.000 a.C.). Marius Fontane, *Les Egyptes*.(14)

Segundo Mircea Eliade a origem da doutrina da transmigração (*sansara*) é desconhecida mas este termo aparece, pela primeira vez nos Upanichades, aproximadamente 700 a.C., e a sistematização dessa "descoberta da seqüência fatal e do seu remédio, a libertação por meio da "gnose", do conhecimento de ordem metafísica... constitui o essencial da filosofia indiana posterior." (9)

Bertrand Russell afirma que Pitágoras fundou uma religião na qual um dos dogmas principais era a transmigração das almas. (17)

Em *Fedro*, Platão diz: "Ainda assim não é coisa fácil para todos recordar suas existências passadas através de sua existência presente..." (12)

O leitor poderá indagar: estando nós na Era Espacial, ainda existe quem se preocupe com as elucubrações de filósofos tão antigos? Para efeito de raciocínio cabe lembrar que o interesse pela natureza íntima da Matéria começou a preocupar os filósofos há cerca de 2500 anos. Das especulações, uma das hipóteses surgidas foi a da existência do átomo como partícula indivisível.

Por muitos séculos esse assunto ficou mais ou menos inalterado e somente no início dos anos 1800, portanto cerca de 2300 anos após o surgimento da hipótese, é que um cientista, John Dalton, apoiando-se em observações experimentais, supôs que o átomo fosse uma esfera maciça e homogênea: — formulação da primeira Teoria Atômica. Essa Teoria continha seis princípios. Um desses princípios dizia que: "Os átomos não podem ser subdivididos nem transformados em outros"

Hoje sabemos os átomos tanto podem ser divididos como transformados em outros elementos.

Esse fato invalida o trabalho de Dalton?

Absolutamente, pois à medida que outros cientistas, partindo dessa teoria, foram fazendo experimentos, novos fatos foram surgindo, permitindo a criação de modelos do átomo cada vez mais complexos, culminando hoje no estupendo desenvolvimento da Física, com todas as suas conseqüências que não nos cabe comentar aqui.

A coisa chegou a tal ponto que atualmente escrevem-se compêndios inteiros sobre as partículas atômicas, e continuam a fazer-se descobertas...

A propósito, não resistimos à tentação de colocar o conceito do neutrino; ele tem carga e massa nulas, porém, possui "spin" 1/2. Como se isso não bastasse, ainda há o antineutrino.

O que podemos deduzir do exposto é que, partindo de uma hipótese, neste caso a existência do átomo, e com experimentos pacientes e metódicos chegou-se a um profundo conhecimento da Matéria. As descobertas prosseguem mas o átomo continua firme, e, mesmo que um dia se descubra que ele é apenas uma abstração, um modelo matemático, não se poderá negar-lhe infinitos méritos, como também àqueles que dele se ocuparam.

Pedemos confrontar o que aconteceu com as descobertas da Matéria em relação às pesquisas do Espírito. Os dois temas foram abordados pelos filósofos antigos e não faltaram hipóteses sobre a existência das partículas na Matéria como do Espírito. Teorias filosóficas e religiosas foram formuladas ao longo desses séculos. Então por que tão grande diferença entre os avanços atingidos por ambos?

Um dos motivos que salta aos olhos é: os que se dedicaram ao estudo da Matéria, de um modo geral, basearam-se nos trabalhos de seus antecessores, tentando validar, refutar ou acrescentar algo. Partiram de hipóteses e teorias já existentes. Então há um encadeamento de conhecimentos. Por exemplo: Thomson descobriu o elétron em 1897; Rutherford o próton em 1914; Chadwick o nêutron em 1932, e assim por diante.

O mesmo processo observa-se com as outras ciências igualmente estruturadas e consideravelmente avançadas.

O desenvolvimento dos estudos sobre o Espírito tem sido bem diferente, como veremos a seguir.

Assim como aconteceu com as descobertas da Matéria, é quase certo que muitos precursores jamais saíram do anonimato, mas para podermos seguir uma linha de raciocínio precisamos colocar um marco inicial e enumerar fatos significativos ao longo do tempo. Para tanto utilizaremos a classificação de Charles Richet ao estudar a evolução da Metapsíquica, divindo-a em períodos como se segue:

"1.º período: *mítico*, que vai até Mesmer (1778);

2.º período: *magnético*, que vai de Mesmer às irmãs Fox (1847);

3.º período: *espirítico*, que vai das irmãs Fox a William Crookes (1847-1872);

4.º período: *científico*, que começa com William Crookes (1872)."(16)

Em 1905 Charles Richet propôs à Society for Psychical Research de Londres (SPR) o termo Metapsíquica para designar os fenômenos que estivessem além dos interesses da Física e da Psicologia clássicas. Nessa ocasião E. Boirac propôs o termo Parapsíquico mas o que foi aceito, e prevaleceu por muitos anos, foi Metapsíquica.

Vejamos o que diz Richet sobre essa nova ciência:

"O que caracteriza o fenômeno metapsíquico, seja ele qual for, é o fato de ser devido a uma inteligência desconhecida (humana ou não humana)." (16)

Continuando, ele divide a Metapsíquica em objetiva e subjetiva. A parte objetiva ocupa-se dos fenômenos exteriores, perceptíveis aos nossos sentidos, tais como fantasmas, casas assombradas etc., cujos agentes são desconhecidos mas dos quais se percebem intenções inteligentes. Já os subjetivos referem-se aos fenômenos de ordem exclusivamente intelectual, aqueles ainda não explicados pela fisiologia.

Os leitores interessados em saber o quanto já se havia pesquisado até o começo desse século ficarão surpresos caso se disponham a ler o *Tratado de Metapsíquica.* (16)

É inegável o volume e o valor do material obtido pela dedicação e sacrifício de inúmeros médiuns e cientistas, quase sempre ridicularizados pela comunidade "científica" da época. Por outro lado, não podemos deixar de assinalar que muitas fraudes e mistificações foram cometidas, mas essas constatações não podem invalidar tudo quanto houve de positivo, mesmo porque em outras áreas da ciência as fraudes também são ocorrências conhecidas. O que não se pode é fazer com que essas eventuais circunstâncias lamentáveis invalidem o todo de uma tese.

Alguns estudiosos desses fenômenos continuam adotando o termo Metapsíquica. Vejamos o que diz o Dr. H. G. Andrade sobre esse particular:

"A Parapsicologia, ou a moderna Metapsíquica, é, sem dúvida, uma retomada do estudo dos fenômenos do espírito, porém, em outras bases. É o mesmo que começar tudo de novo. Mas é recomeçar *direito*. Partir e caminhar com toda a segurança, de forma a não deixar mais dúvidas em sua passagem." (1)

Ainda de acordo com o Dr. Andrade, a Metapsíquica lidava primordialmente com os aspectos qualitativos dos fenômenos e a Parapsicologia atém-se predominantemente ao método estatístico, aplicado sobre um grande número de experiências, ou seja, apóia-se no aspecto quantitativo.

Não se pode falar em Parapsicologia sem citar o nome do Dr. Joseph Banks Rhine, considerado seu fundador.

Em 1930 foi criado o Laboratório de Parapsicologia na Duke University, nos Estados Unidos e J.B. Rhine nomeado seu Diretor.

A partir dessa data e até sua morte o Dr. Rhine trabalhou incansavelmente, tendo publicado várias obras no decorrer desses anos.

Mais recentemente, na União Soviética foi criado e adotado o termo Psicotrônica para designar essa mesma área de estudo, porém, assumindo uma conotação eletromagnética como suporte aos fenômenos psíquicos.

O Dr. Andrade sugere que se reúnam todos os departamentos da pesquisa paranormal sob a designação de Psicobiofísica. (3)

Como estamos vendo, ainda não se chegou a um consenso, nem mesmo quanto ao nome dessa nova ciência. Esse fato pode, aparentemente, não ter grande significado, mas na realidade o tem, pois cada vez que se modifica o nome admite-se que novos conceitos tenham sido gerados de observações sobre fatos experimentais.

Entendemos necessário este sucinto histórico sobre pesquisas paranormais, por estar a reencarnação até hoje envolvida com a idéia de Espírito, embora não seja objeto de estudo em nenhuma das disciplinas científicas a ela relacionadas, como a Biologia, e mais particularmente, a Genética e a Psicologia.

A reencarnação pressupõe não apenas a existência do Espírito mas também sua sobrevivência à morte, assim, conseqüentemente, as cogitações sobre uma abrangem o outro.

A CIÊNCIA BUSCANDO O ESPÍRITO

"Como acontece com os meridianos ao aproximarem-se do pólo, a Ciência, a Filosofia e a Religião convergem necessariamente nas vizinhanças do Todo." P.T. Chardin (6)

Se durante séculos a única abordagem possível para analisar-se a hipótese da reencarnação foi a teórica (filosófica), a partir do século passado, e principalmente desde 1950, podemos contar também com o apoio de pesquisas desenvolvidas dentro de uma metodologia científica, igualmente rigorosas, embora sujeitas a críticas, devido à peculiaridade do objeto em estudo.

Além do grande número de variáveis "normais" ao sujeito, tanto intrínsecas como ambientais, consideramos de relevante importância a advertência do Dr. Andrade quando se refere às dificuldades da experimentação espírita:

"Entram em jogo o emocional e as neuroses do observador e do observado, as paixões, as crenças, os preconceitos e um número imenso de elementos perturbadores, que normalmente invalidaram tudo, até provas indiscutíveis." (1)

Fundamentalmente a reencarnação pode ser, e vem sendo, pesquisada de três maneiras distintas:

— A partir de recordações espontâneas;

— Utilizando-se regressão de memória através de hipnose;

— Através de médiuns ou sensitivos.

Qualquer que seja a abordagem escolhida pelo pesquisador as dificuldades são imensas, não só pelos fatores acima apontados, que afinal, estão intimamente ligados ao que se segue e nos parece ser o ponto crucial da questão: se há reencarnação é porque há alguma coisa que subsiste após a morte do corpo físico.

Que coisa seria essa? Mente? Alma? Inconsciente? Espírito?

O nome será importante?

Cremos, neste caso, estar a importância do nome restrita apenas à carga de preconceitos com que encaramos cada um deles e, seja o que for essa "coisa", teria existência própria, isto é, independeria do corpo físico, já que continuaria existindo após a morte dele.

Se a designação do nome leva à discussão, os fatos a ele relacionados são da maior complexidade, pois se a comprovação científica da existência dessa "coisa" fosse aceita, provocaria profundas alterações em todos os aspectos do relacionamento humano. A reencarnação então acarretaria reviravolta de conseqüências inimagináveis.

Se situações novas em nossas vidas às vezes são difíceis de serem suportadas, o que aconteceria se repentinamente mais da metade da humanidade se visse compelida a mudar seus conceitos básicos de vida? Achamos que seria o caos.

Como no início deste trabalho foi dito que um dos seus objetivos é a colocação de idéias para reflexão, a essa altura cabem pelo menos três referências a Einstein. Eis como ele relata a atitude que teve de tomar para conseguir chegar à sua genial teoria da Relatividade:

"Ao tratar do objeto particular da teoria da relatividade, faço questão de esclarecer que esta teoria não tem fundamento especulativo, mas que sua descoberta se baseia inteiramente na vontade perseverante de adaptar, do melhor modo possível, a teoria física aos fatos observados. Não há necesidade alguma de falar de ato ou de ação revolucionária, pois ela marca a evolução natural de uma linha seguida há séculos. A rejeição de certas concepções sobre o espaço, o tempo e o movimento, concepções julgadas fundamentais até esse momento, não foi um ato arbitrário, mas simplesmente um ato exigido pelos fatos observados." (8)

Para Einstein o ponto alto do pensamento científico é reunir um mínimo de hipóteses ou axiomas a um máximo de experiências. Vejamos como ele desenvolve essa idéia:

"Ainda aqui, o supremo juiz, reconheçamo-lo, continua a ser o fato experimental; mas o reconhecimento pelo fato experimental também avalia o trabalho terrivelmente longo e complexo, e realça as pontes armadas entre as imensas conseqüências verificáveis e os axiomas que as permitiram. O teórico tem de executar esse trabalho de titã com a certeza nítida de não ter outra ambição a não ser a de preparar talvez o assassínio de sua própria teoria. Jamais se deveria criticar o teórico quando se entrega a semelhante trabalho ou tachá-lo de fantasioso. É preciso dar valor a essa fantasia. Porque para ele representa o único itinerário que leva à meta. Certamente não se trata de brincadeira, mas de paciente procura em vista das possibilidades logicamente mais simples, e de suas conseqüências." (8)

Por último a diferenciação que ele faz sobre "cientistas":

"É claro, não considero automaticamente um homem de ciência aquele que sabe manejar instrumentos e métodos julgados científicos. Penso somente naqueles cujo espírito se revela verdadeiramente científico." (8)

Ressaltada a importância de se considerar os fatos observados e a necessidade da fantasia na elaboração de teorias, como atitudes básicas para se fazer ciência; chegamos então aos relatos das modernas pesquisas de casos sugestivos de reencarnação.

Dos pesquisadores que se dedicam à investigação de recordações espontâneas de vidas passadas, três nomes devem ser obrigatoriamente citados pelas seguintes razões: são de reconhecida idoneidade científica; possuem sólida formação teórica mas somente publicam resultados após fazerem pesquisa de campo, isto é, vão verificar as evidências dos fatos; são de nacionalidades e profissões diferentes. Este último é citado apenas para mostrar que pessoas oriundas de situações culturais completamente diferentes entre si acabaram tendo os mesmos interesses e obtendo resultados semelhantes em seus trabalhos. Outro fato relevante é o de nenhum deles ser discípulo do outro. Conheceram-se justamente em função dos trabalhos que desenvolvem.

Comecemos pelo Dr. Ian Stevenson que é Diretor do Departamento de Psiquiatria e Neurologia da Escola de Medicina da Universidade de Virgínia, nos EUA.

No final da década de 50, este dedicado pesquisador começou publicar casos sugestivos de reencarnação. A partir de então, sua contribuição tem sido muito profícua e cada vez mais cuidadosa.

Seus trabalhos são aguardados e estudados com muito interesse por todos aqueles que buscam uma compreensão científica desse assunto.

Foi publicado no Brasil, em 1971, o livro *20 Casos Sugestivos de Reencarnação* (18). Como o próprio nome diz, o livro relata vinte casos pesquisados por ele e sua equipe.

A distribuição geográfica desses casos é a seguinte: sete na Índia, três no Ceilão, dois no Brasil, sete no Sudeste do Alasca e um no Líbano. Eles foram selecionados entre seiscentos que o autor possuía em seus arquivos nessa época.

Além do relato bastante minucioso sobre como transcorreram as investigações de cada caso especificamente, o autor considera e comenta um número exaustivo de variáveis possivelmente intervenientes, tanto de modo geral, como de cada caso em particular.

Na discussão geral o Dr. Stevenson começa por colocar as hipóteses normalmente levantadas na análise de casos como aqueles.

A primeira hipótese a ser considerada é a da fraude. Aqui ele considera tanto as possibilidades da fraude consciente, visando obter vantagens financeiras ou prestígio, como as inconscientes; estas últimas por parte das crianças. "... Há crianças que compensam a pobreza e maus tratos por que passam em sua famílias, imaginando pertencerem a uma outra família de maior fortuna, de casta superior ou de pais mais benevolentes." (*Opus cit.*, p. 425.)

Nos casos analisados no citado livro, e em outros trabalhos ainda não publicados, tanto aparecem casos de "famílias anteriores" mais ricas, como mais pobres, e até mesmo "personalidades anteriores" como criminosos, por exemplo o caso de Wijeratne. Trata-se de um menino do Ceilão, nascido em 1947 com acentuadas deformidades no lado direito do peito e no braço direito. Por volta "... dos dois anos e meio de idade começou a vaguear pela casa, de modo solitário falando consigo mesmo... Ela (a mãe) ouviu-o ocasionalmente dizer que seu braço era disforme, porque ele havia assassinado sua mulher na vida precedente. Mencionou uma série de detalhes relacionados com um crime do qual, até então, ela nada sabia. Inquiriu o marido a respeito das declarações do menino, e ele confirmou a exatidão do que o garoto dizia, pois, de fato, seu irmão mais novo, Ratran Hami, havia sido executado em 1928, por ter assassinado a esposa." (*Opus cit.*, p. 206.) O caso segue sendo relatado e analisado por mais de vinte páginas.

A respeito das vantagens que os declarantes poderiam ter em casos como este, o autor supõe que: "dificilmente poderiam granjear o respeito de seus companheiros ou trazer prestígio às suas famílias." (*Opus cit.*, p. 427.)

Outra hipótese é a da *criptomnésia,* que Stevenson considera mais plausível, pelo menos em alguns casos. Eis como ele explica a criptomnésia:

"De acordo com essa teoria, a criança teria, de algum modo, conhecido a pessoa ou outra fonte possuidora da informação de que posteriormente se 'lembrou', de sua suposta família anterior. De algum modo, a criança entraria em contato com essa pessoa ou informação, e posteriormente se esqueceria tanto da fonte das suas informações quanto do fato de que jamais as tivesse obtido, embora se lembrasse das informações e posteriormente as apresentasse de forma dramática, como proveniente de uma vida anterior. Seus pais nada teriam sabido acerca da pessoa ou do objeto que então forneceram a informação, ou teriam mais tarde esquecido seu conhecimento anterior, expressando, portanto, genuína surpresa ante as declarações da criança." (*Opus cit.,* p. 428.)

A hipótese analisada em seguida é a da Memória Genética, que é assim explicada pelo autor:

"... as pretensas lembranças de vidas anteriores provêm do ressurgimento de experiências dos ancestrais do paciente. Ele se 'lembra' com imagens, visuais ou não, do que aconteceu a seus antepassados, exatamente como, por exemplo, um pássaro se 'lembra' de como voar, quando empurrado para fora do ninho." (*Opus cit.,* p. 442.)

Ao comentar esta hipótese ele ressalta que esta teoria poderia explicar um pequeno número de casos, considerando duas possibilidades: quando o corpo físico da pessoa que "lembra" descendesse diretamente do corpo da personalidade lembrada (excluindo-se os pais naturalmente). Outra possibilidade seria quando o intervalo de tempo entre a existência das duas personalidades fosse de séculos, pois, neste caso, poder-se-ia fazer suposições entre as possíveis ligações genéticas.

A este respeito é oportuno lembrar o que diz a Dra. Helen Wambach, dedicada às pesquisas nessa área, utilizando regressão hipnótica, e da qual falaremos mais adiante. Ela relata que em seu grupo de 750 sujeitos apenas um par de gêmeos submeteu-se à experiência simultaneamente. Eis o relato da autora:

"Esa pareja de mellizos verdaderos tuvieram vidas anteriores totalmente diferentes, aunque es verdad que cada uno de ellos eligió para su exploración épocas distintas. Durante la experiencia del nacimiento sintieron que estaban en comunicación telepática * el uno con el otro. Uno de ellos eligió nacer libremente, mientras que el otro se resistía a experimentar de nuevo la vida física. Ambos dijeron haber conocido a su hermano mellizo en

---

* Note-se que aqui surge outra complicação.

vidas anteriores. No dieran detalles de sus relaciones en otras vidas." (*Vida Antes de la Vida*, p. 147.)

Voltando ao Dr. Stevenson abordemos as hipóteses da Percepção Extra-Sensorial e da Personificação.

Considera ele como uma teoria, a apreciação conjunta desses dois aspectos: o da percepção extra-sensorial e a percepção, que é colocada da seguinte maneira:

"Essa teoria supõe que o sujeito em tal caso obtém a informação que possui sobre a personalidade anterior, através de percepção extra-sensorial e que ele integra essa informação e a personifica tão cabalmente que chega a acreditar que ele e aquela são a mesma pessoa e também convence outros dessa identidade." (*Opus cit.*, p. 444.)

Ao expor essa teoria o autor assinala a importância dos elementos de comportamento. O Dr. Stevenson confessa que na primeira viagem que fez à Índia estava despreparado para a observação de tais aspectos, uma vez que supunha serem suficientes os dados informativos dos casos. Essa falha foi sanada nas investigações posteriores pois ele e sua equipe organizaram fichas com dados comportamentais das personalidades envolvidas e que atualmente são analisadas por computador.

Nas observações conclusivas o autor afirma que até aquela data (1971) não havia optado por nenhuma teoria explanatória que servisse para todos os casos, preferindo manter uma posição genérica, uma vez que alguns poderiam ser melhor explicados como fraude, outros pela criptomnésia, ou ainda por causas mistas, possessões etc.

Como o aprofundamento foge aos objetivos deste trabalho, tomo a liberdade de sugerir aos leitores interessados, que consultem diretamente esse precioso livro, e diga-se de passagem, não é uma leitura amena pois é um verdadeiro tratado sobre pesquisa da reencarnação.

O outro cientista que se dedica ao mesmo tipo de investigação é o Prof. Hemendra Nath Banerjee, que nasceu e viveu na Índia até a idade adulta. Foi Diretor de Pesquisa do Indian Institute of Parapsychology, filiado ao Research Institute of Varanaseya Sanscrit University. Há alguns anos reside em San Diego, na Califórnia, onde continua trabalhando. Pesquisa a reencarnação desde 1953.

Em 1979, segundo afirmações do próprio Prof. Banerjee, ele já havia pesquisado mais de 1.100 casos de reencarnação em todo mundo. Muitos de seus trabalhos têm sido publicados em várias partes do mundo. Aqui no Brasil, ele esteve em dezembro de 1970 e em agosto de 1971 a convite do IBPP. Mais recentemente, em dezembro de 1981 visitou-nos sob o patrocínio de diversas entidades científicas e espíritas, tendo proferido várias palestras em alguns

Estados brasileiros. Só há um livro dele traduzido para o português(4) e de características bem diferentes daquele comentado acima, pois relata sucintamente alguns dos casos investigados, porém sem uma análise da parte mais laboriosa da pesquisa. Enfim é um livro mais de divulgação popular do que de comunicação científica; mas, nem por isso, menos interessante. Um dos casos constantes do livro foi apresentado no 5.º Congresso Internacional de Medicina Psicossomática e Hipnose, na Universidade de Gutenberg, Mainz, Alemanha Ocidental, em maio de 1970.

Este cientista prefere usar o termo "memória extracerebral" em lugar de reencarnação, pois muitas das habilidades apresentadas pelos pacientes estudados não foram aprendidas na vida atual, portanto, não fazem parte do cérebro físico.

Convém frisar que em todos os casos narrados nesse livro o autor conservou os nomes verdadeiros dos sujeitos, bem como das localidades onde os fatos ocorreram.

Quanto ao procedimento ele observa que considerou as hipóteses de fraude, de captação de lembranças através de meios normais (*sic*) e a percepção extra-sensorial (telepatia e clarividência). Em linhas gerais o procedimento, na pesquisa, é semelhante ao do Dr. Stevenson.

O terceiro pesquisador, Dr. Hernani Guimarães Andrade, é um cientista brasileiro, respeitado pela comunidade científica internacional e pouco conhecido entre nós. É Diretor-Presidente do Instituto Brasileiro de Pesquisas Psicobiofísicas, IBPP, de São Paulo. Suas pesquisas abrangem vários ângulos do mesmo problema: a busca rigorosamente científica das evidências do Espírito. Ao longo de 40 anos de atividades nesse campo tem divulgado os seus trabalhos através de artigos, conferências, cursos, teses em Congressos, monografias e livros, muitos deles citados no Exterior.

Pesquisa a reencarnação desde 1969, contando até o presente com 67 casos. Dois deles foram apresentados em monografias. A primeira, editada em 1976, tem por título: "Um Caso Que Sugere Reencarnação: Jacira X Ronaldo". A segunda, "Um Caso Que Sugere Reencarnação: Simone X Angelina", foi publicada em 1979. Outros três casos foram divulgados em artigos, pela Revista "Planeta" e jornais.

Entre os 67 casos de seus arquivos os níveis de evidências são variáveis, e até alguns deles considerados fracos pelo próprio autor.

Em uma conferência que proferiu em S. Paulo, em 1975, o Dr. Hernani apresentou 28 tipos de evidências da reencarnação que são levados em conta na análise dos casos investigados.(15)

Damos abaixo a relação das mesmas:

A — *Crianças com recordações de vidas prévias, que perduram até próximo à puberdade*:
    A.1. Recordação de fatos vividos;
    A.2. Recordações vinculadas a marcas de nascimento (*birthmarks*).

B — *Recordações em adultos*:
    B.1. Recordações iniciadas na infância;
    B.2. Sonhos recorrentes;
    B.3. Visões do passado;
    B.4. Recordações espontâneas;
    B.5. O *déjà vu*;
    B.6. Reconhecimento de personagem ligado à vida anterior;
    B.7. Situações similares;
    B.8. Em estados pré-agônicos, delírios, aluminações etc.;
    B.9. Conhecimento por via paranormal;
    B.10. Sonhos comuns desencadeadores de lembranças de vidas passadas.

C — *Por informação*:
    C.1. Sonhos anunciadores;
    C.2. Informação de agentes theta;
    C.3. Informação de sensitivos, dotados paranormais, videntes etc.;
    C.4. Informação da própria personalidade reencarnante, antes ou depois da morte, comunicando o regresso.

D — *Características inatas*:
    D.1. Genialidades;
    D.2. Defeitos congênitos, marcas de nascença;
    D.3. Habilidades, talentos, qualidades, defeitos, modo de ser ou características psicológicas trazidas de vidas passadas, transexualismo.

E — *Provocação intencional ou acidental*:
    E.1. Psicanálise muito profunda;
    E.2. Casos de obsessão;
    E.3. Hipnose com regressão;
    E.4. Ação farmacológica (drogas alucinógenas);

E.5. Desdobramento astral (*out of the body experience*);
E.6. Traumas violentos;

F — *Experiências místicas*:
F.1. Meditação;
F.2. Estado de êxtase (*samadhi*);
F.3. Transe com emersão da personalidade anterior.*

Teríamos muito mais a relatar, mas cremos ser o acima exposto suficiente para dar ao leitor uma idéia de como se processa esse tipo de investigação.

HIPNOSE CLÁSSICA COMO FERRAMENTA DE PESQUISA

"Se, após a morte do corpo físico, alguma outra coisa sobrevive como suporte da personalidade e repositório da memória de suas experiências, por que não admitir a possibilidade do seu retorno ao palco da vida? Não seria este o processo básico da evolução biológica?" Hernani G. Andrade(2)

Passemos agora à pesquisa com regressão hipnótica, que vem sendo desenvolvida pela psicóloga norte-americana Helen Wambach, autora de dois livros muito interessantes onde relata suas descobertas.(20) e (21)

A Dr.ª Wambach começou sua carreira como psicoterapeuta em 1955 e só a partir de 1966 interessou-se por regressão, quando ocorreu-lhe uma vivência espontânea. Após algum tempo decidiu fazer uma pesquisa junto a um grande número de pessoas.

Ao iniciar a pesquisa a autora esperava encontrar algum tipo de resposta para quatro questões que a intrigavam particularmente:

"Poderei encontrar alguma *prova* que confirme a memória de uma vida passada?" Essa era a questão principal.

"Por que o corpo responde, tanto quanto a mente, à sugestão hipnótica?"

"Quando estamos sob hipnose, lidamos com áreas da mente que não se acham normalmente à nossa disposição no estado de vigília consciente?"

---

* Esses dados foram obtidos da tese: "Reencarnação, Regressão e Suas Aplicações Terapêuticas", apresentada pelo Eng. Ney Prieto Peres no III Congresso Nacional de Parapsicologia e Psicotrônica.

"Eu queria saber se havia algum modo de distinguir entre experiências de vidas passadas 'reais' sob o efeito da hipnose e os produtos da fantasia."(20), pp. 28 a 35.

A pesquisa foi desenvolvida em duas etapas: a primeira, com cerca de 800 pessoas na maioria ligadas à Universidade onde ela lecionava, e a segunda com cerca de 300 indivíduos recrutados através de anúncios. A amostra total consta de 1.088 questionários respondidos pelos participantes logo após saírem do transe hipnótico e antes de se comunicarem entre si. Essas regressões são feitas em seminários com oito horas de duração em quatro "viagens hipnóticas', assim distribuídas:

1.ª viagem: 1850, 1700, 1500, 25 d.C., 500 a.C.

2.ª viagem: 2000 a.C., 1000 a.C., 400 d.C., 800 d.C., 1200 d.C.

3.ª viagem: Aqui as instruções são diferentes, são citados os nomes de todos os Continentes e pede-se aos sujeitos, já hipnotizados, que escolham um lugar, onde possam ter uma vivência nítida.

4.ª viagem: Leva-os ao estado de entre-vidas, isto é, antes do nascimento.

Os dados obtidos das três primeiras viagens, através de questionários que permitem verificação e análise por Estatística, têm seus resultados apresentados no primeiro livro.(20)

Já os dados obtidos da quarta questão, pela sua própria natureza, são, em grande parte, impossíveis de serem verificados, portanto tiveram que obedecer a outro tipo de tratamento. Esses resultados constam do segundo livro.(21)

Todos os sujeitos foram hipnotizados exclusivamente para essa pesquisa não tendo, portanto, nenhuma relação com psicoterapias que utilizam regressão hipnótica.

A fim de conseguir a data da regressão era pedido que a visualizassem após a vivência da morte, o que muitos obtiveram. A outra solicitação era para darem o nome geográfico atual do lugar da ocorrência.

As demais perguntas procuravam abranger diversos aspectos das vivências, tais como: paisagem, clima, roupas, calçados, moedas, comidas, talheres e outros objetos caseiros.

Com os dados obtidos, a autora elaborou vários gráficos e tabelas, mas vamos nos restringir a dois itens: o que se refere às classes sociais dos sujeitos nas vidas passadas e ao sexo a que pertenceram.

As classes sociais foram divididas em superior, média e inferior, com as respectivas definições. Em cada época pesquisada a incidência da classe superior sempre foi inferior a 10%, com uma variação entre 2% e 10%.

O número de membros da classe média variou bastante conforme o período considerado.

A classe inferior oscilou entre 60% e 77% em todas as vidas e em todos os períodos de tempo.

Os dados que a autora considera como "a prova objetiva mais robusta" de que realmente houve regressão a vidas anteriores refere-se ao sexo que os sujeitos tiveram no passado.

Nesse regresso eles se dividiram "precisa e uniformemente" em 50,3% de homens e 49,7% de mulheres. Quando esse dado surgiu no primeiro grupo (800 sujeitos), que era composto de 28% de mulheres, a autora supôs que grande número delas poderia estar preferindo imaginar-se como homem; porém no segundo grupo (300 sujeitos) que constava de 45% de homens e 55% de mulheres, portanto bem mais emparelhado na vida atual, os resultados foram: 50,9% de homens e 49,1% de mulheres.

Por ser um fato biológico a divisão em porcentagens mais ou menos iguais de elementos do sexo masculino e elementos do sexo feminino, é que os resultados foram considerados tão relevantes.

No relato desse trabalho há muitos fatos intrigantes e que dão o que pensar, mas, a nosso ver, uma de suas melhores contribuições é conter praticamente todos os elementos para quem se anime a replicar a experiência.

O que levou a Dr.ª Wambach a incluir a 4.ª viagem na pesquisa foi sua crença na existência de uma dimensão espiritual no homem. Tinha um interesse não só profissional mas também dela própria como ser humano.

Duas perguntas a intrigavam particularmente:

"Que é a morte?"

"Se temos que morrer, por que nascemos?"

Para esta fase, particularmente, quis a psicóloga levar os sujeitos ao estado de hipnose o mais profundo possível, pois já sabia ser muito mais difícil conseguir respostas desse período. Para chegar a esse aprofundamento baseou-se em informações de amigos que trabalhando com aparelhos de *biofeedback* constataram o fato de: ao oscilar o comprimento de onda cerebral entre zero e quatro ciclos por segundo, o sujeito dormia profundamente. Como queria um transe profundo mas que permitisse aos sujeitos recordar suas respostas decidiu-se por induzi-los a que suas ondas cerebrais permanecessem nos cinco ciclos por segundo.

Após a indução dava as ordens na seguinte seqüência:
1.º) "Quero que retrocedam agora ao momento que precedeu imediatamente a seu nascimento nesta vida atual. Vocês escolhem nascer?"
2.º) "Alguém o ajuda a escolher? Se alguém o está ajudando, que relação o une com quem o aconselha?"
3.º) "Como lhe parece a perspectiva de viver essa próxima vida?"
4.º) "Escolheram a segunda metade do século vinte para experimentar a vida física por alguma razão? Qual é essa razão?"
5.º) "Escolheram seu sexo para essa próxima vida? Se for assim, por que escolheram precisamente ser um homem ou uma mulher nesta vida?"
6.º) "Que propósito os move a viver esta vida atual?"
7.º) "Agora quero que dirijam sua atenção para sua futura mãe. Você a conheceu em uma vida anterior? Se for assim, que relação os uniu antes?"
8.º) "Agora dirijam sua atenção para seu futuro pai. Você o conheceu em uma vida anterior? Se assim for, que relação os uniu antes?"
9.º) "Sente você agora, antes de nascer, a presença de outras pessoas a quem conhecerá em sua próxima vida? Você os havia conhecido em uma vida passada? Sabe que papel desempenharão em sua próxima vida? Conhecerá como amantes ou como companheiros? Conhecerá como filhos ou terá outro grau de parentesco? Conhecerá como amigos?"
10.º) "Agora quero que dirijam sua atenção ao feto em desenvolvimento que serão vocês. Sentem-se *dentro* do feto? *Fora* do feto? *Dentro e fora*? Quando sua consciência se une plenamente com o feto?"
11.º) "Dá-se conta das atitudes e sentimentos de sua mãe imediatamente antes de seu nascimento?"
12.º) "Agora estão descendo pelo conduto do nascimento. Não sentirão dor, mas terão sensações. Agora descem pelo conduto. Que sentem agora?"
13.º) "Agora estão saindo do conduto. Nascem. Que experimentam?"
14.º) "Dão-se conta das atitudes e sentimentos de outras pessoas que se encontram na sala de partos depois de seu nascimento?"(21)

Em seguida traz lentamente os sujeitos para o presente.
As porcentagens obtidas às respostas das três primeiras perguntas foram as seguintes:
81% dos que vivenciaram o nascimento disseram que escolheram nascer e que cabia a eles fazer a escolha. "Era algo assim como

escolher livremente fazer o serviço militar." "Desses 81%, apenas 28% sentiram entusiasmo por voltar a nascer."

Dois exemplos de respostas:

"Sim, escolhi nascer, porém de má vontade. Não me alegrava a idéia. Me vi como um ancião antigo com uma barba comprida, muito comprida, uma túnica e um báculo. Depois do nascimento continuava sendo o mesmo ancião, mas num corpinho pequeno." (Caso A-116). "Sim, escolhi nascer, e muitos me aconselharam. Desejava ver aqueles que já me haviam antecipado" (Caso A-220).

Os restantes 19% resistiram ao nascimento, dizendo que não só não escolheram como tiveram a impressão de que a escolha não lhes seria permitida.

Quanto à questão número quatro: 41% não obtiveram impressões ou se limitaram a responder "não".

A autora ficou surpresa com os que responderam "sim" a essa pergunta, dos quais 51% disseram que a escolha desse período teve por causa existir grande potencial para o desenvolvimento espiritual.

"Sim, escolhi o século vinte porque é a época de mudanças na Terra, e do desenvolvimento dos níveis de consciência" (Caso B-5, p. 72). "Escolhi o século vinte porque este parece ser o albor de uma nova era de consciência, e muitas, muitas almas, vão transcender a outro plano de unidade" (Caso A-379, p. 72). "Escolhi a segunda metade do século vinte por causa da transição da história desde um ponto de vista religioso até um ponto de vista científico, e, ao final desta época, um despertar espiritual" (Caso B-88, p. 73).

Outros 30% responderam que haviam escolhido essa época por razões pessoais.

"Escolhi esta época para completar a vida de minha irmã mais velha. Seu corpo era inferior e morreu aos três meses por problemas de saúde. Ao que parece, eu sou ela. Recordo da época entre-vidas, antes de nascer de minha mãe como sua segunda filha e parece que estou esperando nesse período intermediário para ver se posso ter outra oportunidade desse mesmo retorno" (Caso A-43, p. 74).

Quanto à escolha do próprio sexo:

24% ou não haviam escolhido, ou não o consideravam importante na vida próxima.

28% dos sujeitos eram homens e responderam de forma muito variada a essa questão, o que dificultou a classificação das respostas, mas, um aspecto surgiu com freqüência; que o homem é dominante em nossa sociedade e isso servia melhor aos seus propósitos.

48% escolheram ser mulher e quase um terço delas alegou como primeira razão de sua escolha ter filhos.

Para a questão número seis, apresentaram-se as seguintes porcentagens:

25% disseram que o propósito de viver a vida atual era o de acumular conhecimentos.

18% era para estar com uma ou várias pessoas que conheciam de vidas anteriores para desenvolver suas relações.

18% era para aprender a dar amor, ou melhor, aprender a amar.

27% para melhorar espiritualmente e ensinar a outros.

12% alegaram motivos menos gerais do que os outros, sendo que alguns apresentaram motivos únicos.

"Meu propósito é vencer o medo" (Caso A-353).

"Meu propósito é libertar-me do materialismo e combater a negatividade. Combinar as emoções masculinas e femininas para um maior controle, amor e força" (Caso B-25).

Ligações com pessoas de vidas anteriores:

Dos que responderam alguma pergunta sobre o nascimento, 87% disseram haver conhecido pais, amantes, parentes e amigos em vidas anteriores.

"Conheci minha mãe no estado de pré-nascimento, mas não em uma vida anterior na Terra. Meu pai, em outra vida, causou minha morte" (Caso A-424, p. 97).

Nascimento:

A autora considera que fracassou na tentativa de analisar estatisticamente o nascimento real. 84% passaram pela experiência. "Apesar de eu ter sugerido que não sentiriam dor, vários sujeitos sofreram transtornos específicos."

Dos que responderam, 89% disseram que "não passaram a fazer parte do feto ou a relacionar-se com ele antes do sexto mês. Mesmo então, muitos descreveram estar "dentro" e "fora" do corpo fetal. Viam-se a si mesmos como uma consciência adulta relacionando-se com o feto como uma forma de vida menos desenvolvida."

33% disseram que só se uniram ao feto no momento que precedeu o parto.

20% dos que falaram de sua opinião com o feto, disseram estar fora do mesmo, sem especificar quando se uniram a ele.

Um grupo de 19% disse ter estado dentro e fora do feto antes do nascimento.

Outro grupo, de 5%, disse que não entrou no feto nem mesmo depois do nascimento, e que podia abandonar a consciência fetal quando o desejasse após o nascimento.

Somente 11% disseram ter estado no feto entre a concepção e o sexto mês. "Isto é interessante, porque todos sabiam perfeitamente que o feto começa a dar pontapés pelo quarto mês de gestação. Apesar desse conhecimento objetivo, somente 11% dos sujeitos se viram dentro do feto quando surgiram esses 'sinais de vida'."

Apenas um grupo de 5% não pôde ser classificado em termos de quando se uniram ao feto.

Quanto ao relacionamento com a mãe:

86% disseram que antes de nascer percebiam os sentimentos da mãe, suas emoções e mesmo seus pensamentos.

14% disseram não haver percebido os sentimentos da mãe, ou de não ter querido percebê-los, devido à resistência geral ao nascimento.

A autora não calculou a porcentagem da última questão, que se refere às pessoas presentes na sala de partos.

TERAPIA DAS VIDAS PASSADAS

"A alma tinha a sua individualidade antes da encarnação e a conserva após a separação do corpo." Allan Kardec (11)

Há mais de quinze anos o psicólogo norte-americano Morris Netherton vem trabalhando com uma técnica psicoterápica criada por ele, denominada *Past Lives Therapy* (Terapia das Vidas Passadas, abreviada por TVP) e, em 1978 publicou um livro (13) com esse título, no qual, além de relatar vários casos, de patologias diversas, dá as características gerais do seu método de trabalho.

Como o próprio nome da técnica sugere, nessa modalidade terapêutica a reencarnação é um dos pressupostos fundamentais.

O objetivo dessa terapia é fazer o paciente revivenciar as cenas traumáticas do seu passado esgotando a emoção ligada a esses fatos.

Essa idéia não é nova, uma vez que outras técnicas psicoterápicas visavam o mesmo. Na verdade o único aspecto novo, e o mais polêmico, "é a distância a que o terapeuta se dispõe a retroceder para encontrar esse trauma." (*Opus cit.*, p. 9)

Embora Netherton afirme que seu método não utiliza hipnose, isso é discutível já que os limites dos estados hipnóticos não estão perfeitamente estabelecidos. Seja como for, o certo é que não há indução através de qualquer técnica convencional (fantasia dirigida, contagem, peso nas pálpebras etc.). Além disso, em nenhum momento testa-se o paciente para verificar a profundidade do transe, como também não se ordena que ele lembre ou esqueça de qualquer coisa, pois, estando desperto o tempo todo, deve lembrar de tudo, e isso é necessário para que possa relacionar o que vivenciou na sessão e os seus problemas. Outra diferença fundamental entre o procedimento na TVP e nas regressões com hipnose clássica é que muitos terapeutas dedicados a esta última, sugerem aos pacientes que revivam as cenas traumáticas sem vivenciar o sofrimento, ou mesmo que ultrapassem o momento do sofrimento. (Fiore Edith, *Já Vivemos Antes*, pp. 74, 80, 91). Na TVP leva-se o paciente a vivenciar as emoções até esgotá-las.

Desde 1981 alguns psicólogos brasileiros vêm aplicando essa técnica com resultados satisfatórios e neste trabalho, tudo quanto dissermos é corroborado pela nossa própria experiência. Mais adiante apresentamos alguns dados estatísticos, obtidos de cinco profissionais de São Paulo que estão trabalhando com a TVP.

Morris Netherton já esteve duas vezes no Brasil. Na primeira vez, dirigindo um seminário com demonstração da sua técnica, e na segunda vez, além de seminário promoveu um treinamento intensivo para psicólogos e psiquiatras. Durante esse treinamento ele tanto atendeu pacientes como supervisionou os atendimentos feitos pelos participantes.

O autor não tem uma teoria e diz que nem pretende se ocupar com isso, mas acha interessante que seu trabalho sirva como ponto de partida para quem queira fazê-lo.

Embora não tendo formulado uma teoria, é natural que existam pressupostos nos quais ele se baseia para estruturar o trabalho. Em linhas gerais podemos colocá-los da seguinte forma: Nós já tivemos várias encarnações, conseqüentemente, cada vida física terminou com uma morte. Quando essas mortes foram, de qualquer forma, traumáticas, isso permanece registrado em alguma parte de nós mesmos (o autor não faz nenhuma hipótese sobre esse aspecto). Além disso, durante o decorrer dessas vidas também experienciamos os mais variados sofrimentos, alguns dos quais deixam marcas profundas e, posteriormente, durante a vida intra-uterina e no transcorrer do parto, qualquer ocorrência que contenha algum elemento relacionado aos traumas do passado faz "despertar" as emoções a eles associadas. A partir daí o indivíduo torna-se suscetível aos reflexos dos antigos sofrimentos e, mais tarde, em qualquer época da vida atual, um acontecimento qualquer que contenha os mesmos elementos, pode desencadear o processo fazendo com que a pessoa passe a sofrer sem que consiga atinar com a causa de tal sofrimento.

Talvez isso pareça um tanto confuso mas o processo é semelhante ao que ocorre com os traumas da vida atual.

Essa técnica visa a que o paciente espontaneamente localize e se reveja nas situações traumáticas do passado, e a função do terapeuta é fazer com que ele as reviva em todos os detalhes, levando-o sempre a integrar pensamentos, sentimentos e sensações.

Quer essas cenas sejam dramatizações de material do inconsciente ou revivências de fatos realmente acontecidos no passado, sempre trabalhamos com os conteúdos tais como se apresentam, isto é, lidamos com os fatos como se realmente tivessem acontecido.

LINHAS GERAIS DO PROCEDIMENTO TERAPÊUTICO

No início da terapia deixa-se claro para o cliente que o fato dele acreditar ou não em reencarnação é indiferente para o êxito do tratamento, e que ele pode interpretar como quiser o processo que vai experienciar.

Cada sessão dura em média duas horas e de um modo geral a freqüência de atendimento é de uma vez por semana. Somente em circunstâncias muito especiais a freqüência deve ser aumentada, pois em cada sessão surge muito material e é bom que o paciente tenha tempo para assimilá-lo. Inicia-se a terapia com extensa entrevista-anamnese. Nessa etapa preliminar procura-se saber o máximo do histórico pessoal e familiar do paciente. Durante essa coleta de dados, e depois, sempre no início de cada sessão, o terapeuta anota frases que sejam repetitivas ou deslocadas do contexto. Podemos chamá-las de "palavras ou frases-chave".

Pelo exposto observa-se que não existem "palavras-chave" ritualísticas, que sirvam para todas as pessoas, por isso o terapeuta deve estar sempre atento às verbalizações do paciente.

Essas frases revelam conteúdos do inconsciente do paciente tais como estão registrados (outro pressuposto), e no decorrer da terapia elas são utilizadas literalmente e não através de interpretações sobre elas. Portanto, não trabalhamos com símbolos.

Eis alguns exemplos do que são "frases-chave": "Estou morrendo de dor de estômago." "Esta dor de estômago está me matando." "Me acho burra." É claro que, sempre quando a queixa for de problemas físicos o paciente deve ser encaminhado a exame médico antes de iniciar a psicoterapia. Mas, voltando aos exemplos, o que importa é a referência da morte ligada à dor de estômago, principalmente se o paciente estiver com uma simples gastrite e expressar-se dessa maneira. Nesse caso consideramos essa frase como deslocada do contexto e anotamos para ser trabalhada, pois, mesmo que ele sinta "objetivamente" a dor, é certo que aí temos um desencadeante de vivência traumática, no qual, de alguma forma, estão relacionados dor de estômago e morte. A morte pode não ter necessariamente ocorrido com ele, mas, pelo menos, em sua presença em alguma fase ou circunstância onde seu consciente estava sem condições de analisar os fatos, como na vida uterina, por desmaio, anestesia geral etc.

As "palavras-chave" nem sempre são fáceis de serem obtidas. Um dos meios para consegui-las é pedir ao paciente que descreva melhor o que sente. Sempre que queiramos saber qualquer coisa, devemos fazer perguntas diretas e objetivas em torno do problema a ser tratado. Se o terapeuta não souber manejar bem esta fase, ela poderá estender-se pela sessão inteira. Convém repetir que o terapeuta somente faz perguntas, não induz nem interpreta nada.

Após a obtenção das frases pede-se ao paciente que se concentre no problema a ser tratado naquela sessão, e repita as palavras anotadas até que comecem a surgir as primeiras imagens ou sensações. Às vezes as palavras escolhidas não levam diretamente à situação nuclear do problema mas vão surgindo situações intermediárias das quais o terapeuta vai retirando novas frases que vão sendo repetidas e vai-se procedendo assim até que o paciente regrida a algum ponto qualquer do seu passado (nesta ou em outra vida). Durante esta etapa cada vez que uma frase desencadeia emoção e o conhecimento do que a está provocando, faz-se com que o paciente a repita até que a emoção se esgote. Para isso bastam três ou quatro repetições, mas se houver necessidade pede-se ao cliente que repita mais um pouco. Além disso, a situação precisa ser revivida integralmente, o que a antecedeu, como transcorreu e de que modo terminou. Se tivermos alguma dúvida quanto ao esgotamento da emoção e quisermos nos certificar de que ela tenha sido realmente esgotada, mais adiante pede-se ao paciente que repita novamente a frase desencadeante e, normalmente, verificamos que ele o faz serenamente. Este "retorno sereno" muitas vezes faz o cliente supor que não atingiu mais o ponto anterior, mas o fato é que agora ele consegue revivenciar sem sofrimento.

Quando a cena de vida passada que o inconsciente do paciente escolheu para trabalhar (levado pela frase) localiza-se em qualquer ponto que não seja a morte, é necessário fazer com que ele reviva também os momentos que a precederam, bem como o instante final, até que se desligue totalmente de qualquer sensação desconfortável. Às vezes, mesmo após experienciar a morte o paciente diz que não consegue sair da cena, o que significa que há ainda alguma outra coisa a ser conscientizada, ou na própria cena da morte ou anteriormente à mesma.

Se, ao contrário, o paciente for diretamente a uma cena de morte, após fazer com que a reviva integralmente, se houver tempo, pedimos para que seu inconsciente verifique se ainda há alguma coisa relacionada ao problema e que deva ser trabalhada.

É comum também a mistura de cenas de duas ou mais vivências. Nesse caso o próprio paciente diz que está tudo confuso, ou à medida que ele vai falando o que está aparecendo, percebemos e pedimos a ele que permaneça em uma delas para trabalharmos nesse dia.

Quando um paciente diz que está tudo confuso, é necessário que se pergunte o que está querendo dizer, pois tanto pode estar se referindo à mistura de cenas como estar vivenciando uma situação na qual realmente sentiu-se confuso.

Nessa fase também é importante que o terapeuta atenha-se aos pontos que sejam relevantes para que o cliente entenda seu problema, caso contrário pode começar a "dar um passeio" pela encarnação, passeio este que pode ser até interessante, porém, do ponto de vista terapêutico é absolutamente inútil.

Cada encerramento de uma vida passada em geral refere-se àquela determinada sessão, pois em outra ocasião o paciente pode retornar a uma mesma vida já atingida e experienciar fatos novos, pois, como acontece em qualquer processo terapêutico, neste também as defesas funcionam plenamente e o paciente somente revive o que é capaz de suportar. Em nossa experiência é relativamente comum que o paciente retorne duas ou mais vezes às mesmas vidas, em sessões diferentes, para conscientizar fatos novos.

Em cada sessão, quando as experiências de uma vida passada já se esgotaram, o que se percebe, não só pelo estado de calma que o paciente demonstra, como pelo desligamento das cenas revividas, pede-se a seguir que ele localize o momento do parto ou da vida uterina que estão ligados àqueles acontecimentos. Esse fato tanto pode ser um sentimento da mãe, um pensamento dela, como as dores que sentiu naquela ocasião. Pode ser ainda determinada palavra de alguém que se encontrava na sala de parto, como alguma sensação física da criança etc.

Às vezes uma frase banal de alguém presente no local do parto pode "despertar" os traumas que estavam "adormecidos".

Vejamos como Netherton refere-se à vida intra-uterina:

"Entre as muitas coisas que fazem o período pré-natal único no ciclo da vida, talvez a principal seja esta: É o único tempo prolongado em que o inconsciente funciona sozinho, sem o auxílio da consciência. Anteriormente comparei o inconsciente a um gravador, que grava tudo indiscriminadamente, guardando a informação sem interpretá-la. Efetivamente, o feto grava todos os pensamentos da mãe, tudo quanto é dito a ela, por ela e em sua presença, como se fosse dirigido a ele. O nascituro, aguardando o início da vida consciente, é profundamente afetado por esta "consciência" pré-natal. Sem o funcionamento do consciente para discernir ou interpretar, o inconsciente "recorda" qualquer incidente das vidas passadas acionado por acontecimentos na vida da mãe. Estes incidentes moldam padrões de comportamento da criança. Ao nascer, a criança iniciará a vida tentando resolver esses eventos das vidas passadas sem mesmo saber quais são eles.

Por serem padrões de vida determinados no útero, é essencial para o paciente percorrer os eventos de sua concepção e desenvolvimento fetal, em detalhes. Qualquer vida passada que ele encontrar deve estar relacionada a um incidente do seu período pré-natal na sua vida presente. Nós não podemos desligar um paciente de sua vida passada sem também desligá-lo do incidente fetal que acionou sua memória inconsciente deste incidente. Por isso em quase todas as sessões terapêuticas trabalha-se o período pré-natal." (13), p. 146.

Após todas as revivências, no final da sessão, o terapeuta ajuda o paciente a relacionar as cenas vividas com os fatos e sentimentos de sua experiência cotidiana. Ainda aqui o terapeuta deve ter o máximo cuidado para não relacionar pelo cliente. Uma das perguntas que se pode fazer para ajudá-lo é: "Das coisas que você reviveu hoje há algo que se relacione com seus problemas?" Ou qualquer outra nesse estilo. Geralmente esse procedimento é necessário apenas no início do tratamento pois logo o paciente começa a relacionar os sentimentos, sensações e pensamentos que teve na regressão com seus padrões de comportamento. Alguns clientes relacionam mesmo enquanto estão vivenciando cenas do passado. Pessoas que já se submeteram a terapias interpretativas gostam de fazer relações simbólicas. Isso naturalmente só enriquece o processo, porém é primordial que se façam as relações "objetivas". As relações simbólicas são algo além da outra e não podem funcionar como substitutas, nesta técnica, é claro.

Outro ponto a ser observado é que o surgimento das vidas passadas não obedece a qualquer cronologia, o aparecimento de qualquer delas está sempre subordinado ao problema que estamos trabalhando numa determinada sessão.

O mesmo acontece com o aparecimento das cenas. Elas podem começar a surgir pelo fim ou pelo meio. O que devemos ter em mente é que, por onde quer que elas comecem deverão ser integralmente revividas.

Rarissimamente o paciente recorda-se dos nomes que teve, o que não é solicitado por ser um dado supérfluo para o tratamento, e se não surge espontaneamente não há porque provocá-lo.

Outro fato comum é o aparecimento de traumas semelhantes em várias vidas. Talvez aqui se encontre um dos componentes da vitimologia.

Em linhas muito gerais é assim que transcorre uma sessão de Terapia das Vidas Passadas, e, como ocorre em qualquer procedimento psicoterápico, encontramos pacientes que são mais ou menos sensíveis, mais ou menos predispostos etc. O fato de o cliente ser menos sensível ou menos predisposto não impede o uso da técnica, apenas requer mais paciência e habilidade do terapeuta.

Até aqui falamos muito em vidas passadas, porém os traumas desta vida também têm que ser trabalhados do mesmo modo, e temos observado que traumas violentos sofridos nesta vida são mais difíceis de serem assimilados pelo paciente do que assassinatos e estupros em outras vidas. Ignorar os eventos desta vida como fatores importantes no desenvolvimento da nossa personalidade seria cair no extremo oposto. O que ocorre é que este novo tipo de abordagem permite uma abertura de inestimável valor.

Ao encerrar este tópico queremos deixar registrado que em nossa experiência pessoal, até aqui, temos observado que pacientes que na anamnese relatam sofrer de tensão pré-menstrual, já durante o tratamento superam esse problema, sem que tenhamos trabalhado isso, e mesmo que não tenham tido qualquer revivência de ordem sexual.

ALGUMAS OBJEÇÕES COMUNS RELATIVAS ÀS REGRESSÕES

Quanto a este ponto vamos nos limitar a colocar as objeções e os dados de observação.

1.º) O fato de que apareceriam muitos reis, rainhas, milionários etc.

O que todos os pesquisadores e psicoterapeutas regressivos têm encontrado é que, a maioria esmagadora de vidas (?) fantasias (?) que surgem, referem-se a pessoas absolutamente anônimas, com as ocupações mais prosaicas possíveis. É lógico que, às vezes, apareçam personalidades anteriores que foram ricas, nobres ou cultas, mas, mesmo essas, não chegam a ser personagens da História. Apesar de, tanto os pesquisadores como os terapeutas que conhecemos, serem pessoas com as mais variadas formações, e de, nos tratamentos, atendermos pacientes das mais variadas condições sociais, financeiras, profissionais, religiosas e patológicas, o tipo de material surgido é basicamente o mesmo daqueles que submeteram-se às pesquisas com hipnose e àqueles cujas lembranças são espontâneas, como já nos referimos: vivências de pobreza, anonimato, e geralmente envolvidas com violência.

2.º) Se descobríssemos que cometemos algum crime em outra vida, seria insuportável conviver com esse conhecimento.

Temos observado que isso não causa nenhum sentimento de culpa nos pacientes, pelo contrário, quando ele revive adequadamente esse tipo de ocorrência, deixa de sentir sensações inexplicáveis de culpa. Como dissemos anteriormente, as defesas funcionam normalmente.

3.º) Se descobríssemos que determinada pessoa das nossas relações nos matou ou causou grande sofrimento, a convivência na vida atual tornar-se-ia inviável.

Rarissimamente ocorre esse tipo de reconhecimento, e o que dissemos sobre as defesas, naturalmente é válido aqui também.

4.º) É necessário que o terapeuta e/ou o paciente, sejam paranormais.

Para se trabalhar com esta técnica é necessário que o terapeuta sinta-se à vontade com ela e que tenha a sensibilidade que qualquer psicoterapeuta deve ter.

5.º) Que os pacientes normalmente inventam histórias para responder às expectativas do terapeuta.

Pessoas que se declaram absolutamente sem imaginação, durante o tratamento, apresentam histórias geralmente vividas com muita emoção e sofrimento. Fariam isso somente para agradar o terapeuta?

6.º) As vivências não passariam de satisfação de desejos inconscientes.

Mesmo que o sejam produzem bons efeitos terapêuticos.

7.º) Que o paciente, por se encontrar em estado alterado de consciência, captaria conteúdos do inconsciente do terapeuta.

Cremos que o dito em relação à objeção 1.ª aplica-se também aqui.

CONCLUSÃO

Escrever este capítulo foi ao mesmo tempo estimulante e preocupante, pois surgiu a fatalidade de ter que optar por uma direção, e, logicamente, excluir as outras (direções), que também seriam interessantes.

O critério adotado foi o de apresentar um desenvolvimento que pudesse basear-se em observações e, mesmo levando-se em conta somente aqueles que trabalham com o objetivo de encontrar "a verdade", ao nos aprofundarmos nos estudos e na prática, verificamos que ainda estamos numa fase em que surgem mais problemas do que respostas às hipóteses.

Todos os profissionais citados neste capítulo limitam-se a trabalhar com conteúdos que surgem dos pacientes, nenhum deles induz a que sintam ou vejam isto ou aquilo. As hipnólogas (H. Wambach e E. Fiore) conseguem isso através da hipnose vígil. Na "Terapia das Vidas Passadas" atinge-se o mesmo objetivo através dos próprios sintomas do paciente, e ainda que alguns autores não aceitem a existência de vidas passadas, e que tudo isso seja produto de fantasia, o fato é que dá bons resultados terapêuticos.

Seja como for, está acontecendo algo que, por enquanto, nos escapa à compreensão.

Acreditamos que àqueles que não tenham familiaridade com processos de regressão a vidas passadas, muito do que leram pareceu estar mais ligado à ficção do que à psicoterapia, porém, técnicas regressivas estão sendo cada vez mais utilizadas em várias partes do mundo. No início de 1983 o psicólogo holandês Hans Ten Dan da cidade de Zeist, esteve visitando o Brasil e relatou que a Universidade de Utrecht, anualmente vem formando psicólogos em terapias regressivas. O próprio Netherton tem ido à Alemanha, à Suíça e ao Canadá para treinar psicoterapeutas em sua técnica. Seria fastidioso continuar fazendo citações. Nosso objetivo, repetimos, foi o de mostrar que os fatos aí estão e, mesmo sem conhecer-lhes a natureza íntima, em certa medida, podemos lidar com os mesmos e, através da experimentação iremos descobrindo as leis que estão por trás deles. Não foi assim que procederam os físicos? É claro que ao tratarmos diretamente com o ser humano temos que ser muito cautelosos para que não haja prejuízos mas, entre sermos cautelosos e ignorarmos sistematicamente novas possibilidades de atuação terapêutica mais profunda, vai uma grande distância.

Outra impressão que os leitores poderão estar tendo é de que esta técnica é uma panacéia, fácil de ser utilizada e isenta de perigos. Podemos assegurar que ela é uma ótima técnica. Porém é apenas mais um instrumento que podemos utilizar visando ajudar os pacientes a integrarem aspectos desarmônicos de sua personalidade. É bastante trabalhosa, e, manejada por pessoas não habilitadas para tanto, pode realmente causar sérios prejuízos ao paciente.

Depois que o homem circulou na superfície lunar e quando os astrofísicos estão se preparando para interceptar o cometa de Halley, achamos que nenhuma hipótese de trabalho é ousada demais, principalmente quando essa hipótese vem preocupando os homens há milênios e diz respeito ao conhecimento de nossa própria interioridade e destino.

TABELA *

Primeiros Dados Estatísticos Obtidos da Experiência de Psicólogos Brasileiros (SP) em Terapia das Vidas Passadas

Período experimental: de julho de 1981 a setembro de 1983 — 26 meses
Psicólogos experimentadores — 5
Pacientes submetidos — 122
N.º de sessões — 1.858 (em média: 2 horas semanais)
Horas em experiência — 3.716

Faixa Etária dos Pacientes (em anos)

< 20	12	(9,83%)
20 |——| 30	33	(27,05%)
31 |——| 40	39	(31,97%)
41 |——| 50	28	(22,96%)
> 50	10	(8,19%)
TOTAL	122	(100,00%)

Sexo dos pacientes:
Feminino 74 (60,65%)
Masculino 48 (39,35%)

Total 122 (100,00%)

Religião dos pacientes:
Católica   21 (17,21%)
Espírita   74 (60,66%)
Outras   10 (8,20%)
Sem religião 17 (13,93%)

Total 122 (100,00%)

Pacientes que admitem a reencarnação:
Sim 105 (86,06%)
Não   17 (13,94%)

Total 122 (100,00%)

Pacientes que vivenciaram vidas passadas:
Sim 108 (88,5%)
Não   14 (11,5%)

Total 122 (100,0%)

Queixa principal:
Psicossomática 58 (47,5%)
Emocional   62 (50,8%)
Ambos   2 (1,7%)

Total 122 (100,0%)

Evolução dos pacientes:
Alta   38 (31,2%)
Melhora   19 (15,6%)
Inalterado   7 (5,7%)
Desistência   28 (22,9%)
Em tratamento 36 (29,5%)

N.º de sessões nos casos de alta:
 5 |——| 10   2 (5,3%)
11 |——| 15   6 (15,8%)
16 |——| 20 10 (26,3%)
21 |——| 25 12 (31,5%)
26 |——| 30   2 (5,3%)
31 |——| 35   2 (5,3%)
36 |——| 40   2 (5,3%)
41 |——| 45   1 (2,6%)
46 |——| 50   1 (2,6%)

          38 (100,0%)

* Agradecemos à Dra. Maria Júlia Prieto Peres a cessão desta tabela, que é parte do trabalho apresentado por ela no "1.º Simpósio sobre Espiritualidade e Psicofísica", realizado em 07/11/1983 na UNICAMP-SP.

BIBLIOGRAFIA

1. Andrade, H. G., *Novos Rumos à Experimentação Espírita*. São Paulo, Edição do Autor, 1960.
2. Andrade, H. G., *A Matéria-Psi*. (Tese). Matão, Editora O Clarim, 1972.
3. Andrade, H. G., *Parapsicologia Experimental*. São Paulo, Livraria Espírita Boa Nova Ltda., 1976.
4. Banerjee, H. N., *Vida Pretérita e Futura*. Rio de Janeiro, Editora Nórdica, 1983.
5. Barnett, L., *O Universo e o Dr. Einstein*. São Paulo, Editora Melhoramentos, 5.ª edição.
6. Chardin, P. T., *O Fenômeno Humano*. Porto, Livraria Tavares Martins, 3.ª ed., 1970.
7. Charon, J. E., *O Espírito, Este Desconhecido*. São Paulo, Editora Melhoramentos, 1979.
8. Einstein, A., *Como Vejo o Mundo*. Rio de Janeiro, Editora Nova Fronteira, 11.ª edição.
9. Eliade, M., *História das Crenças e das Idéias Religiosas*. Rio de Janeiro, Zahar Editores, 1978, tomo I, vol. 2.
10. Fiore, E., *Já Vivemos Antes*. Portugal, Publicações Europa-América.
11. Kardec, A., *O Livro dos Espíritos*. São Paulo, Lake, Livraria Allan Kardec Editora, 37.ª ed., 1978.
12. Lacerda, N. (organizadora), *A Reencarnação Através dos Séculos*. São Paulo, Editora Pensamento.
13. Netherton, M. e Shiffrin, N., *Past Lives Therapy*. Nova York, Ace Books, 1979.
14. Papus (Dr. Gerard Encausse), *A Reencarnação*. São Paulo, Editora Pensamento.
15. Peres, N. P., *Reencarnação, Regressão e Suas Aplicações Terapêuticas*. Rio de Janeiro. Tese apresentada ao III Congresso Nacional de Parapsicologia e Psicotrônica, 1982.
16. Richet, C., *Tratado de Metapsíquica*. São Paulo, Lake, tomo I.
17. Russell, B., *Obras Filosóficas*. São Paulo, Livro Primeiro, Cia. Editora Nacional, 1969.
18. Stevenson, I., *Vinte Casos Sugestivos de Reencarnação*. São Paulo, Editora Difusora Cultural, 1971.
19. Stromberg, G., *The Soul of the Universe*. Filadélfia, Pensilvania, EUA, David McKay Co., 1940.
20. Wambach, H., *Recordando Vidas Passadas*. São Paulo, Editora Pensamento.
21. Wambach, H., *Vida Antes de La Vida*. Madrid, EDAF, 1979.

5

PSICOTERAPIAS E PSICOTERAPEUTAS
Ontem — Hoje — Amanhã

ALLA MILSTEIN GONÇALVES

NOTA PRELIMINAR

O intuito deste trabalho é o de fornecer uma visão panorâmica no tempo, dos movimentos que cimentaram os enfoques e posterior abordagem terapêutica da conduta do ser humano.

A síntese é parcial e não pretende abarcar todas as estrelas que surgiram no firmamento da psicopatologia. Pretende isto sim, devolver a "César" o que jamais deixou de pertencer-lhe, isto é, enfatizar a paternidade próxima ou longínqua de Freud, de tudo que se faz hoje na área da Saúde Mental.

Simultaneamente nossa intenção é a de levantar uma denúncia-alerta sobre o perigo e a injustiça de abraçar-se euforicamente, qualquer novo movimento cujas luzes nos ofusquem no primeiro momento, impedindo-nos a identificação dos falsos ídolos, dos gigantes de pés de barro.

Os pseudo-intelectuais, tão inadequados quanto os antiintelectuais, desviam a atenção levando-a do nível cognitivo ao nível emotivo-iconoclástico. Ambos são perigosos e faz-se mister reconhecê-los a tempo.

Os grupos de "crescimento", de "encontro", as seitas, enfim todos os modificadores de conduta que proliferam no cenário das relações interpessoais, preocupam e merecem um estudo em profundidade.

Este trabalho pois, tem a função de alertar sobre a extrema importância de qualquer "novo" movimento que se ocupe do ser humano, com intenções de modificá-lo; sendo nossa obrigação — a dos que trabalhamos na área de Saúde Mental — de conhecermos, analisarmos e filtrarmos as "novas doutrinas".

"Eu não acredito em bruxas, mas que elas existem, existem!" (Velho aforisma espanhol).

INTRODUÇÃO

Há milênios, o ser humano vem submetendo-se voluntariamente ao apoio ou à ira dos espíritos; aos mais variados tabus; à magia, à bruxaria, a toda uma gama conceitual de flutuações da alma e intrusões do espírito. Desde agrupamentos humanos primitivos, passando por *shamans* siberianos que já praticavam o hipnotismo com fins curativos, existe vasta contribuição registrada das diversas técnicas de tratamento de alterações psíquicas e orgânicas. Terapias estas que seguiram um raciocínio lógico-linear de causa-efeito, que poderíamos definir como métodos visando à contramagia, a fim de reencontrar a alma perdida ou expulsar os maus espíritos que se apoderaram de um corpo, exorcizando-os.

Em 419 da nossa era, Santo Agostinho, em seu tratado *De Natura et Origine Animae* afirma que: "O todo está no todo, e este todo está em cada parte do corpo e a alma está na cabeça, ainda que o diabo possa ali trabalhar." A função da alma está no corpo: informá-lo e enchê-lo de vida, de maneira que ela exista não apenas localmente, mas no todo da matéria. Soma e psique, como conceito, também não datam de nosso século, portanto.

O paralelismo com algumas das modernas técnicas psicoterápicas é, no mínimo, constrangedor. Todos visam à restauração do equilíbrio danificado pelos distúrbios emocionais. Em alguns casos, a tentativa resvala no empírico, em outros num arsenal pseudoprofissional que atrai os incautos.

Hipócrates, que viveu quatrocentos anos antes de nossa era, foi o primeiro leigo a tornar-se curador profissional. Seu agudo senso de observação, aliado ao método já experimental, suas associações e deduções fizeram dele o pai da Medicina. Uma de suas muitas contribuições geniais, foi a de introduzir o conceito de doença psíquica e incluí-la na medicina. Isto, 2.300 anos antes de Pinel!

Seiscentos anos mais tarde, Galeno escreveu um trabalho: *Sobre as Paixões da Mente*. Nele é ensinado que para dominarmos nossas paixões, o primeiro passo é abster-se da explosão crua de nossa momentânea emoção.

Em segundo lugar, propõe encontrarmos um guia espiritual, sábio, mais velho que nós, e que saiba apontar nossos erros e defeitos e aconselhar-nos.

A proposta de Galeno corresponde à descrição do primeiro psicoterapeuta "cientificamente concebido".

O psicodrama tal como o praticamos hoje, era um evento comum em certas sociedades pagãs, em que durante cerimônias rituais, recriavam-se situações dramáticas traumatizantes com finalidade curativa. Os "egos auxiliares" eram os próprios participantes. O terapeuta de quem procedia a cura, os deuses.

A idéia de "psicoterapia" em grupo é antiga, pois nos mosteiros dos monges Beneditinos e nos dos Trapistas, já havia um confronto semanal em grupo, durante o qual cada um expunha e discutia suas falhas e defeitos.

Num *sensu latu*, todo traumatsmo, ou doença infligidos ao organismo humano, ou seja, todo agente que provoque sofrimento, implica em alterações na homeostase emocional, conseqüentemente, qualquer desequilíbrio na esfera do sentir, do pensar ou do comportamento, é de vital importância e deve ser compreendido e aquilatado para um efetivo tratamento global. Seja em cirurgia, seja em medicina interna, seja em psiquiatria.

É por esta porta que a psiquiatria, junto com a psicologia, adentram o campo das ciências que necessitam compreender primeiro para conseguir curar de fato, posteriormente. A psicopatologia procura, portanto, a compreensibilidade dos distúrbios da experiência interna, subjetiva ou daquela objetiva observável e pública, ou seja, comportamental.

Estamos no limiar do século XXI e de uma nova era. No entanto, forçoso (e vergonhoso) nos é confessar, que ainda hoje a psiquiatria moderna é mal entendida, mal julgada e, pior ainda, condenada.

Com uma pesadíssima herança de mais de 2.000 anos de contínua violência registrada, a história da psiquiatria inspira medo e desconfiança.

Atualmente a ênfase é dada às diversas formas de intercâmbio e comunicação entre o paciente e o terapeuta que muitos resistem em chamar pelo nome, por inadequado pudor, que mascaram com eufemismos respeitosos. Cliente é melhor, pois não implica em doença. Por que não freguês, então? ou visita? Não tenhamos medo de nos identificar. É o primeiro passo de uma abordagem autêntica, honesta e real.

Doente ou não, o indivíduo que recebe psicoterapia é um paciente, sendo esta útil e desejável. O termo nunca foi pejorativo e devem-se evitar eufemismos, que falseiam a realidade.

Todas as abordagens psicoterápicas são divisíveis em dois grandes campos de atuação: tratamento psicodinâmico ou tratamento comportamental. O conceito psicodinâmico na psicoterapia nasceu com a hipótese postulada por Freud, de que todos nós possuímos uma área mental inconsciente. Já Sócrates com outra denominação, teorizava ao redor desta idéia, na Grécia antiga. Séculos mais tarde e antes de Freud também, outros referiram-se ao inconsciente. Foi ele, no entanto, que desenvolveu e expandiu o conceito, investindo o máximo esforço em torná-lo cientificamente aceitável. Das variações dinâmicas que evoluíram da psicanálise, sob outros nomes, o último merecedor de estudos maiores, foi a análise existencial de Binswanger, seu criador, e que originalmente denominou-a *Daseinsanalyse*. Sartre sintetizou essa visão numa frase célebre: "O homem é a soma de seus atos". Contrastando com a supracitado, o conceito subjacente à psicoterapia behaviorista ou do comportamento, é a do reflexo condicionado. Ivan Pavlov defendeu acirradamente suas pesquisas para que fossem vistas sob um ângulo fisiológico e não psicológico. No entanto, este conceito mecanicista e neurológico do aprendizado, a reflexologia tornou-se associado ao nome de psicólogos, que mantiveram ser esta a base para os distúrbios mentais. O primeiro a fazer esta menção e escrever sobre este assunto, foi um psicólogo norte-americano John Broadus Watson, na Enciclopédia Britânica de 1913.

Todas as demais formas de psicoterapia até hoje, derivam de uma destas duas correntes. Algumas romperam amarras, enveredando por caminhos místicos, religiosos ou pseudo-religiosos, ou então tiranicamente autoritários em seus conceitos, resistindo desta maneira a um escrutínio aberto e científico.

Até o momento de tornar-se possível uma avaliação objetiva e experimental destes movimentos não ortodoxos de psicoterapia, eles permanecerão além do escopo da psiquiatria científica.

As emoções são o *primum movens* de nossa conduta. Devemos conhecer e compreender nossos próprios alvos, a fim de sermos capazes de controlar e modificar nosso comportamento e suas metas subjacentes.

Uma parte significativa de nossas emoções, bem como as ações às quais estas levam, não é normalmente acessível ao nosso conhecimento ou introspecção. Esta parte está enraizada em nossa mente, além do nível da consciência.

O processo que permita a tomada de consciência das lembranças reprimidas na mente, assim como sua importância e significado, a fim de levar à maior estabilidade emocional, será um tratamento que conduzirá ao desenvolvimento de uma personalidade mais madura e à melhor estabilidade: saúde mental.

Esta psicoterapia clássica, que consiste em um tratamento verbal intensivo será analisada mais adiante.

Em retrospectiva, no entanto, a psicoterapia como instrumento de cura, porém ainda não dentro da psiquiatria, começou a cristalizar-se já menos timidamente, no fim do século XVIII, favorecida pela rivalidade entre Johan Gassner, sacerdote austríaco, carismático, que celebrizou-se com seus exorcismos para expulsar o demônio do corpo e anular seus efeitos sobre o comportamento do "possuído" e Franz Anton Mesmer, médico alemão, que dedicou-se primeiramente à Teologia, logo à Filosofia, ao Direito, encontrando finalmente o que procurava na Medicina. Nos capítulos a ele dedicados, veremos como Mesmer desenvolveu suas teorias sobre magnetismo animal, conseguindo êxitos extraordinários com seus pacientes, devido às remissões totais dos sintomas que os acometiam.

O denominador comum entre Hipócrates, Galeno, Mesmer e mais tarde Freud, que encabeça a lista dos buscadores de inovações diversas, é o seu intenso carisma que perdurou após a morte tornando-os eternos e imortais.

Muitos outros psicoterapeutas e psicoterapias existiram antes e depois de Freud. A maioria caiu no esquecimento. Os médicos clínicos no intuito científico de colocar uma ordem na classificação das doenças mentais, descreveram minuciosamente os sintomas evolutivos de diversas doenças, a fim de agrupá-las melhor, facilitando seu diagnóstico e prognóstico, pouco preocupando-se com o tratamento que consideravam inoperante.

No entanto, quem hoje se lembra ou sequer sabe que existiram os grandes mestres Esquivel, Falret, Delasiauve, Lasègue, Wernicke, Kraft-Ebing, ou mesmo o grande Kraepelin, o perfeccionista da nosografia sistemática e seu genial criador, todos eles pioneiros do gigantesco trabalho de depuração clínica, foram os criadores do modelo, do protótipo de doença mental, das entidades, das monomanias, da loucura circular, e enfim chegamos à psicose maníaco-depressiva.

Um gesto teatral, simbolizando a liberação dos doentes mentais de suas correntes reais e das amarras da ignorância oficial, em relação ao significado de suas manifestações, entrou para a História ultrapassando as portas da história da Psiquiatria.

Foi o lendário gesto de Pinel rompendo as correntes dos alienados de Bicêtre. Philippe Pinel entre todos, tornou-se imortal, o fundador da Psiquiatria e o primeiro a merecer o título de psicoterapeuta, ao entender que estes homens e mulheres eram doentes e sua doença era a do "espírito". Era 1793, em plena Revolução Francesa, Pinel levou estes doentes a ingressarem na medicina, ao caracterizar suas manifestações como patológicas.

A Psiquiatria nasceu, pois, com o dramático "momento" de Pinel. Não esqueçamos, no entanto, que este foi o corolário das exigências do momento histórico que se vivia na França: exigências éticas, filosóficas, sociais e políticas.

Todos somos filhos de nossas épocas e de suas pressões.

A segunda metade do século XX, exige rápidas modificações ao ritmo de um consumismo desenfreado e generalizado, que abrange desde objetos inúteis, cujo uso torna-se "indispensável", a ideologias e sistemas inconcebíveis há apenas três décadas.

Pinel cristalizou, coagulou neste seu gesto e na sua obra, a culminação do caminho percorrido por tantos outros antes dele, que durante três séculos lutaram contra os conceitos de bruxaria e demoniatria, ligados aos doentes mentais.

Em 1515 já se lutava (Jean Wier) contra o fanatismo e obscurantismo dos que perseguiam os alienados.

Por que então, a glória recaiu tão somente sobre Pinel? Carisma! Momento histórico. Fatores imponderáveis. E um algo mais indefinível...

A história dos "pioneiros" que na realidade nada mais foram que aquela gota única de água, que faz derramar um grande volume já acumulado, é também a história das psicoterapias ortodoxas e não ortodoxas.

Observem-se as "afinidades" de conceito entre Freud e George Ernest Stahl (1660-1734) sobre as origens dos distúrbios mentais.

Heinroth (1773-1843) engendrou a idéia de que a mente pode adoecer e que os distúrbios espirituais provêm de forças que pervertem a natureza do indivíduo.

Portanto, Freud não "inventou a neurose — doença", deu-lhe forma. E que forma!

Sem Breuer e seu trabalho, é possível que Freud não tivesse chegado à sua monumental contribuição à compreensão dos labirintos da mente humana.

Quantos hoje jamais ouviram sequer o nome de Josef Breuer? De Ferenczi, Sachs, Otto Rank, Karl Abraham, O. Fenichel? Assim como o tempo desbotou o nome destes geniais pesquisadores da mente humana e perpetuou o de outros, temos hoje à nosa disposição dezenas de métodos psicoterápicos e milhares de psicoterapeutas. Alguns muito sábios, profundos conhecedores da matéria, estudiosos e atualizados. Outros menos cultos, porém com muito mais sucesso. As escolas, os métodos, as interpretações, ou sua falta, não importam, frente ao paciente. O que realmente conta para que uma profunda mudança se efetive no indivíduo, é apenas um fator, independente de qualquer outra variante. Este fator tão fundamental e que é inato, é a personalidade, o carisma do psicoterapeuta.

Enumeraremos várias formas de psicoterapia. Descreveremos outras. Muitas originais, todas bem intencionadas. O valor de cada uma é o da cibernética.

Todos, queiramos ou não, aceitando-o ou não, estamos sentados nos ombros do gigante Freud. Somos anões, e no entanto enxergamos mais longe, pois podemos graças ao seu sustentáculo, alongar nossa visão panorâmica e estender mais além nosso horizonte. Alguns até acreditam que destruindo o sustentáculo, alcançarão a glória eterna.

Carl Gustav Jung criou a psicologia analítica, deixando de chamar-se psicanalista. No entanto, essa "nova" postura não passa de um jogo de palavras e seus símbolos, mitos, arquétipos, *anima* e *animus* podem com certa facilidade detetivesca, serem detectadas nas entrelinhas dos trabalhos de Freud. Ramificou um pouco, porém uma rosa é uma rosa e continua sendo uma rosa (mesmo tendo sido plantada por Gertrude Stein...).

Alfred Adler especializou-se em psicologia individual, apesar de ser um dos pais da grupal. Desenvolveu os conceitos básicos do complexo de inferioridade. Nada descobriu que Freud já não tivesse citado.

Harry Stack Sullivan preocupou-se com a abordagem pragmática e com maior flexibilidade por parte do terapeuta. No entanto Freud, grande teórico, foi também eminentemente pragmático. Sua flexibilidade permitiu-lhe autocrítica e evolução constante, o que não podemos dizer da maioria de seus seguidores. Conclusão: Sullivan pouco trouxe de novo.

Erich Fromm focalizou as ciências sociais e o indivíduo visto do contexto social. Bem sabemos que Freud preocupou-se ininterruptamente com a interação indivíduo — família — sociedade. Qual foi a originalidade de Fromm?

Karen Horney desenvolveu a abordagem holística, com a finalidade do reencontro consigo mesmo, ao ganhar em auto-estima. Freud procurou esta busca em si mesmo, para o encontro da autonomia.

Wilhelm Reich com sua busca do paraíso da arca orgásmica com a terapia do orgônio, nada mais foi, que o emergente psicótico escondido de Freud.

Anna Freud, contribuindo ao campo das defesas do ego e à análise infantil, foi a sombra de seu pai "pioneiro".

Melanie Klein, grande teórica do primeiro meio ano de vida, alimentou muitos volumes sobre psicanálise da criança. Outra sombra comprida, no pólo freudiano.

Adolfo Meyer, nos EUA, afastando-se visivelmente dos seguidores fiéis, esforçou-se em criar algo que fosse realmente diferente, integrando fatores psicológicos e biológicos (Freud nunca afirmou que o indivíduo fosse psique sem órgãos... Muito pelo contrário, sempre aplicou-se em ser médico antes de mais nada).

Seu método foi denominado abordagem psicobiológica, tendo feito estudos longitudinais do comportamento do indívduo, no seu meio social. Usava terapia física e psicológica simultaneamente.

Carl Rogers, com sua psicoterapia centrada no cliente, aplicou-se ao aconselhamento subliminar, pois ao permanecer não diretivo e atribuir importância apenas ao relacionamento real, somente eliminou a interpretação da transferência, conservando outras facetas inventadas por Freud.

Todo movimento humanista segue o modelo de Rogers, na psicoterapia e fora dela, isto é, o relacionamento interpessoal de você-a-você, sendo este mais potente, quando realizado a nível grupal, gerando o pleno desenvolvimento do potencial humano. Maslow, com seu conceito do ser livre e autêntico, é um dos seguidores deste movimento.

Eric Berne, o pai da Análise Transacional, após ter sido psicanalisado durante uma década e meia, percebeu que o método é muito rígido e inacessível à maioria, podendo ser popularizado, ao simplificar conceitos e terminologias.

Estudou os diversos níveis de comunicação entre os indivíduos, principalmente as manipulações na família, transformando o ID, EGO e SUPEREGO, em estados do ego com registro próprio encefálico, batizados anti-heroicamente com os pouco pomposos nomes de estado de ego-criança, adulto e parental, nos quais o primeiro representa as emoções espontâneas com as que o indivíduo nasce, sem ter necessidade de aprender: alegria, prazer, tristeza, medo, raiva.

O "adulto" desenvolve-se à medida que o indivíduo descobre por si mesmo, fatos, evidências e provas, que registra para usar posteriormente de forma análoga a um computador (personalizando...). Finalmente no ego-pai, registram-se e gravam-se conceitos (e preconceitos), juízos críticos, éticos e morais, proibições e autopreservação. O método estende-se à conscientização de jogos psicológicos, à fome de estímulos vitais, ao *script* de vida, e outros tantos conceitos, diretamente oriundos do baú do velho Freud.

Ao determo-nos mais na Análise Transacional, o intuito foi o de estabelecer um marco divisório entre as psicoterapias eminentemente ortodoxas e as não ortodoxas, que no entanto com Berne ainda não conseguiram libertar-se do poderoso carisma de Freud.

Moreno especializou-se no trabalho grupal utilizando velhas técnicas de psicodramas, que revitalizou e sistematizou. Sua visão do "drama individual" e sua forma de tratá-lo já se afasta visivelmente de Freud, sem no entanto distorcer, negar ou anular suas postulações. A sombra ainda paira. Também lá está ela na "Hipnoterapia" de Lewis Wolberg, que busca pela hipnose rápido acesso ao inconsciente.

Kierkegaard e Heidegger, que falaram e escreveram tão claro por linhas tortas em suas disquisições filosóficas, propiciaram o embrião da abordagem existencial posterior, empregada por Ludwig Binswanger.

O método da análise do *dasein*, preocupa-se com o "ser no mundo", focalizando a realidade da existência do ser humano e a tentativa de ajudá-lo a realizar todo seu potencial.

O estudo das mensagens e a comunicação dos seres humanos, baseado no funcionamento das máquinas eletrônicas, tem sido de grande importância e valiosa contribuição, principalmente para o conceito e compreensão do *feedback*. Esta técnica é utilizada amplamente hoje, em treinamento de grupos em organizações, para ajudar o indivíduo a ver-se como os outros o vêem. Esta ciência tão familiar nas suas aplicações e tão desconhecida quanto à sua paternidade, é a Cibernética.

A doutrina reflexológica

Pavlov, um russo genial que não plagiou ninguém, nem floresceu à sombra de outros, merece ser citado como o verdadeiro iniciador da psicoterapia comportamental, pois a partir de suas originais experiências sobre reflexos condicionados, soubemos que as alterações do comportamento são o resultado de respostas aprendidas, bem mais que devido a conflitos intrapsíquicos. A partir deste postulado, utilizaram-se técnicas específicas de dessensibilização aplicáveis a diversos quadros. Usou-se dessensibilização em estado de ansiedade intensa, fobias e terapias aversivas em alcoolismo e desvios sexuais. O método da dessensibilização visa a uma diminuição paulatina da intensidade da emoção, ligada a um determinado estímulo. O estímulo sendo a causa aparente, e a emoção, a reação imediata a este estímulo conhecido.

Em realidade, existe uma causa subliminar ou subjacente desconhecida — e voltamos ao inescapável Freud — existente no inconsciente, que provoca a reação incontrolável, visível e mensurável. Aqui a Psicoterapia utiliza métodos mecânicos, em escala gradual. Expõe-se o sujeito ao estímulo, em "doses" crescentes a cada sessão, acompanhando paternalmente esta "provocação", protegendo, apoiando, e diluindo assim o medo, a raiva, o desagrado que vêm intimamente ligados ao estímulo primitivo.

Obtém-se um estado de relaxamento, uma familiaridade nova com o velho estímulo temido, que pouco a pouco passa a diminuir em importância, a ser dominado e finalmente não mais temido.

A terapia aversiva é o oposto deste método supradescrito; no entanto é o reverso da medalha: utiliza estímulos desagradáveis e/ou dolorosos, para criar um novo reflexo condicionado de aversão ao estímulo que antes era agradável e procurado pelo paciente: drogas, álcool, sexo agressivo, não compartilhado ou exibicionista.

Todos estes métodos são eminentemente individuais. Pavlov considera a atividade psíquica superior como um vasto mosaico de funções corticais ligadas entre si, para constituir um vasto sistema de associação, constituindo um traço de união condicional das perguntas e respostas do organismo nas diversas situações da trama que é a vida de relação. Formam-se assim mecanismos de inibição, irradiação, concentração, focos funcionais, que podem sofrer alterações, em seu condicionamento, dando origem aos sintomas básicos dos distúrbios mentais: alterações da memória, ansiedade, "idéias fixas", estereotipias, alucinações e delírios. Tudo como perturbação funcional cortical.

Na Grã-Bretanha, Ronald Laing e David Cooper, continuaram o método existencial, derrubando velhos tabus, desmitificando conceitos profundamente arraigados e intocáveis, rebelando-se contra o *status quo* monolítico e sagrado da psiquiatria clássica. Como todos os iconoclastas, seus nomes tornaram-se anátema para muitos. Hoje são dois nomes respeitáveis, pois de rebeldes revolucionários passaram a encabeçar lista de *best-sellers* da literatura, na área de psicopatologia durante um certo tempo. De contestadores a consumidos, a voragem transformou-os em itens do *establishment*, que para perpetuar-se, necessita dessas autofagias esporádicas, revigorizantes.

Dentro das linhas atualmente seguidas em psicoterapias, com inúmeras variantes formais e nominais, figura como pioneiro em sua área metodológica Kurt Lewin, que trabalhou em psicoterapia de grupo, lançando o conceito básico, de que nossa percepção de uma imagem é preferentemente global e não parcial: a experiência da percepção total, é maior que a soma das diversas partes que compõem o todo, o global. Assim nasceu a Gestalt, cujo principal ingrediente, é pois, a atenção bilateral: a do paciente e a do terapeuta.

Fritz Perls trabalhou sobre estas premissas, dando importância ao *mitwelt* isto é, os mundos que você e o outro possuem em comum e que se superpõem em algum ponto, que será aquele em que a comunicação se torna possível e desejável. Passa-se então do eu, ao nós, e nós é união. Nesse momento, Perls lança um balde ao velho poço de Freud, e tira de lá um ego revestido de limites, que recebe um nome de batismo, integrando o "novo" conceito de "fronteira do ego". Saltando deste "novo" trampolim, o amigo Fritz, nos envia outras absolutas descobertas, como o desejo de mudança baseado na insatisfação.

No entanto, em momentos de louvável honestidade, devemos sublinhar que Perls afirmou ser apenas o redescobridor da Gestalt-terapia, que trabalha apenas com a conduta atual, sem se preocupar com o passado ou com o futuro. Todos os métodos psicoterápicos, que dão ênfase ao "aqui e agora", têm seu berço em Perls e Wolpe, e preconizam a tomada de consciência, que leve à compreensão fenomenológica da conduta e portanto ao autoconhecimento.

Considerou-a como integrante de uma tríade de terapias exisciais: a Logoterapia de Viktor Frankl, a terapia do *Dasein* de Binswanger e a Gestalt-terapia. Esta última, está em harmonia com todas as correntes e filosofias. Nada nega, e em tudo se baseia. Por isso mesmo, tem conseguido seus êxitos mais importantes, apenas graças ao intenso carisma de seu redescobridor.

Fechando o círculo, repetiremos que todos os conceitos psicogenéticos, os mais radicais, os mais profundos e os mais "originais", utilizam há cinqüenta anos o modelo da teoria de Freud. A insuficiência das teorias psicogenéticas, para lançar um raio *laser* de iluminação ou um cirúrgico, no caso de elucidação nestas premissas ser impossível, torna-se a cada dia mais pateticamente clara.

Já mencionamos Moreno, ao enumerarmos os "quem é quem" da árvore genealógica dos psicoterapeutas de ontem e hoje. A ele devemos a cunha do termo "psicoterapia grupal" há meio século — 1931 — e a Kurt Lewin, devemos o termo tão atual e tão novo... de "dinâmica grupal", em 1939.

Slavon, Shilder, Wender e Foulkes, tornaram-se conhecidos em psicoterapia de pequenos grupos, utilizando técnicas psicanalíticas.

A guerra, grande fonte de experiências, enriqueceu a psicoterapia, entre 1939 e 1945, desenvolvendo-se por contingências óbvias, a psicoterapia grupal, adquirindo *status* próprio, ao atingir *the point of no return*, isto é, veio para ficar, extrapolando as necessidades momentâneas de tempo e número de beneficiados.

No após-guerra, Maxwell Jones criou a "Unidade de Reabilitação Social", que posteriormente cresceu e transformou-se no Hospital Henderson, organizado nos moldes de uma comunidade terapêutica, cuja finalidade era o tratamento das alterações indesejáveis da personalidade. Esta comunidade terapêutica de M. Jones, foi o modelo de outras comunidades semelhantes, no mundo inteiro, nas duas décadas que se seguiram, atingindo um auge e entrando em declínio nos últimos anos.

Entre os conceitos psicogenéticos da origem da doença mental, que tratam de derrubar a "mitologia da encefalopatia" estão os defensores da "motivação psicológica": a doença mental é o efeito de uma causa psíquica, é de natureza psíquica, não tem substrato orgânico e é uma reação a uma situação interna ou externa. Se interna, o móvel é inconsciente, se externa, há motivo situacional (luto, abandono, fracasso, cativeiro etc...).

Psicoterapeutizaremos pois, a situação. A terapia se restringirá a compreender e minimizar o efeito dos fatores que precipitaram o quadro, isto é, da situação patogênica. Aqui, encontramos grandes nomes da prática e teoria psicoterápica: Jaspers, A. Meyer, Kretschmer, K. Schneider, Hellpach mas sempre nos deparamos com o obstáculo da compreensibilidade entre o evento e a resposta — reação — anormal ao sujeito (Jaspers) ou a "paranóia de autopunição" de Lacan (1932), passando por Kretschmer com seu *Beziehungswahn*.

NOVAS PSICOTERAPIAS

O vasto espectro das novas religiões, das novas abordagens psicoterápicas, dos novos métodos de autoconhecimento, lembra uma famosa frase cunhada na França pós-revolucionária: *Plus ça change, plus c'est la même chose*, a qual por sua vez peca pela não originalidade, pois já os romanos diziam: *Nihil novum sub sole*. Quanto mais muda, mais é a mesma coisa.

Desde o momento que a psiquiatria amadureceu, estabilizou-se, tornou-se adulta, a psicoterapia entrou na adolescência, entrou a contestar, a rebelar-se contra seus pais, e a tratar de enveredar por "novos" rumos pretendendo uma autonomia utópica e impossível. Surgiram assim, plêiades de "novas" tendências, movimentos, escolas, no mundo ocidental.

Psicoterapia implica em modificações, mudanças no sentir, no pensar e agir. Mudanças políticas, conscientização da repressão em todos os seus aspectos e luta ativa para implantar mudanças, nos enfoques psiquiátricos, sociais, familiares, culturais. Nesta luta que parece ampla, e no entanto se resume a um denominador comum — a autonomia do ser humano — insere-se a luta da mulher que ainda não conseguiu afirmar-se plenamente no plano sócio-político-familiar e individual no mundo de hoje.

A opressão da mulher e da criança — propriedade dos pais, é internacional (com exceção honrosa da Inglaterra, e um dos países nórdicos da Europa) e em alguns países, é vergonhoso confessá-lo, ainda assume foro de escravidão!

As proporções de desrespeito pelos direitos fundamentais do ser humano, impedem condições propícias para o trabalho psicoterápico efetivo e útil. São, pois, prementes mudanças radicais de mentalidade, que levem à transformação da vida familiar e comunitária significativa.

Sabemos todos da importância social dos psiquiatras, dos psicólogos, de todos aqueles que trabalham com a saúde mental num mundo atormentado por guerras, rodamoinhos sociais, racismo, insatisfações constantes, frustrações diante de ofertas ilimitadas e possibilidades progressivamente menores.

Nossas noções aprendidas de psicoterapia tornam-se cada vez mais obsoletas, irrelevantes e freqüentemente destrutivas, por serem elitistas-ainda-masculino-cêntricas, explorativas e obcecadas com idéias de obtenção de sucesso, de vencer a todo custo numa escala de valores questionável.

O psicoterapeuta dentro de todas estas "novas" correntes é um ente a salvo no meio das ruínas simbólicas ou reais que o rodeiam. Vive bem, no topo da colina, como o grão-senhor feudal, não se mistura à plebe, busca conforto, influência e prestígio, enquanto do outro lado do fosso e da ponte levadiça, estouram bombas, violência, morte nas ruas e dentro de casa, o que é pior. Fala de liberação, mas perpetua com sua indiferença e omissão, as diversas formas de opressão, pois é o profissional dos conflitos intrapsíquicos e não toma conhecimento das forças vorazes, que envolvem e ameaçam o todo. Ignora por conveniência, pois faz parte dos que controlam a permanência do *status quo*. A seleção natural dos ricos e das redes do poder, tão bem estudada por Spencer no século passado, explica pois, como os mais aptos sobrevivem, e por que esta liberação vem sendo tão reprimida.

A fim de sermos honestamente os verdadeiros instrumentos de mudança, devemos entender que não importa quantas formas e roupagens as diversas correntes rivais adotem. Não importa o nome de cada nova postulação teórico-filosófico-prática das psicoterapias correntes. São todas a mesma essência, falando a mesma linguagem, com variações semânticas, perseguindo a mesma finalidade explícita — a cura, a mudança do indivíduo, e implícita, inconfessável, narcisística: "a minha teoria é melhor que a sua; eu quero ficar famoso, rico e imortal porque eu mereço".

Quando a farmacopéia, visando à remoção de determinado sintoma, é muito rica, oferecendo muitas alternativas medicamentosas, é porque nenhuma delas é realmente eficaz.

Quando um remédio é "o remédio" para aquilo que está sendo tratado, basta a existência de um só.

Pululam psicoterapias a cada esquina, porque nenhuma delas é realmente útil para ajudar o paciente, quando é proposta como única panacéia.

Todos falharam em maior ou menor grau e apenas ajudam realmente um só lado do binômio: ao psicoterapeuta... (por enquanto, ainda).

O surgimento das técnicas alternativas, visando modificar a gangorra da relação de poder entre o cliente e o terapeuta, outra faceta da autoridade contra a fraqueza, relação constante entre as pessoas, foi e é expressão de uma necessidade emergente, de pressão a ser canalizada impedindo explosões regionais perigosas pela sua capacidade de contaminação.

Os terapeutas radicais nos EUA redigiram um "manifesto" no fim da década de 1960, segundo o qual "chega de falar, é hora de agir, mudar de estilo de vida, e convencer outros a fazerem o mesmo. Todos somos pacientes em potencial, portanto 'todos' somos terapeutas potenciais. Temos o direito e a obrigação de ajudarmos ao próximo. Não há mais lugar para Pinel, Freud ou Reich. Estão superados. Devem ser relegados."

Psicoterapia contemporânea exige idéias contemporâneas. A psicoterapia não pode mais ser um artigo de consumo das classes abastadas. Um luxo. Todos precisam de ajuda para desenvolver plenamente todo o seu potencial humano e todos precisam recebê-la ao aprenderem a se libertar dos estereótipos rígidos que nos programam desde o berço.

No entanto, os centros comunitários institucionais que lidam com a saúde mental são centralizadores, controladores e antidemocráticos; continuam a estigmatizar o paciente e não oferecem o tipo de ajuda de que ele precisa. Os que se pretendem revolucionários e moderninhos, chegam ao cúmulo do ridículo inoperante de proporem orientação psicanalítica em centro de saúde mental... (Isto, em pleno 1984, e em São Paulo.)

Os terapeutas radicais propõem uma ação política ativa para sacudir as estruturas desta sociedade opressiva, integrando psicoterapia com luta revolucionária.

Criticam as revisões de Freud pelos próprios críticos deste, como por exemplo Herbert Marcuse, que mostra como as técnicas de Erich Fromm, Karen Horney e Sullivan, os neo-freudianos, ao pretenderem revisar Freud e seu modelo, ofereceram outro modelo inviável do indivíduo controlando o meio ambiente com personalidade maleável em excesso, tornando-se mais uma vítima das forças sociais, do que um molde a ser seguido.

No entanto, o próprio Marcuse ao mostrar as falácias de ambos os modelos, abstém-se de tecer comentários críticos sobre o quanto havia de estático no *status* de ideologia da classe dominante de todos eles.

Roger Garaudy ao discutir uma metodologia mediante a qual um marxista deve examinar a realidade, nos diz: "Na nossa representação científica do mundo, está se tornando cada vez mais e mais difícil, e será ulteriormente impossível esperar radicalmente no objeto, aquilo que a coisa seria por si mesma, sem nós e o conhecimento que dela possuímos."

As leis da ciência não são cópia de nada, são construções da nossa mente, sempre aproximadas e provisórias, e que nos permitem apoderarmo-nos menos de uma realidade que nós não criamos. Somente a prática e a experimentação metódica podem nos garantir que nossos modelos correspondem, em algum grau, à sua estrutura, e que de um certo ponto de vista, são pelo menos isomorfas.

Transposto à psicoterapia estaremos diante do mesmo problema, já que as massas são programadas desde a mais tenra infância, a enxergarem a realidade que se lhes apresenta, sob determinado ângulo e poucos entendem como e por que, modificações profundas em seu *modus vivendi*, poderiam servir seus reais interesses. Uns poucos temos que lutar pelo bem-estar de todos, contra muitos.

Cada palavra pode ser uma guerrilha em miniatura. Palidamente, estas já começaram há uns vinte anos. Estão em toda parte onde se faz psicoterapia não ortodoxa.

Sua contribuição é inegável, lenta e insidiosa. O fato em si é necessário e irreversível. Não entra em discussão sua validade. O que é discutível, segundo nosso ponto de vista, é a necessidade da pletora, infatigável e *in crescendo* de "novas" tendências psicoterápicas.

Psicoterapias do renascimento, da redecisão (Goulding), do grito primal, da realidade (W. Glasser), transpessoal, psicoarteterapia, psicodança, psicorrelaxamentos, psicoterapia *in natura*, dentro ou fora da água, no campo, na cadeira vazia ou ocupada; no chão, no divã, andando na rua, musicoterapia, arteterapia, cromoterapia, transe-ter-terapia.

De grande efeito paliativo e às vezes curativo, é a velha psicoterapia de portão, em que duas ou mais vizinhas (note que o grupal não é patente do século XX) desabafam e assim fazem catarse e discutem seus problemas vivenciais... (paciente e terapeuta não devem nivelar-se sem hierarquias anulando a figura autoritária do terapeuta representante do poder dominante?).

O valor terapêutico deste intercâmbio é de tamanha importância, que em Portugal, quando, no interior do país, as propriedades rurais instalaram água canalizada, terminando a prática das reuniões no riacho para lavar roupa, o número de consultas e internações psiquiátricas teve um drástico aumento!

"Novas" e originais teorias psicoterápicas podem amalgamar-se em algumas poucas, de ecleticismo e eficácia superior. Todos nos beneficiaríamos em enriquecer nossa bagagem com enfoques diversos e variados. A distância entre este proceder e a constante partenogênese de pseudoterapias é colossal.

Urgentemente é mister procedermos à depuração desta verdadeira bastardização da psicoterapia, selecionando o que de útil tem-se aportado, condensando os realmente novos descobrimentos seriamente apoiados em experimentação clínica, e sistematizando as "técnicas efetivas", como instrumento de mudança.

Finalmente consideramos tragicômico, o infatigável bombardeio antifreudiano. É inegável que ninguém ainda conseguiu desbancá-lo. Todos, queiramos ou não, somos ainda seus herdeiros.

É impossível, totalmente desnecessário e mesmo destrutivo, um trabalho de Sísifo, apagar oitenta anos de contribuição da Psiquiatria à humanidade.

Houve (e há) distorções, houve e há ainda um esforço em manter o sistema dominante da minoria — vide a luta hercúlea da mulher, que para muitos é mesmo um ser inferior — está na sua natureza e deve continuar como tal — com ou sem inveja do pênis.

Se Freud pode ser contestado em quatro níveis básicos, fundamentais: *social* — quem pode ser psicanalisado e quanto pode pagar. Quem é o privilegiado? Paciente? ou Terapeuta? *Técnico* — a pisicanálise é uma terapia? Trata? Cura? É iatrogênica. Propicia excessiva introspecção em lugar de exteriorizar raiva reprimida e oferecer ação. *Ideológico* — mantém o *status quo* político-social ao interpretar qualquer rebelião como repressão a estágios primitivos. *Teórico* — e estático ao visualizar, o núcleo familiar, a mulher e a violência, como inerentes à natureza humana, sem entender que são produtos de determinada época e suas relações sociais; então, qualquer modelo de interação cliente-terapeuta, deve oferecer alternativas aceitáveis, sadias e úteis para todas as partes envolvidas.

A dispersão das "escolas", das teorias, dos movimentos alternativos, tem impedido um melhor conhecimento dos valores postulados e defendidos por cada uma, e em última análise um mais pragmático aproveitamento das riquezas, que muitas oferecem em termos de alívio, ajuda e cura.

Líderes verdadeiros e idéias válidas resistem à crítica construtiva e através dela visualizam novos rumos, não para a cura, e sim para viver!

Boa viagem em direção a eles!

FUTURO

"A semente deve apodrecer, antes de poder germinar" — Provérbio Ashanti.

O conceito "Psicoterapias" no plural, adquire uma conotação octânica e potencialmente explosiva em seu núcleo ideológico que, na atual conjuntura, comércio-consumista, adquire foro progressivamente polemicogênico.

As plataformas, já consolidadas por anos de direitos adquiridos nos consultórios, nas salas de congresso, e nas prateleiras das livrarias, vêem-se repentinamente ameaçadas em sua intocabilidade consagrada. Do alto de seu pedestal, as psicoterapias clássicas e também por que não, as que lhes aderiram para em sua sombra gozarem bons piqueniques, as "neo-clássicas", contemplam assustadas e indignadas o advento dos heréticos, dos mal-comportados, dos "anti", que incrivelmente avançam com soluções diferentes, às vezes tão simples, e por isso geniais, verdadeiros "ovos de Colombo", a multiplicarem-se, a eclodirem, numa sinfonia melódica de acertos terapêuticos.

As dissidências entre as diversas correntes-e-correntezas, seguidas pelos psicoterapeutas de hoje, têm sua origem, infelizmente, é mister apontá-lo, não apenas em fontes filosóficas, científico-experimentais ou doutrinárias, mas também nutrem-se em águas turvas e anti-éticas, na cornucópia de interesses inconfessáveis.

O futuro da psicoterapia e conseqüentemente dos psicoterapeutas está intrinsecamente ligado, manietado até, ao *insight* que leve rapidamente ao expurgo das teorias e práticas alheias ao bom senso, à ética, aos pilares básicos do acontecer entre paciente e terapeuta.

Necessário e premente se torna colocar um basta enérgico aos pleonásticos "novos rumos" sem alicerces, sem razão sequer de existir, e muito menos de apoderar-se de denominações que os identifiquem com o mister da terapia honesta, bem-intencionada, de pureza inquestionável. Servir, atender, cuidar, tratar, é o significado grego da palavra *therapeutike*. A ela, toda a reverência.

Sem a depuração descontaminante de hoje, as nuvens que pairam sobre o futuro dos terapeutas ao perderem definitivamente o seu bezerro de ouro, transformar-se-ão não em tempestade passageira e sim, na Sodoma e Gomorra da Psiquiatria toda, não por terem olhado para trás, e sim por não terem sabido olhar para a frente.

O sistema de referência que ainda é seguido na área de que nos ocupamos, é no mínimo anacrônico e inaceitável. Será a partir de sua modificação e depuração que poderemos vislumbrar horizontes sadios, bem estruturados e de futuro promissor. Isto, para que jamais possamos, parafraseando Baudelaire, dizer: "A psicoterapia é a única rama de terapia humana, que reina sem existir, porque é um escândalo que rende!"

CONCLUSÃO: QUAL SERIA O TERAPEUTA IDEAL POSSÍVEL, NÃO APENAS IDEALIZADO?

Sabemos e transmitimos na psicoterapia que querer é poder — dentro de limites realistas muito amplos.

É óbvio que se eu quiser ser pára-quedista, posso. Mas se quiser voar não poderei.

O poder, portanto, a força, a potência do terapeuta que consegue bons resultados, leva à cura e à alta permanente. Esta qualidade é indissoluvelmente ligada à personalidade do facilitador da cura — o terapeuta. É impossível transmitir aquilo em que não se acredita, e aquilo que não se é. Um exemplo disso foi o caso de Lowen — o pai da Bioenergética — que não acreditava que pacientes com severos traumas psíquicos na infância, fossem curáveis. E não se curavam! Quando mudou de parecer, passaram a se curar!! Um terapeuta inseguro, seja qual for a técnica que utilizar, sejam quão profundos seus conhecimentos científico-técnicos, jamais conseguirá transformar um paciente inseguro, num indivíduo que se valoriza e que sabe usar suas potencialidades.

Maturidade, serenidade, firmeza, coragem para enfrentar e confrontar as situações, impedir usurpadores ao seu redor, senso de direção a seguir, maleabilidade (a rigidez é morte), visão assertiva dos eventos e da existência em geral, conhecimento, energia e alegria na luta com metas claras e definidas, que o levem a vencer e ser um triunfador, no amor, na profissão e no campo que decidir trilhar, por ter plena consciência do que sente, pensa, quer, diz e faz. Não apenas conhecimento que é uma etapa cognitiva, e sim consciência. Em conjunto constituem uma enorme força.

Quando esta força é utilizada de forma adequada, ela consegue servir ao paciente, que também passa a ter consciência de quem ele é, e a decidir o que, como e quando quer mudar. Se quiser. O facilitador da cura, agente honesto, não controla o outro, não exerce o poder que detém para domínio, controle e dependência e sim abre portas, canais, horizontes que o outro trilhará sozinho, independente, autônomo e capaz em todos os sentidos.

A denúncia apresentada neste capítulo tem a intenção de alertar e, portanto, evitar que a proliferação de teorias, escolas, métodos e práticas psicoterapêuticas, que hoje constituem verdadeiro enxame, se transmute num veículo consumista e ganancioso, orientado (inconfessadamente) a ganhar mais e mais. Evitar que a depressão, o medo da solidão, a dificuldade de comunicar-se, o sofrimento bio-psico-emocional do ser humano, enfim, se transformem em matéria-prima do acontecer entre a terapeuta e aquele que o procura; o produto acabado deste acontecer, jamais deverá ser o lucro monetário.

Quebrar o jogo das modas em psicoterapia, eliminando o superficial, as abordagens não fundamentadas cientificamente, devolvendo a aura de seriedade e responsabilidade (que infelizmente a psicoterapia vem perdendo dia a dia, com rapidez, devido a esses falsos psicoterapeutas, alguns ingênuos e até bem-intencionados, outros semiconscientes), torna-se premente, se pretendemos preservar a seriedade e respeitabilidade de nossa profissão.

NOTA FINAL

Poucas horas após a última revisão deste trabalho soubemos da passagem definitiva do grande Michel Foucault para a imortalidade.

Prestamos nossa homenagem respeitosa, ao historiador dos sistemas de pensamento e desestabilizador da psicanálise, citando algumas linhas do capítulo "O Grande Medo", de sua monumental obra *L'Histoire de la Folie à l'Âge Classique*:

"É importante e possivelmente decisivo, na determinação do lugar que deve ocupar a loucura na cultura moderna, que o *homo medicus* não tenha sido convocado como árbitro no mundo do confinamento, para fazer a separação entre aquilo que era crime e o que era loucura, entre o mal e a doença; ele foi chamado primordialmente como *guardião*, para proteger. É necessário procurar saber, se o irracional é patológico!"

BIBLIOGRAFIA

Abraham, Karl, *Estudios sobre Psicoanálisis y Psiquiatria*. Ed. Hormé, 1961.
Adler, Alfred, *The Practice and Theory of Individual Psychology*.
Agel, Jerome, *The Radical Therapist*. Ballantine Books, Nova York. *Anales de Psicoterapia*, Editorial Fundamentos, Caracas, 1980.
Balint, Michael, *El Médico, el Paciente y la Enfermedad*. Ed. Livros Básicos, Buenos Aires, 1961.
Bandler & Grinder, *Sapos em Príncipes*. Summus Editorial, 1982.
Basaglia, F., *L'Institution en Negátion*. Paris, Le Seuil, 1970.
Beare, John, *Greek Theories of Elementar Cognition*, 1906.
Beech, H., *Terapía de la Conducta*. Ed. Taller, Madrid, 1974.
Berne, Eric, *What do You Say After You Say Hello?* Grove Press, Nova York, 1978. *Principles of Group Treatment*, Grove Press, 1966.
Blackhan, *Seis Pensadores Existencialistas*. Col. Libros T.A.U., 2.ª ed., 1967.
Binswanger, Ludwig, *Grundformen und Erkentnis Menschlichen Daseins*, 1942.
Boss, Medard, *Psicoanálisis y Analítica Existencial*. Ed. Morata, Madrid, 1958.
Cooper, David, *Dialética da Libertação*. Zahar, Ed. 1968, *Psiquiatría y Antipsiquiatría*, Paidós Ed., 1974.
Ellenberger, Henri, *The Discovery of the Unconscious*, 1970.
Ferenczi, Sandor, *Problemas y Métodos del Psicoanálisis*. Ed. Hormé, Buenos Aires, 1960.
Foucault, Michel, *Histoire de la Folie à l'âge Classique*. Ed. Plon, Paris, 1964.
Frankl, Viktor, *Teoria y Terapía de las Neurosis*. Ed. Gredos, Madrid, 1964.
Freud, Sigmund, *Studies in Hysteria*, 1895. *Obras Completas*, Ed. Biblioteca Nueva, Madrid, 1948.
Fromm, Erick, *A Sobrevivência da Humanidade*. Zahar Ed., 1966.
Goulding & Goulding, *Changing Lives Through Redecision Therapy*. Brunner Mazel, Nova York, 1979.
Grimson (org.), *Nuevas Perspectivas em Salud Mental*. Ed. Nueva Vision, Buenos Aires, 1973.
Enciclopédia Médico-Chirurgicale, vol. I.
Hebb, D. O., *On the Meaning of Objective Psychology*. Trans. R. Soc. Can, Séries 3, 55 81-86, 1965.

A History of Experimental Psychology, 2nd Ed., 1950.
Historical Introduction to Modern Psychology, Rev. Ed. by Murphy, 1972.
Jaspers, Karl, *Psicopatología General*. Ed. Beta, Buenos Aires, 1970.
Jones, C. Seaborn, *Treatment or Torture. Philosophy, Techniques and Future of Psychodynamics*, 1968.
Jones, Maxwell, *Social Psychiatry*. Charles C. Thomas, Pub., 1962.
Jung, C. G., *El Io, el Inconsciente*. Ed. L. Miracle, Barcelona, 5.ª ed., 1972. *Collected Papers on Analytical Psychology*, 1916.
Illich, Ivan, *Celebração da Consciência*, Ed. Vozes, 1975.
Kanter, J. R., *The Scientific Evolution of Psychology*, 2.º vol., 1963, 69.
Klein, Melanie, *Progreso en Psicoanálisis*, Ed. Paidós, 1958.
Koupernik, Cyrille, *Antipsychiatrie: Sens ou Contresens*. Ed. Presses Universitaires de France, 1974.
Laing, R. D., *The Divided Self*. 1960 (Trad. Ed. Vozes, 1975).
Lanter, Laura G., *La Psychiatrie Phénoménologique*. Londres, 1957.
Lowen, Alexander, *Bionergetics*. Penguin Books, 1975. (Trad. Summus Editorial, 1982.)
Malan, D. H., *A Study of Brief Psychoterapy*. 1963. (Ed. do Autor.)
Marcuse, Herbert, *Eros e Civilização*. Zahar Ed., 1968.
Malleus Maleficarum. Planeta, compilada por Sprenger e Kramer, Editora Três, 1976. Edição especial.
Moreno, J. L., *Psicomúsica y Sociodrama*. Ed. Paidós, Buenos Aires, *Psicodrama*, Ed. Paidós, Buenos Aires, 1961. *Las Bases de la Psicoterapia*. Ed. Paidós, Buenos Aires.
Nuyens, François, *L' evolution de la Psychologie d'Aristote*. 1948.
Perls, Fritz, *Gestalt-terapia Explicada*. Summus Editorial, 1977.
Portalie, E., *A Guide to the Thought of St. Augustine*, 1960.
Rachman, Stanley, *Ensayos Críticos al Psicoanálisis*. Taller Ed., Madrid, 1975.
Reichman, E. F., *La Psicoterapia y el Psicoanálisis*.
Rile, Gilbert, *The Concept of Mind*. 1949.
Sargant, William, *Battle for the Mind*. William Heinemann Ltd., Londres, 1957.
Skinner, B. F., *O Mito da Liberdade*. Ed. Bloch, 1972. (Summus Editorial, 1983.)
Spitz, B., *El Génesis dt la Comunicación Humana*. Ed. Paidós, Buenos Aires, 1965.
Stack Sullivan, H., *La Fusion de la Psiquiatría y de las Ciencias Sociales*. Ed. Psyche, Buenos Aires, 1968.
Szasz, Thomas, *The Myth of Mental Illness*. Harper & Row, Nova York, 1968. *The Myth of Psychoterapy*. Anchor Books, 1979.
Vários autores, *Medicina y Sociedad*. Ed. Americalle, Libros de Confrontación, Barcelona, 1970.
Ved Varma (org.), *Psychoterapy Today*. Constable & Company Ltd., Londres, 1974.
Watson, R. I., *The Great Psychologists: From Aristotle to Freud*. 3rd ed., 1971.
Wolpe, Joseph, *Behaviour Therapy Techniques*. 1966.
Watzlawich, Paul, *The Language of Change*. Basic Books, Nova York, 1978.
Walsh & Vaughan, *Beyond Ego*. Tarcher Inc., Los Angeles, 1980.

OS AUTORES

LIVIO TULIO PINCHERLE

Médico. Psiquiatra e psicoterapeuta. Assistente do Instituto da Criança "Dr. Pedro de Alcântara" do Hospital das Clínicas da Faculdade de Medicina da Universidade de São Paulo, onde foi chefe do "Grupo de Modificações do Comportamento".

Desde 1962 ministra cursos de Hipnose Médica na Faculdade de Medicina.

Membro da International Transactional Analysis Association.

Foi presidente do Instituto Brasileiro de Análise Transacional e Presidente da Comissão de Ética da União Nacional das Associações de Análise Transacional.

Publicou diversos artigos sobre hipnose e tratamento de fobias.

Apresentou vários trabalhos em Congressos nacionais e internacionais de Hipnologia, Análise Transacional e Programação Neurolingüística.

Tem 26 anos de experiência de Hipnose Terapêutica.

ALBERTO LYRA

Nascido em Santos, formado pela Faculdade de Medicina da Universidade do Rio de Janeiro, em 1930. Clinicou em Santos, Botucatu e São Carlos, no Estado de São Paulo.

Foi assistente de Epidemiologia da Faculdade de Higiene e Saúde Pública de São Paulo e assistente da antiga Divisão de Serviço do Interior do Departamento de Saúde de São Paulo.

Foi médico psiquiatra do Hospital Psiquiátrico Pinel em Pirituba, São Paulo.

Ex-presidente da Sociedade Teosófica no Brasil, do Instituto Paulista de Parapsicologia e da Sociedade Naturista de São Paulo.

Colaborou em numerosos jornais e revistas leigos e especializados. Realizou conferências no interior do Estado de São Paulo e na Capital. Exerce a clínica psiquiátrica, utilizando-se sobretudo de técnicas da Análise Transacional em Psicoterapia.

Fundador e membro da AMESP (Associação Médico-espírita de São Paulo).

DIRCE BARSOTTINI TEODORO DA SILVA

Psicóloga clínica pela PUCSP.

Active Membership of Association For Past-Life Research and Therapy, CA — USA.

Curso e treinamento em Past Lives Therapy, em São Paulo, com Morris Netherton.

Apresentou no I Congresso Internacional de Terapias Alternativas, realizado em São Paulo em fevereiro de 1985, o trabalho: "Contribuições ao Emprego da Técnica em Terapia das Vidas Passadas."

ALLA MILSTEIN GONÇALVES

Desde 1968 participa de congressos, cursos, seminários, palestras, pesquisas. Tem trabalhos publicados. Trabalha em Psiquiatria Clínica e Psicoterapia.

Médica psiquiatra do Hospital do Servidor Público Estadual, desde 1968.

Em 1973 organiza e constitui o setor de Psiquiatria Preventiva no Serviço de Medicina Social do H.S.P.E., que posteriormente passa a chefiar. Chefia a equipe de saúde mental para terapia da Comunidade no I. F. S. P. da Secretaria da Agricultura.

Em 1974 ingressa na Pontifícia Universidade Católica de São Paulo. Curso: Filosofia — Pesquisas em Antropologia.

Em 1977 foi convidada pela Organização Pan-Americana de Saúde para trabalhos e estudos sobre a saúde do adolescente na América Latina.

Esteve comissionada (1982-1983) na Coordenadoria de Saúde Mental para colaborar na implantação de novos centros de saúde no Estado de São Paulo.

Em 1984-1985 participou de um trabalho comunitário e psicoterapia familiar em Israel. Deu aulas sobre Psicopatologia na Universidade de Haifa.

Membro de várias sociedades psiquiátricas, no Brasil e em outros países.

Livros de Programação Neurolingüística

ATRAVESSANDO
Passagens em psicoterapia
Richard Bandler e John Grinder

KNOW-HOW
Como programar melhor o seu futuro
Leslie Cameron-Bandler, David Gordon e Michael Lebeau

O MÉTODO EMPRINT
Um guia para reproduzir a competência
Leslie Cameron-Bandler, David Gordon e Michael Lebeau

O REFÉM EMOCIONAL
Resgate sua vida afetiva
Leslie Cameron-Bandler, Michael Lebeau

RESIGNIFICANDO
Programação neurolingüística e transformação do significado
Richard Bandler e John Grinder

SAPOS EM PRÍNCIPES
Programação Neurolingüística
Richard Bandler e John Grinder

SOLUÇÕES
Antídotos práticos para problemas sexuais e de relacionamento
Leslie Cameron-Bandler

TRANSFORMANDO-SE
Mais coisas que você não sabe que não sabe
Steve Andreas e Connirae Andreas

USANDO SUA MENTE
As coisas que você não sabe que não sabe
Richard Bandler

Áreas afins

MUDANDO SEU DESTINO
Novos instrumentos dinâmicos de astrologia e visualização para formar o seu futuro
Mary Orser e Richard Zarro

TERAPIA DE VIDA PASSADA
Uma abordagem profunda do inconsciente
Lívio Túlio Pincherle (org.)

TERAPIA NÃO-CONVENCIONAL
As técnicas psiquiátricas de Milton H. Ericson
Jay Haley

DAG GRÁFICA E EDITORIAL LTDA.
Av. N. Senhora do Ó, 1782, tel. 857-6044
Imprimiu
COM FILMES FORNECIDOS PELO EDITOR